高天原と日本の源流

【内外史書の証言から】

髙橋 通
TAKAHASHI Toru

原書房

高天原と日本の源流　内外史書の証言から

はじめに

古事記や日本書紀の神話には悠久の時の流れの中で、幾つもの地域の信仰や伝承が重ね合わされ、推敲されて共有された叙事詩のような一面があります。高天原やアマテラスを特定の地や人に比定しようとするにはなじまない面です。

しかし他面において、神話末尾「天降り譚」の神代《かみよ》と人代《ひとよ》の狭間《はざま》には「どこまでが史実か？」の謎解きの楽しさがあります。ある王家が先祖を神に祀り上げようとすれば、どこまでを先祖の史実・実績として残して讃《たた》え、どこから先を神話伝承に合わせ込んで神に仕立てて権威付けするか、切り分けの原則を編者に指示するでしょう。この「編集の原則」を幾つかの神話部分から把握できれば、謎解きの鍵が開きます。

本書はそんな謎解きの筆者最新の成果、八つの仮説（目次）と内外史書によるその論証を提供するものです。多くの専門家が多くの推論を出している難問ですが、専門家でない筆者にも論証できたと思うのは、論理の細い道だけを愚直に辿《たど》った結果です。推論を極力排除した理詰めの記紀解釈で、細々としかし次々と見えてくる楽しさがあります。「イザナギの高天原はここだ」（第一章)、「アマテラスの高天原は別」(第二章)で、そんな謎解きをお楽しみ下さい。

また、紀記は「倭国不記載」の方針で貫かれています。しかし、綺麗に切り分けられる史実などありません。「ここまでは書かないが(不記載)、ここまで書いてもこう読めるような書き方なら書いていないことにしよう(誤読誘導・不説明)」と「編集の原則」の指示があったようです。これらを摑《つか》むとすらすら読解できる、とは言い過ぎですが、これらが前著*と本著をまとめる力になった、と実感しています。

記紀の「倭国不記載」と「九州物部氏不記載」のうち、後者だけを救済する目的で「先代旧事《せんだいくじ》本紀《ほんぎ》」(九世紀の物部氏宗家の書と考えられている)は偽説「ニギハヤヒとホアカリは同一神」「九州物部氏はニギハヤヒ系」を主張しています。本著ではこれを検証して「ニギハヤヒとホアカリは別の神」「九州物部氏の主筋はホアカリ系」「倭国王はホアカリ系」を論証しました(第四章)。また、その理解から「ホアカリ系の九州倭国内にニニギ系の王族がいた」の着想を得て「応神・上宮王はそれに該当する」と論証しました(第五章)。これによって記紀がなぜ「上宮王不記載」なのか、なぜ「上宮王と聖徳太子は同一」を否定しないのか、を解明しました(第六章)。これらにより、日本古代史の認識を根底から見直すことができます。「国号日本の検証」(第八章)はそれらの総集であるとともに、次の解明への糸口となり得ます。

ただ、筆者の目的は、記紀を否定することでもなく、千年にわたって信じられたことを否定することでもありません。記紀がなぜそう記述したかったのか、更にその先を知りたいからです。

本著八つの仮説と論証は前著の論証をベースにしています。その都度引用する煩雑さを避ける為、前著の関係論証の要点を末尾に「参考」として示しました。本著の「仮説論証の基点と始点」としてご理解頂く一助となれば幸いです。

なお、日本書紀原文は朝日新聞社版、口語訳は岩波書店日本古典文学大系版、古事記原文は皇典講究所校定版、口語訳は講談社学術文庫次田真幸訳注版を参考にさせていただきました。ただ、原文の旧漢字を常用漢字に替えさせていただきました。

高橋　通

二〇二〇年一月

［＊］前著『倭国通史』（原書房、二〇一六年）「倭国の建国（西暦八〇年頃）から滅亡（七〇一年）まで」を通史としてまとめたもの。

目次

第一章　古事記の証言「イザナギの高天原はここだ」

古事記のある記述から「イザナギ・イザナミの島生み譚のオノゴロシマは宗像沖ノ島」が比定論証できる。そこから更に「イザナギ・イザナミの高天原は対馬」が導出できる。少なくも古事記はそう読めるように記している。

いかにも素人《しろうと》の妄想と思われそうだが、そこに至る考証は本居宣長始め諸先達が部分部分に残している。それら考証の断片の糸を繋《つな》ぎ、加え、海外史書との整合点を結びつけた結果、第二章「アマテラスの高天原は別」につながる望外・予想外に一貫した解読を得た。

しかし、記紀にはそれを明記しない理由があったし、読者も明記してほしくない理由があった。信じたいのは史実ではなく叙事詩なのだから。筆者もそれに同意する。

◉「イザナギ・イザナミの故地は対馬」（仮説）

伊奘諾尊《いざなぎのみこと》・伊奘冉尊《いざなみのみこと》（以下イザナギ・イザナミ）の「島生み譚」は古事記・日本書紀（記紀）が語る日本の原点である。空想的起源神話として比定論義の対象外とするのが常識である。一方、海外史書に登場する日本は「倭国」と呼ばれ、その源流は北九州諸島の海族《うみぞく》であろう、とする推論は多かった。しかし史料も限られ、民俗学的考察や神話分類学的アプローチは有っても、歴史学の方面から記紀神話の世界に近づくことはほぼ不可能であった。

しかし、常識にとらわれず、論証によって史学はどこまで遡《さかのぼ》れるか試みる価値はある。まず、海外史書から記紀神話を解きほぐそうと、一つの仮説から始める。

魏志倭人伝[1]には、対馬が次のように記されている。

魏志倭人伝

「（倭国女王卑弥呼に使いする魏の使者一行が）對馬国に至る［…］土地山険《けわ》しく、深林多し、道路は禽鹿《きんろく》の徑《みち》（けものみち）の如し、千餘戸、良田無く、海物を食して自活す、船に乗りて南北に市糴《してき》（交易）す」

対馬倭人の生業《せいぎょう》は「市糴《してき》（交易）」とある。手漕ぎ船で昔から列島の黒曜石（鏃《やじり》・手鎌）や勾《まが》玉《たま》、新たに朝鮮半島から鉄などを仕入れ、それを海峡の南北に売って食料等を得ていたのであろう。この島の人々は弥生稲作で豊かになりつつある周辺を見て、「良田無い対馬からの移住」を決意し、まず関門海峡に来た可能性がある。そこを選んだ理由は「関門海峡には既に交易拠点（漕ぎ手交代要員駐在・船舶修理拠点）を持っていた、その拠点を農業転換の植民拠点にしようとした」と考えられる。彼等は交易用の鉄剣を持ち、それに興味を持つ顧客（戦闘集団）を知り、植民地開拓で情報戦や連携で優位に立てただろう。
これらの想像は「古事記・日本書紀神話の端々《はしばし》に示唆される史的状況」と整合するように見え、次の仮説を誘導する。「対馬倭人は対馬から出て生業転換・農地獲得を図り、後世の倭国の王統天孫ホアカリ（兄）系と、大和王権王統天孫ニニギ（弟）系（神武ら）の共通の祖となった。彼らの子孫はその伝承を彼らのイザナギ・イザナミ神話に結び付けた」と仮説し、以下に検証する。

◉検証一　古事記の「島生み神話」三段目の「六島」

「神話は歴史論証になじまない」が常識だが、「古事記の島生み神話のほんの一部」に前節の仮説の検証に耐える記述がある。
古事記の「島生み神話」は三段からなる。以下の検証は三段目が中心である。

一、第一段は「淤能碁呂島《おのごろしま》（以下オノゴロシマ）の誕生」。要約すると「天つ神がイザナギ・イザナミに島生みを命じたので、二神は沼矛《ぬぼこ》を用いて拠点となるオノゴロシマを創った」とある。いかにも「空想的神話」で比定地論議の対象外とするのが常識。
二、第二段は「大八島《おおやしま》（列島）」の誕生。島生み神話の主要部で、列島各島と考えられている。通説では淡路島・四国（伊予二名島）・九州（筑紫島）・隠岐・壱岐・対馬・佐渡・本州（豊秋津島）に比定する。いかにも「現実に合わせた後知恵話」とされる。
三、第三段は、「イザナギ・イザナミが島生み巡りから還る時に六島を生んだ」とある。六島とは「吉備児島・小豆島《あずきしま》・大島・女島《ひめしま》・知訶島《ちかのしま》・両児島《ふたごしま》」とある。[2] これら六島の比定はこれまで種々提案されている。通説では六島バラバラに西日本各地の小島に比定されている。[3]

日本書紀にはこの古事記島生み譚三段目に相当する記述はない。いかにも「ついで話」で真面目に検証されてこなかった。しかし、この六島探しが解読の糸口となる。

◉「六島」探し　十候補の比較検討

通説の「六島それぞれが各地バラバラに比定島がある」とするのは正しいか。島生み神話第三段には、「二神が大八島《おおやしま》を生んだあと『然る後（オノゴロシマに）還《かえ》ります時［…］次に［…］次に［…］』と生んだのが六島ある」とある。どこに還ったのだろう。還った先で今度は神々を生んでいるから「オノゴロシマに還る時」であろう。即ち「六島は次々と還る方向を示してまとまっている」「六島は大八島とオノゴロシマの間にある」と示唆されている。

そこで「まとまった六島」の条件に合う小島群を探してみる。範囲は五島列島から北九州沿岸～瀬戸内海まで。二～三十の可能候補の中から検討候補を「五島列島」「平戸」「唐津」「福岡」「宗像」「関門海峡北西」「関門海峡南東」「広島（安芸）」「岡山沖」「摂津難波沖」とした。当時の島が土砂などで地続きになり、現在島でなくなっていることも考慮する必要はあるが、取り敢えず現在の地図で探す。

これらのうち「平戸」「福岡」「宗像」「関門海峡南東」付近には島数が少なく、それらしい六島がない。「五島列島」「広島」には島があり過ぎて「六島のみ生む」にはそぐわない。「唐津」の周りには七つほど島があるが、近くに「二並び」（六島を歌った応神歌、後述）の島がない。「岡山沖」「摂津難波沖」は島数が多すぎたり少なすぎたり、「二並び」の島がなく候補とならない。これらの結果「関門海峡北西」のみが残る。そのような提案も既にあるが、検証は十分でない。[4] 筆者はそれらを参考にして、次節でこれを精査する。

◉六島の比定候補「関門海峡北西の島々」の検証

「古事記の六島」と比定島候補「関門海峡北西の六島、次図①〜⑥」を対応させて検討する。原文にある「亦の名」は貴重なヒントとなる。

一、「吉備児島《きびのこじま》、亦の名建日方別《たけひかたわけ》」の候補……①現在名「竹《たけ》の子島《こじま》」（下関彦島《ひこしま》の北西隣）、現在名の由来は「亦の名」に由来する「建児島《たけのこじま》」と考えられる。

二、次「小豆島《あずきしま》」の候補……②現在名「六連島《むつれじま》（島形があずき形）」（東）と「馬島《うましま》」（西）とが並んでいる（①の北西隣）。応神紀の歌に「あずきしま、いやふたならび」と歌われ二つで一つと数える。「二並び」については後述する。

三、次「大島《おほじま》、亦の名大多麻流別《おおたまるわけ》」の候補……③現在名「藍島《あいのしま》」（②の北西隣）、「仲哀紀」にある「阿《あ》閉《へ》島」をこれに比定する説がある（中世〜江戸期考証、「六」の文献に同じ）。古代に「おほ〜」から「あへ〜」に変化し、それ以後現在名「あい〜」につながった可能性がある。

四、次「女島《ひめしま》」の候補……④現在名「女島《めしま》」（③の北西隣）、同名だから否定のしようがない。

五、次「知訶島《ちかのしま》、亦の名天之忍男《あめのおしお》」の候補……⑤現在名「男島《おしま》」（女島④の隣）、「亦の名」の「男」に由来すると言える。（四）と「二並び」でもある。

六、次「両児島《ふたごしま》」の候補……⑥現在名「蓋井島《ふたおいしま》」（①の北西）、二つの峰をもち、比定地候補としてふさわしい。明治期以前にこの島が「古事記六島生み神話の両児島だ」という考証があった。[5]

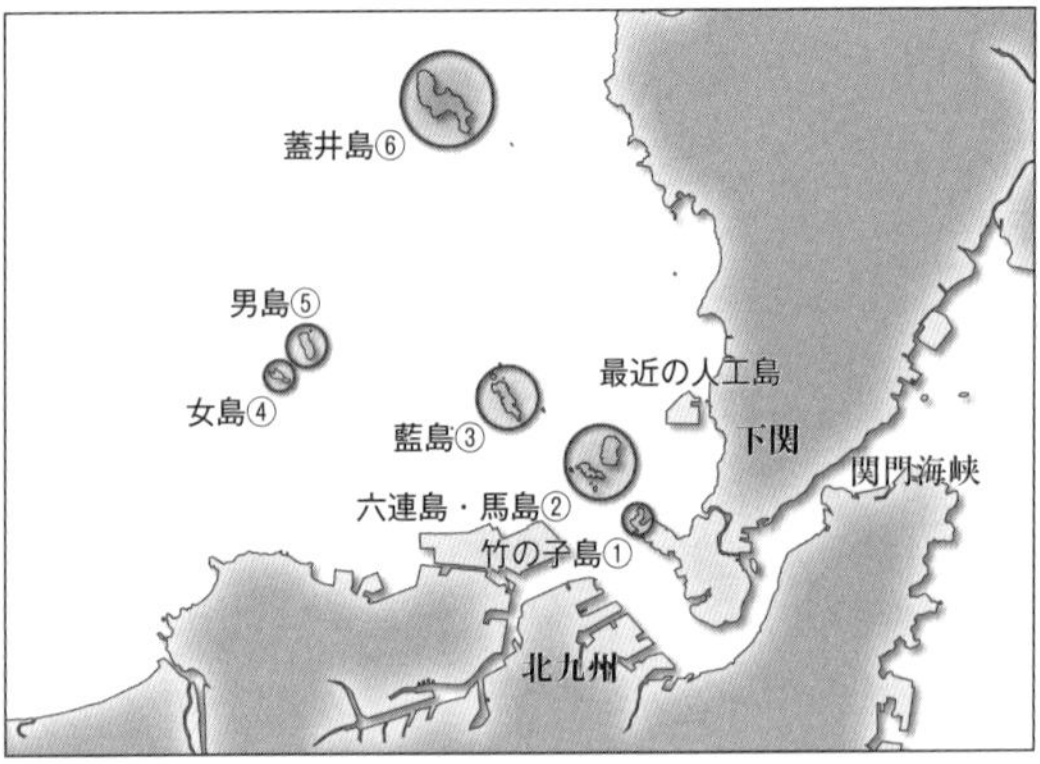

古事記島生み六島の候補。関門海峡北西部

以上、古事記の「六島」と「関門海峡北西の島々」は全体として数・地形・順序共に整合し、すべての島名が現在名と整合する点を持つ。これほどの整合性は先に挙げた他候補には見られず、「最有力な比定島候補」とするに足るレベルと考える。

ただし、整合性が高すぎる時に注意すべきは、

一、「島生み三段目伝承には各地方版があり、身近な島名が一部取り込まれ（「亦の名」）、変化

した」という可能性がないとは言えない。しかし、異説（地方版）がいくつかあれば日本書紀は一書群として記するが、この三段目自体を記していない。古事記特有の伝承か。

二、「三段目が関門海峡域独自の地方色豊かな神話伝承」の可能性。（一）の一例であるが「稗田の阿礼（下関市稗田《ひえだ》地区出身？）の伝承では（古くから地元の）関門海峡周辺の島名が当てられていた」という可能性。日本書紀は古事記の地方性が高い部分を「一書扱い」している節《ふし》があり、この三段目は地方性が高過ぎるとして不採用としたのかもしれない。

三、「後年、古事記に合わせて（迎合して）現地島名が改名された」という可能性。ただ、最後の「両児島」は候補も二つの峰を持ち、「ただ古事記に合わせて改名した」以上の整合性を持つ。

など様々な可能性があるが、後の検討課題としたい。

◉検証二　応神・仁徳の歌と関門海峡

前節は「三段目の六島名」と「現在島名」の類似性・数・順などから「最有力な比定島候補」としたが、更に検証する。前節の「関門海峡北西六島」を詠んだと思われる歌が応神紀と仁徳記にある。

応神紀二十二年条

「天皇、難波大隅宮に居られる時［…］吉備の父母に会いに行く妃（兄媛《あにひめ》）を淡路の海人八十を水手《かこ》として送らせて［…］歌よみして曰はく、あはぢしま　いやふたならび　あずきしま　いやふたならび　よろしきしまします［…］（天皇）淡路島に狩したまふ、この島は海に横たわりて、難波の西の方に在り［…］淡路よりめぐりて、吉備にいでまして、小《あず》豆島《きしま》に遊びたまふ」

仁徳記
「淡道《あはぢ》島を見むと欲《おも》ふと曰《のたま》いて幸行《みゆき》の時、淡道島に坐《いま》して、遥に望みて歌ひて曰く『おしてるや（押照、難波にかかる枕詞とされる）、なにはのさきよ、いでたちて、わがくにみれば、あはしま、おのごろしま、あじまさのしまもみゆ、さきつしまみゆ』乃《すなわ》ち其の島より伝いて、吉備の国に幸行《みゆき》す」

これらの歌に「難波・淡道島・あずきしま・難波の西の淡路島・吉備」などが出てくるから、通説では瀬戸内海の諸島（摂津難波・淡路島・小豆島《しょうどしま》）を詠んだと解釈されている。しかし、この通説には幾つもの不整合がある。

一、応神天皇は記紀では仲哀・神功の皇子とされ、九州で生まれ九州豊国難波大隅宮で崩じた（応神紀）[6]。新羅征戦で大活躍している（広開土王碑）。応神の作歌場所は九州である。瀬戸内海ではない。

二、仁徳は応神の一族として北九州で生まれ、新羅征戦後に河内東征するまで九州の「難波高津宮」にいた（仁徳紀[7]）。それは豊国（企救《きく》半島を含む）である可能性が高い、と検証した（「参考」四節参照）。これらの歌は応神崩御直後であり、この豊国難波宮の頃と考えられる。仁徳のこの作歌場所は九州である。瀬戸内海ではない。

三、応神歌では「あずきしま　いやふたならび」と「あはぢしま　いやふたならび」は対であるから「それぞれがふたならび」である。「あはぢしまとあずきしまがふたならび」の意味ではない。応神と兄媛《あにひめ》妃、男女間の仲の良い二並びは世に多い、の意で、微笑ましい例である。「関西の淡路島と小豆島《しょうどしま》が並んでいる様《さま》」とする通説は誤読である。小豆島の周りには多くの小島があってそれらと「ふたならび」とも言い難く、淡路島も大き過ぎて「ふたならび」とは言い難い。要するに、応神歌の「ふたならび」は関門海峡の比定候補島（六連島《むつれじま》と隣の馬島）の方がよく整合する。

四、応神紀・仁徳記の歌の地名・方位は確かに「摂津難波・瀬戸内海淡路島・小豆島《しょうどしま》」と良く合う、と前述した。従来そのように読まれている。しかし「実はこれら瀬戸内海東部の地名は仁徳が九州から河内東征後に関門海峡域の地名・方位を瀬戸内海東部に地名移植したものだ」とすれば、よく合って当然である（仮説、後に論証）。しかし、これらの歌との整合性は瀬戸内海東部より関門海峡域の方がより高い（三）。そのことが地名移植説の根拠の一つとなっている。ただし、「地名移植が仁徳によるだけ」とは言えない。「摂津の難波」は「神武東征時の地名移植」の可能性もある。また、地名移植は遠方の場合、相当期間両方で使われたであろうから（並用）、その時期は断定的に考えることは難しい。それ故、地名移植が仁徳以前の可能性もあるが、少なくも仁徳時代に関門海峡で使われた島名である、とすることはできる。

五、「難波の西にある淡路島がふたならび」（応神紀）とある。その「難波」の地名は時代と共に数か所に増える。しかし「ふたならび」との関係は限られている。「（地名移植後の）摂津難波の西の淡路島と小豆島をふたならび」と見るのは無理があった（三、）。「博多湾内の難波津（仏像投棄譚に出てくる）」には能古島一つしかない。「海流が速いから難波だ」とする候補に「玄界灘説（博多沖）」「周防灘説（豊国沿い）」などあるが、「適当な二並びの島がない」ので整合しない。その結果、応神の歌「難波の西の二並びのあずきしま」は「古事記の六島、現六連島《むつれじま》／馬島」しかない。比定として良いだろう。「その二並びの島を西に見る難波は関門海峡」と比定できる（神武紀の東征出発地「浪速《なみはや》＝関門海峡」と整合する）。

六、応神紀の歌はその先行文によれば、難波宮を船出して父母のいる吉備に会いに行く妃（兄媛）を見送る歌である。その船に水手《かこ》八十人を増強しているから、海流難所（難波）を越えさせて吉備に送る支援である。「淡路島・吉備・小豆島は難波（関門海峡）の西」であるから、「難波宮→難波→吉備」の順（西向き）であることが解る。前項から、この歌の「難波宮は関門海峡東側」と比定できる。企救半島周防灘側であろう。

七、古事記六島譚をカットしている日本書紀が、応神紀に「ふたならび」と記し、古事記の六島の一部「六連島と馬島（二並び）」と整合しているから、古事記六島譚は紀によって裏書き

（保証）されている。それは、仁徳記の歌が応神紀の歌と整合することを保証している。
八、「オノゴロシマの島生み譚」と「島生み譚の六島譚」と「六島を歌った仁徳歌のオノゴロシマ」はいずれも同一文献古事記であるから、同一の島々として良いだろう。それらは紀によっても保証されていると見て良い。

以上から、「古事記島生み譚三段の六島は関門海峡北西の六島に比定できる。史実か否かは措くとして、古事記はそう読める記述をしている。日本書紀もそれを肯定している」としてよい。この比定が重要なのは、次節以降の「同じ記紀内の連鎖的な比定論の基点」となることである。

◉検証三　「伊予之二名島《ふたな》」は下関の「彦島」

仁徳記の歌の「淡道島」が古くは関門海峡北西のある島（古淡路島）を指したことを検証した。この島は「古事記島生み譚二段、大八島《おおやしま》生みの最初の島」である。それが瀬戸内海でなく関門海峡西であるなら、その次に島生みされた「伊予之二名島《いよのふたなじま》」も当初は四国でなく、関門海峡付近にあった島を指したのであろうか、これを検証する。どこにあったか、そのヒントは「土左国風土記逸文」にある。

土左国風土記逸文　釋日本紀　巻第十
「土左の国の風土記に曰く［…］玉島、ある説に曰へらく、神功皇后［…］島に降りて［…］

一つの白い石を得たまひき、詔《みことの》りたまひしく、これは海神の賜へる白真珠なり［…］故、島の名とす［…］」

「神功皇后が珠を得たのでその島の名を玉島とした」という吉祥譚である。その玉島が土左の国にあるから「土左国風土記」に記されているのである。では、「玉島を含む土左国」はどこにあるか。別の記事からそれが解る。

仲哀紀二年条

「皇后（神功）豊浦《とゆら》津に泊りたまふ、この日皇后如意珠を海中に得たまふ、九月宮室を穴門《あなと》に興して居ます、これを穴門豊浦宮と謂う」

神功皇后は穴門豊浦に泊まっている時に珠を得た、とある。吉祥譚であるから、二度重ねてあれば更に大吉祥として大書されるはずだが、それはない。ただ一度の吉祥であるから右記二つの記事は同一事件である。従って、玉島は土左国にあり、そこに豊浦があり、豊浦は穴門にある。では「穴門」はどこか。穴門《あなと》は長門《ながと》の古名とされ、長門は関門海峡本州側である。従って「穴門豊浦の近くの玉島を含む土左国」も関門海峡本州側である。その土左国は「古事記島生み神話、大八島生み」では伊予国・讃岐国・粟国と共に「伊予二名島」の四面を成していた。[8]従って「伊予二名島も関門海峡本州側の島」である。土左国のような国を、それがたとえ村のような古代の小国家だとしても、四つも収容できる「関門海峡本州側の島」とは現「彦島」しかない（「穴門の引島《ひこしま》」［仲哀紀］も参考になる）[9]。彦島は本州最西端、島のように見えないが本州から地割れしたように細長い小海峡「小門《おど》海峡」を挟んだ下関の向かい側である。長門に近い「伊予国〜土左国があった伊予二名島」は彦島と比定するのが妥当である[9]（西井健一郎説[10]）。

これは、これらの国名・地名（土左国・粟国・伊予国・讃岐国）が仲哀・神功・応神・仁徳時代に関門海峡付近として繰り返し記載されているのだから、その後に彦島から四国に地名移植された可能性を示唆している。その時期は恐らく大宝元年（七〇一年）の令制国《りょうせいこく》制定時点か、それ以前の「倭国令制国（？）」時点の可能性も有り不詳だ。風土記も「元明天皇の風土記編纂令（七一三年）」によるが、「倭国風土記（？）」を経た可能性も有り不詳だ。地名移植は遠方に移植された場合、相当期間並存することが多く、移植時期が特定し難い。また、段階的である場合も多く単純とは限らない。例えば「吉備」については「関門海峡吉備（地名）→神武東征に従った吉備出身者（人の移動）→吉備津彦（四道将軍、地名の人名化）→吉備津彦の西征（人の移動）→岡山の地名「吉備」（征服、人名の地名化）」など複雑な多段階が想像される場合もある。[11]

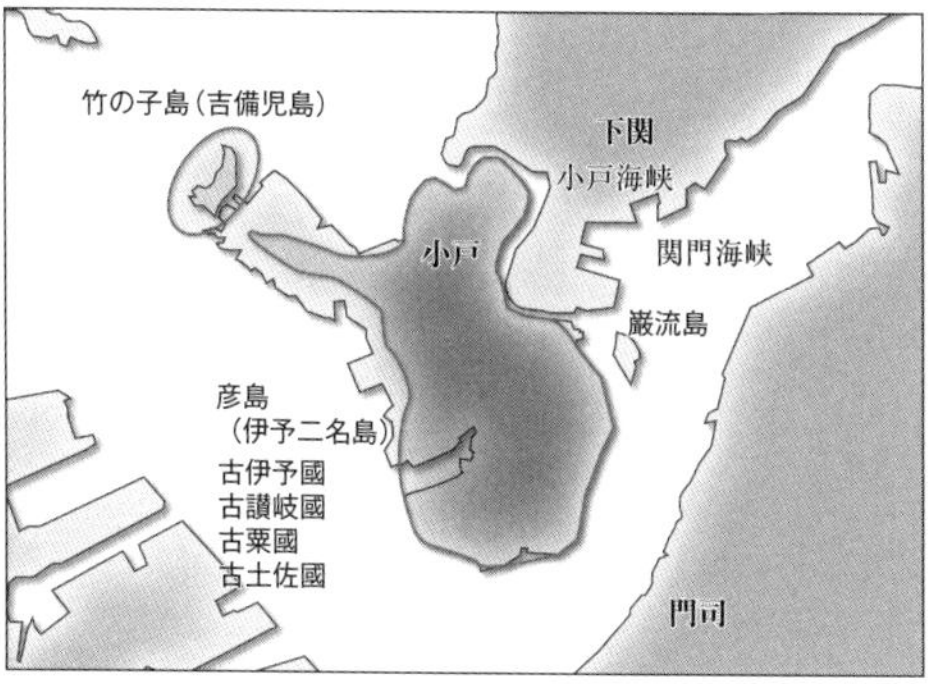

伊予二名島比定候補、関門海峡の彦島、古土左国があった

以上から、「伊予二名島は現彦島（関門海峡）」と比定できる。それは関門海峡「六島」の付け根に当たる場所である。この比定は既に述べた「（古）淡路島・（古）吉備は関門海峡周辺」の傍証となり、以下の「（古）粟国・粟門《あわと》」がどこか、第五・六章の「（古）伊予温泉」はどこか、など多くの検証に役立つ。

◉「オノゴロシマ」は「宗像沖ノ島」

「オノゴロシマ」比定説は幾つかある。通説の一つは「岡山県淡路島と紀伊半島の間の海峡に浮かぶ島」説、九州王朝説では「能古島《のこのしま》（博多湾内）」説（古田武彦説）、「小呂島《おろのしま》（沖ノ島の南隣）」説などがある。「所詮神話」「空想上の島」と真面目に検討されていない。それが常識である。

しかし、「島生み譚三段目」が比定でき、「二段目の幾つか」が比定できた今、「一段目のオノコロジマ」が比定できる可能性が出て来た。既に指摘したように、第三段で「（オノゴロシマへ）還ります時」に関門海峡の一部を成す「伊予二名島（彦島）」、それに隣接する「吉備児島（現在名「竹の子島」）」から始まり、「次」「次」と順次北西に向かって六島創った、とあるから、オノゴロシマは六島の更に北西にある。そして、そのオノゴロシマは「関門海峡近くの（古）淡道島」にいる仁徳天皇が「オノゴロシマみゆ」と言っている島である（前々節）。六島の北西のその先にあって、見える範囲の島は「宗像沖ノ島」しかない（七〇キロメートル）。「天気がよほど良ければ関門海峡から沖ノ島が見える」とは地元の人の多くが証言している。以遠の対馬・釜山は波間に霞んで見えない（一五〇キロ～）。他の比定候補「能古島」「小呂島」は途中の島や山で遮られて関門海峡近くの仁徳天皇からは見えない。これらは「古事記のオノゴロシマ比定候補」からは除外するしかない。

以上、「六島」の比定から「オノゴロシマは宗像沖ノ島」の比定が導出される。

また、「オノゴロシマ」は絶海の孤島でなければ「初めての島生み神話の舞台（起源説話）」とはならないだろう。沖ノ島から周りの島々へは六〇キロから七〇キロあり「天気がよほど良くなければ隣の島も見えない絶海の孤島」である。だから「島生みの舞台」という発想につながる。「能古島（博多湾内）」には絶海の孤島というイメージが全くない。

「オノゴロシマ」は神聖な島とされたであろう。沖ノ島は今でも神聖な島である。宗像大社の沖津宮が祀られ、鏡、勾玉、金製の指輪など、約十万点もの宝物が見つかり、そのうち八万点が国宝に指定されている。「倭国王家歴代天王の墓」という説も納得性があるような神聖な島である。

沖ノ島が世界遺産として登録され、多くの解説がなされるが、「大和朝廷が古代から祭祀した」とする解釈も少なくない。「これだけの宝物を奉納できるのは大和朝廷しかないだろう」という想像からだ。しかし、記紀は沖ノ島を含む宗像神社を「宗像三女神はスサノヲの子で筑紫の胸肩君等が祭る

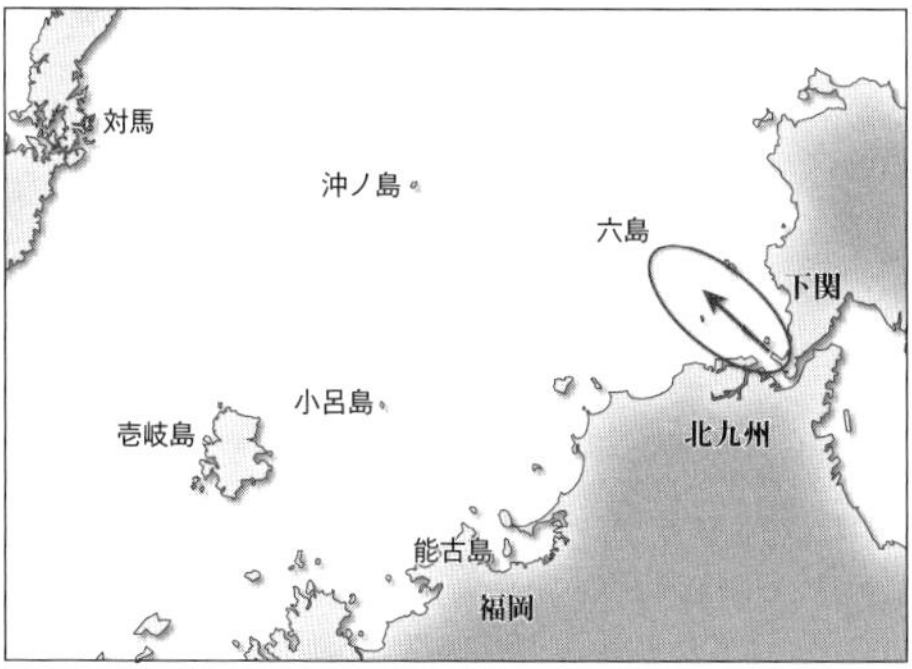

六島の先にある沖ノ島

神」（紀神代上六段本文）として他人事扱いだ。それなら「宗像の属する倭国の一部」「宝物は倭国の奉納」「祭祀は倭国内ニニギ系祭事司」と考えるのが妥当だ（第五章）。天武が宗像氏から妃を迎えるなど倭国／宗像氏と大和王権／倭国内ニニギ系祭事司との関係は断絶していない（第五章）。にもかかわらず沖ノ島の祭事に倭国滅亡以前の大和王権の関与が希薄なのは沖ノ島が倭国王家の墓所だった可能性がある。古墳と違って開放型墓式の為、秘所とされたのではないだろうか。古墳時代・弥生時代を更に遡る歴年の秘宝が連続して存在することは、途中の盗掘がなかったこと（考古学）、管理が一貫して続き管理者交代がなかったことを示す。卑弥呼の倭国統一前後には倭国大乱や混乱期があった（魏志倭人伝）。その間も一貫して管理し得たのは、一帯の海域を掌《たなごころ》のように支配した海族《うみぞく》イザナギを祖とし、後に倭国王となって一貫して管理し続けた倭国王家の存在と継続性を想像させる。

本章のここまでの結論として「記紀（古事記島生み譚三段・応神紀・仁徳記の歌など）に拠る限り、オノゴロシマは宗像沖ノ島」と比定できる。

◉イザナギの「高天原」は「対馬」（検証）

次に注目するのはイザナギの出発地「高天原」である。「高天原↓オノゴロシマ↓島生み巡り」から「還ります時」の起点が「関門海峡」であるから、「沖ノ島（オノゴロシマ）」を経由地とするその先にある出発点「高天原」は「対馬」しかない（前図参照）。釜山の可能性は「対馬サルタヒコとの関係」からない[12]（次章）。

その対馬は魏志倭人伝に「良田なく」とあり、稲作普及に取り残された地である。ここから、「島生み」の意味は「イザナギ・イザナミは（良田のない）対馬（高天原）から沖ノ島（オノゴロシマ）で植民祈願（島生み祈願）の祭事をして植民基点の彦島（小戸）に来た」と解釈できる。本居宣長が「島生み」を「洲生み・国生み（植民地獲得）」と神話を史的解釈をしたことはよく知られている。交易を業とする海原《うみはら》族が交易中継基地としてしばしば来、特に瀬戸内海への交易要衝として水手《かこ》の交代要員常駐地・舟の補修基地としたであろう交易拠点関門海峡へ、今度は農業への転換を図る為に入植地を得る基地にしたのであろう。「船に乗りて南北に市糴《してき》（交易）する対馬国倭人」（魏志倭人伝）の農業への転換、及びその後に続く「スサノヲの列島国造り」の第一歩と理解される。

従来からこの比定地探しは「神話だから」と真面目にされてこなかったことと、「アマテラスの高天原には豊かな田がある」とされるから「良田のない対馬」と整合しないので結論めいた話にならなかった。「イザナギの高天原とアマテラスの高天原は別」「原初の『天』を加えれば三つ」の解釈を認めて初めて、前述の比定論が納得性を持つ（アマテラスの高天原については次章）。更にイザナギと対馬国神サルタヒコの祖が主従だったと考えられることも傍証として次章で検証する。[12]

以上、「六島」の比定から「イザナギの高天原は対馬」の比定が導き出された。

◉「イザナギの小戸」は「彦島」（比定検証）

イザナギ・イザナミは「高天原」から「オノゴロシマ」に降り、島生み（巡り）をした。そして一旦（オノゴロシマに）帰って神生みをしたが、火の神を生んだイザナミが火傷で死んだ。イザナギは「小戸」で禊《みそぎ》をして三貴神（アマテラス・ツクヨミ・スサノヲ）を生んで「淡海の多賀に坐《い》ます」（記）で終わっている。

記即ち、記紀による系譜は、

イザナギ
→アマテラス
→ツクヨミ
→スサノヲ

また、イザナギの禊《みそぎ》の地について次のようにある。

古事記

「（イザナギ）、竺紫《つくし》の日向《ひむか》の橘《たちばな》の小門《おど》の阿波岐原《あはきはら》に到りまして、禊《みそ》ぎ祓《はら》へたまいき」

紀　神代五段一書六

「（イザナギ）、筑紫の日向の小戸《おど》の橘の檍原《あはきはら》に至りて［…］上瀬《かみつせ》[9]はこれはなはだ疾《はや》し、下《しも》瀬《つせ》はこれはなはだ弱《ぬる》しとのたまいて、すなはち中瀬《なかつせ》に濯《すす》ぎたまふ」

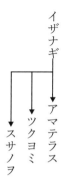

紀　神代五段一書十

「(イザナギ)、粟門《あわと》及び速吸名門《はやすいなと》を見る、然るにこの二門、潮既にはなはだ急《はや》し、故に橘の小門《おど》に還向《かえ》りたまいて拂《はら》い濯《すす》ぎたまふ」

とある。ここに「小門《おど》」「小戸《おど》」「粟門《あはと》」「速吸名門《はやすいなと》」「潮」「流れ」「瀬」「二門」「筑紫」がある。「筑紫」があるから九州、「二門」とあるから複数の海峡と考えられる。その内「速吸名門」は神武東征譚に「南九州から『速吸門』を経て吉備で軍船を揃えた」(神武紀)とあるから「速吸名門」(紀)は関門海峡であろう(「吉備」は関門海峡西近く(仁徳記、前述))。「粟門《あわと》」も「潮」とあるから海峡である。「二門」とあるから別の海峡である。「関門海峡近くのもう一つの海峡」は「現小門《おど》海峡」しかない。これは下関と彦島(伊予二名島)とを隔つ四キロ程の川のような海峡、関門海峡側に狭い口(～五〇メートル、流れが速い)と日本海側に広い口(～三〇〇メートル、流れが弱い)を持つ。前掲の記紀の記述「疾《はや》し、弱《ぬる》し」に一致する。この海峡が「小戸」であり、粟門は小戸の粟国(伊予二名島＝彦島)の関門海峡側であり(関門海峡と同様潮が急だ)、中瀬が小門《おど》と考えられる。

結論として「イザナギの小戸」は海峡としては現「下関小門《おど》海峡」に、地名としては「彦島小戸(現小戸《おど》公園など)」に比定できる(前出西井健一郎説[3]を基に検証)。

以上から、古事記の島生み譚を史的解釈すれば「イザナギは対馬(高天原)を出て、沖ノ島(オノゴロシマ)で国生み祈願(「島生み」の本居宣長解釈)をした後、関門海峡を拠点として確保した。沖ノ島（オノゴロシマ）に還り、再び関門海峡彦島の小戸に戻って祭事（禊）をした」と比定することができる。前二節と合わせ、イザナギを祖とする大和王権が関門海峡に拘《こだわ》る理由の第一である。

◉「小戸彦島説の否定論」への反論

「イザナギの小戸は彦島にある」と検証した。だが、紀にはイザナギの小戸について「筑紫の日向の小戸《おど》」、記では「竺紫の日向の小門《おど》」と記述されている（前節）。現在の感覚では「彦島の小戸は本州（下関市）」だから「筑紫の日向の小戸」は「彦島ではない」と疑問や否定論があった。これだけなら簡単に反論できる。「大きな二つの島（本州島と筑紫島）の間に位置する小島（彦島）の帰属問題の答えは二つある」と反論すればよい。現代の認識は「彦島は本州の一部」であるが、古代は「彦島は筑紫の一部」と認識されていた可能性がある。しかし、やや強引な解釈であり、別の解釈の方が有意性がある。仲哀紀に「関門海峡東南側の山口から宇佐までを『東の門』、日本海側を『西の門』と呼ぶ」という例がそれだ。海峡両岸を同一領域と観る例であるが、海峡を要衝と見る海族《うみぞく》らしい解釈である。[13]「彦島の対岸が日向（筑紫）」であれば「筑紫の日向の（一部である彦島の）小戸」はあり得る。ここでは例がある後者を取り、検証を続ける。

しかし、否定論はこれだけではない。「日向」の比定地は通説では「九州宮崎〜高千穂峰」、九州王朝説では「博多周辺」である。九州王朝説は「日向は博多」と比定し、「日向の小戸＝彦島説」を論外としている。その「小戸比定論」とは、

①「倭奴国は博多湾岸（金印出土、確かな比定基点）」
②「だから『倭国の倭奴国』（後漢書）の倭国も博多周辺」
③「倭国の中心が博多だから、その祖神ニニギの天降った日向も博多周辺、例えば現日向峠《ひなた》近辺」
④従って「日向の小戸（記紀）も博多周辺」

としている。比定順序が「倭国→日向→小戸」だ。これはかなりの説得力が有る。「小戸は日向＝博多」だから「小戸彦島説は論外」とされる。

しかし、この九州王朝説は③「倭国の祖神はニニギ」を証明なしに前提としているが、これには重大な誤りの可能性がある。なぜなら「天降りは天孫ニニギだけではない。天孫ホアカリ（＝ニギハヤヒ）も天降りしている」（先代旧事本紀《せんだいくじほんぎ》）とする説もあり、これを検証した論証が不可欠なのだ。これについては第四章で「倭国の祖神はホアカリ」「天孫ホアカリの天降りは遠賀川・博多」を論証する。そうであるなら、「ニニギの天降り先日向」の比定は別に進めても良い。

定説や九州王朝説の「常識」から解放されて「確かな比定論証ができた小戸」を比定基点として「日向」の比定地を探すのも理に適った方法といえる。「小戸は彦島」と比定したからイザナギの「筑紫の日向の小戸」は「彦島に非常に近い筑紫」、即ち「日向は関門海峡筑紫側（例えば門司）」を比定候補とすることができる。

以上まとめると、「イザナギの高天原は対馬（比定）、オノゴロシマは沖ノ島（比定）、イザナギの小戸は彦島（比定）、日向は門司（比定候補）」とすることが出来る。「日向」はイザナギだけでなく、ニニギがより深く関係するので次章で検証し、比定論証を目指す。

第一章［注］

［1］魏志倭人伝……中国の正史『三国志』中の「魏書」の東夷伝倭人条の略称　二八〇年〜二九〇年頃陳寿の編、史実に近い年代に書かれた。「魏略」を原典としている、とされる。「魏略」は魏末〜晋初（二七〇年頃）に編纂された同時代的な史書だが、散逸して完全本は写本も残っていない。

［2］原文……古事記島生み神話第三段原文

「然る後、還り坐す時、
一、吉備児島《きびのこじま》を生みき、亦の名を建日方別《たけひかたわけ》と謂う、
二、次に小豆島を生む、亦の名を大野手比賣《おほのでひめ》と謂う、
三、次に大島を生む、亦の名を大多麻流別《おおたまるわけ》と謂う、
四、次に女島を生む、亦の名を天一根《あめひとつね》と謂う、
五、次に知訶島を生む、亦の名を天之忍男《あまのおしを》と謂う、
六、次に両児島を生む、亦の名を天両屋《あめのふたや》と謂う」

［3］「六島」の通説比定地はバラバラに以下とされてきた。
一、吉備児島＝岡山県（吉備）南部の児島半島
二、小豆島《あずきじま》＝香川県の小豆島《しょうどしま》
三、大島《おほしま》＝山口県周防大島町
四、女島《ひめしま》＝大分県姫島《ひめしま》
五、知訶島《ちかのしま》＝五島列島宇久島

六、両児島《ふたごのしま》＝五島列島小値賀島

［4］「六島は関門海峡北西」比定説……三つを挙げる。
①「山口県風土誌」（全一三巻、明治三七年）「蓋井島」の項に「古事記六島の両児島・天両屋（別名）は蓋井島」とある。根拠は先行考証（本居宣長考証・「長門国志」など）を挙げているが、視点が神功皇后に偏り本論にとって充分でない。
②西井健一郎説「私考・彦島物語Ⅰ～Ⅱ」（古田史学会報七一号）。説の中心は「イザナギ～神武までの活躍の中心地は下関市彦島である」とするもので、その他広範囲の考察を右記会報に多数回発表している。「筑紫の日向の小戸」の解釈に「彦島／小戸も筑紫の一部」とするのは卓見だが、「彦島＝日向」とするのは無理がある。「彦島は日向の一部」が限度であろう（次章参照）。
③前原浩二説「http://koji-mhr.sakura.ne.jp/PDF-1/1-1-4.pdf」に記されている。前原浩二説は西井健一郎説を発展させて、島生み第二段大八島、第三段六島の比定を具体的に提案している。第二段の「淡路島」「伊予二名島」及び「第三段の六島」の比定は参考になった。しかし、全体としては根拠・論証のない仮説の積み上げが多く、説得力は必ずしも充分でない。

［5］蓋井島前注「山口県風土誌」九巻「蓋井島」の項に「古事記の両児島・天両屋（別名）は蓋井島」とある。

［6］応神の難波大隅宮……河内に応神陵があるから応神が河内で崩御（記崩年三九四年）と考えられ易いが、応神陵は仁徳東征（四〇五年以降、九州から河内へ、仁徳紀）後の築造（改葬）と考えられる。
「難波」には摂津難波説（通説）・博多難波津（九州王朝説）・豊国説があるが、応神紀の難波は大隅宮のある難波であるから、次の資料と同じ難波であろう。「大連に勅して云う、難波の大隅島と媛島の松原に牛を放ち、名を後に残す」安閑紀二年（五三五年）。この「媛島」は豊国姫島（大分市）であると言われ、比売語曾社で有名である。比売語曾社は姫島の前は難波にあった、とされる。垂仁紀に「都怒我阿羅斯等《つぬがあらしと》［…］海を越えて日本国にいたる、探し求めた童女《おとめ》は難波に至り比売語曾《ひめごそ》社の神

となった、また豊国の国前郡に入って比売語曾社の神となった」とある。応神ゆかりの難波大隅宮は豊国媛島と関係深い。

　更に応神五世孫とされる継体の継嗣安閑天皇は豊国に多くの屯倉（筑紫君磐井遺領）を得て、豊国勾金橋《まがりのかなはし》に遷都した（安閑紀五三四年）。その屯倉の一つ難波屯倉を妃宅媛《やかひめ》に与えたという（同）。与えたのは宮の近くの自領であろうから難波屯倉は豊国（豊前）と推定される。応神の難波は企救半島周防灘側と考えられる［注7］。詳細は前著第六章参照。

［7］仁徳の難波高津宮……九州を出ていない応神天皇が難波大隅宮で崩じ、その直後の仁徳即位元年条の難波高津宮は摂津難波でなく、豊国難波である。仁徳記の歌に「なにはのさきよ、いでたちて、わがくにみれば」とある。難波の岬が自領を国見するに適していることは、企救半島の東西に自領があったからであろう。西側に吉備の国や諸島があり、東側（周防灘側）に難波の宮があった、とするのが妥当な解釈であろう。仁徳は祖先の伝承「島生み神話」も「神武東征の吉備と難波」も知った上で関門海峡を幸行しているはずだ。「淡道島」「なにはのさき」「あはしま」「おのごろしま」「吉備」が近くに視認できることに納得し、満足している（仁徳記の歌、前掲）。

［8］伊予二名島……古事記島生み譚第二段では、まず「淡路之穂之狭別島」次に「伊予之二名島、この島は身一つにして面《おも》四つあり、面ごとに名あり、かれ、伊予の国を愛比売《えひめ》と謂ひ、讃岐の国を飯依比古《いいよりひこ》と謂ひ、粟国を大宜都比売《おおげつひめ》と謂ひ、土左国を建依別《たけよりわけ》と謂ふ」とある。日本書紀ではこれら四つの国の事は触れられていない。

［9］彦島……彦島とはどんな島か。日本書紀に一か所「穴門の引島《ひこしま》」（仲哀紀、読みは岩波版による）と出てくる。大きさは二キロ四方ほど。下関とは環濠のような狭く曲がりくねったS字を裏返したような形の海峡（幅五〇〜三〇〇メートル、長さ四キロ程）で隔てられている。関門海峡を大瀬戸、この海峡は小瀬戸（または小門《おど》・小戸《おど》）とも称される。海峡の片方の口（逆S字の南方）は関門海峡の中程（巌流島がある）に通じ、幅三〇〇メートル程で狭く潮流は速い（上瀬、現在彦島水門がある）、他方

の口は日本海の響灘《ひびきなだ》に面して幅三〇〇メートル程で広く潮流は遅い（下瀬、現在彦島大橋がある）。中程（中瀬）に現在小戸公園がある。彦島水門はパナマ運河形式で漁船程度は通れるが、潮流は現在は遮られ、海峡は港として使われている。下関側は埋め立てがあり、当時の岸がどの辺か不詳。

［10］西井健一郎説「伊予二名島《いよふたなじま》は現彦島」とする価値ある一説……西井健一郎「私考・彦島物語Ⅰ　筑紫日向の探索」古田史学会報No七一号（二〇〇五）

［11］地名・国名移植……移植の動機は幾つもある。①ある土地の一族が集団移住した場合、例えば仁徳時代の九州飛鳥の漢人が難波飛鳥（近つあすか）、奈良（遠つあすか）に移住した例、蘇我氏が肥前飛鳥を大和飛鳥に地名移植した例。②ある土地の氏族が地方の領主に任命派遣された場合、例えば「崇神朝の吉備津彦→派遣先で吉備国。③九州古代国名の列島拡散、例えば多利思北孤の律令制、「軍尼《くに》（国造か）一二〇有り」（隋書）、国があれば国名の命名がある。④倭国の令制国（豊前・豊後など？）。⑤日本国の令制国（七〇二年大宝律令？〜明治まで殆ど不変）。また、多段階の移植経緯もある。例えば「吉備」については、関門海峡吉備（地名）→神武東征に従った吉備出身者（人の移動）→吉備津彦（四道将軍、地名の人名化）→吉備津彦の西征（人の移動）→岡山の地名「吉備」（征服、人名の地名化）など。このように、国名移植の前に地名移植があり得、地名移植があったとしても、元の地名が遺存されて複数の同名が並存する場合もあるなど複雑だ（複数の飛鳥、複数の難波など）。ここでは表記の不統一は原典に従った。

［12］他の可能性……「高天原」の比定候補として沖ノ島を経由地とする「対岸」として「釜山」付近も地理的には可能性がゼロではない。しかし、次章に登場するサルタヒコ船団の拠点が対馬であること、対馬国神サルタヒコとニニギの関係が「仕え奉《まつ》る」と主従関係であること、ニニギの祖イザナギの関門海峡への渡海にサルタヒコの祖が関係した可能性が高いこと、ニニギの祖アマテラスが選んだ「もう一つの高天原」が釜山でないこと（第二章）、などとの整合性を考慮すると、イザナギの高天原が対馬以外である可能性、特に釜山である可能性はない。それは同時に「イザナギ〜アマテラス一族は海

照らす神を祀る海族であること」、「新羅系・高句麗系である可能性はない」ことを証している。「イザナギの高天原はアマテラスの高天原と違う」については第二章で検証する。

［13］同一領域視……筑紫の範囲は彦島も含んでいた別の視点がある。古代の国は面する海で区分されていたようだ。「筑紫島は四面にそれぞれ筑紫国・豊国［…］がある」（古事記島生み神話第二段）とあるからだ。これによれば「小倉・門司まで筑紫国」としてよい。彦島も筑紫に分類されていた可能性もあろう。なぜなら、関門海峡の両岸を一体として見る見方がある。仲哀紀に「穴門より向津《むかつ》野《の》大済《おおわたり》（豊国宇佐）を以ては東門（関門海峡瀬戸内海側）とし、名籠屋大済（戸畑名籠屋崎）を以て西門（関門海峡日本海側）とす［…］」（括弧は紀岩波版頭注）とある。二つの見方を合わせた「戸畑～彦島」が筑紫の一部に分類された時代があってもおかしくない。

後年になると、企救半島の東西両側を豊国とされている。即ち、応神紀・仁徳記では「豊国難波大隅宮」「豊国難波高津宮」が出てくると共に天皇御幸の歌として小豆島《あずきしま》など関門海峡北西側が出てくる。小倉・門司が応神・仁徳の所領となり、豊国に区分されるようになったのはそれ以降、と思われる。応神が貴国（大和軍・東方軍の半島征戦の後方基地）を肥前北から豊国に移したことと関係あるだろう。この区分は多利思北孤の頃、倭国令制国として確定し、大宝律令に引き継がれたと推測する。以後、明治まで小倉・門司は「豊国・豊前」に含まれる。筑紫国ではない。

要すれば「ニニギ～仲哀の時代」は筑紫～小倉（葦原中つ国）～門司（日向）～彦島（小戸）まで筑紫国であった可能性があり、応神以降は海峡を重視して企救半島の日本海側～彦島～半島瀬戸内海側が豊国に編入された可能性がある、と考える。

第二章　内外史書の証言「アマテラスの高天原は別」

古事記から「イザナギの高天原は対馬」と比定できた（前章）。この比定を基点として更に古事記から次の順で比定地が次々と推論できる。「イザナギの小戸→ニニギの日向→笠沙岬→アマテラスの高天原」である。驚くべきことに、「アマテラスの高天原の比定候補地」は海外史書群による「半島倭国比定地」と一致し、その検証からこれらの推論を比定とすることができる。

前章の比定と合わせると、記紀神話は「海峡倭人であるイザナギ（対馬）・アマテラス（半島南）を祖とするホアカリ（博多、第四章）・ニニギ（門司）の列島進出史」と位置づけることができる。記紀はこの進出史（史実）を高天原神話の最後に入れ、それまで曖昧だった神代（ニニギまで）と人代（以降）との境界を際立たせることによって「アマテラス～ニニギ系の列島支配権は人代で変えることのできない神代の決まり事」と教宣したのだ。

◉アマテラスの高天原は対馬ではない？（仮説）

古事記によれば、イザナギの子三貴神アマテラス・ツクヨミ・スサノヲは小戸で生まれた。イザナギはアマテラスに「高天原に戻って治めよ」と命じ、スサノヲに「天の下を治めよ」と命じた（紀神代五段一書六）。

アマテラスは対馬（イザナギの高天原）に戻ったが、対馬には良田がない（魏志倭人伝）。更に別に移住したようだ。その根拠は次の記述だ。

紀神代七段一書三

「日神（アマテラス）の田三処有り［…］此れ皆良田、霖旱《ながめひでり》を経ると雖《いえど》も、損傷するところ無し、スサノヲの田、亦三処有り［…］此れ皆磽地《やせち》、雨ふれば則ち流れ、旱《ひで》れば則ち焦《や》ける、故にスサノヲ、姉の田を妬《ねた》み害す、春には則ち渠《ひ》槽を廃し、及び溝を埋め、畔を毀し［…］凡そ此の悪事は曾《か》って息《や》む時無し」

ここで、「アマテラスの田は良田、スサノヲの田はやせ地、スサノヲは姉の田を妬《ねた》み害す」とある。アマテラスの田は「良田のない対馬＝イザナギの高天原」ではない。では、どこか。この記事（七段）の後に示唆がある。

紀神代八段一書四

「素戔嗚尊《スサノオ》、所行無状《しわざあづきなし》、故に諸神［…］遂にこれを逐《やら》ふ、是時、素戔嗚尊［…］新羅国に降り到り［…］遂に埴土を以って舟を作り、之に乗りて出雲国に到る［…］」

スサノヲはアマテラスの田を妬み害して高天原(対馬でない)から追放されたとある。そのルートとして「アマテラス高天原→新羅→出雲」が示されている。新羅（辰羅）の位置は朝鮮半島南東である（後漢書）。高天原から新羅へは「降り到り」とある。記紀神話の「天降る」は「海流を下る」と整合する場合が多い。そうであれば「高天原は新羅より対馬海流の上流、即ち新羅の西方」と解釈できる。「西方」ではあるが「良田のない対馬」ではないから、「アマテラスの高天原は対馬対岸の朝鮮半島南西」である可能性がある。これは状況証拠の一つに過ぎないので仮説とし、以下で更に検証・論証する。

付言すると「スサノヲが良田を妬《ねた》む」という記述は、「スサノヲはまだ葦原中つ国に良田適地を十分獲得できていなかった」を意味するが、「イザナギが洲《くに》生みを目指した目的が良田適地の獲得にあった」「イザナギの故地には良田がなかった」、だから「イザナギの故地は対馬」などの第一章の検証過程を傍証している。

◉アマテラスの高天原はどこか？　ニニギの天降り譚から

仮説を検証する上で、最大の情報源は後述するように古事記の「ニニギ天降り譚」である。これを検証するには、まず、ニニギについて確認しておかなければならない。

記紀によれば、アマテラスは高天原に移って農業に成功し、太子オシホミミ・天孫ホアカリ・天孫ニニギを得て繁栄した、とある（紀神代九段一書六、漢字フルネームは［注1］）。

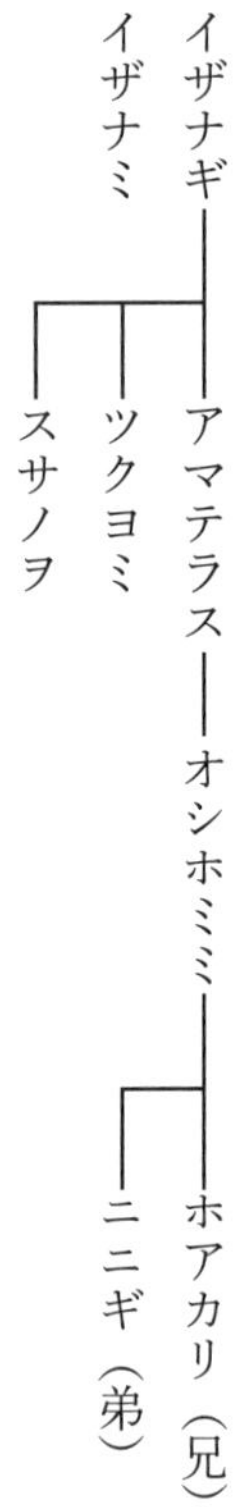

アマテラスの高天原（半島南、仮説）は対馬に比べれば良田を得られたのであろうが、安定した豊かさではなかった様だ。同時代（一〜二世紀）の三国史記新羅本紀には「豊作」「飢饉《ききん》」「飢え」「他民族の侵入」などの語が混在して見られる。アマテラスはより豊かな地を探した様だ。

紀神代五段一書十一

「アマテラスはツクヨミを（高天原から）葦原中つ国に行かせ、その地が米・魚・粟・蚕などで豊かであることを知って喜んだ」

紀神代九段（要旨）

「アマテラスらは、弟スサノヲ一族の国造りした国土は太子オシホミミが治めるべき国であるとして葦原中国を平定するよう、まず一族の天穂日命（アメノホヒ）を往かせた。しかし、此の神佞《みだりに》スサノヲの子孫であるオオアナムチ（大国主神、大物主神）に媚《こび》て三年に及ぶも尚報告しなかった。更に第二陣としてその子を送ったがオオアナムチ一族と結婚しやはり復命しなかった。その後、一族諸将を派遣して［…］スサノヲ系一族を力ずくで屈服させた。オオアナムチは自らを祭祀することを条件に葦原中国をアマテラス一族に譲ることを承諾した（国譲り）」

そこで、アマテラスは太子オシホミミを支配者として送り込もうとしたが、その子ニニギが生まれたので、ニニギを葦原中つ国の支配者として、日向《ひむか》の高千穂に天降りさせた、とされる。

◉「ニニギの日向は門司」（比定検証）

それは古事記でも確認できる。

古事記　神代

「（アマテラスは詔して）葦原中つ国を平《ことむ》け訖《を》へぬ（平定は終わった）と白《まを》せり［…］この豊葦原水穂国《とよあしはらみずほのくに》は汝（ニニギ）知らさむ（支配するべき）国なり［…］命《みこと》のまにまに天降るべし［…］（ニニギは）竺紫日向《ひむか》の高千穂の久士布流多氣《くしふるだけ》に天降ります［…］」

ニニギは「日向《ひむか》」に天降ったという。前章で「イザナギの日向の比定候補地は門司」としたが、ニニギの日向も同じであろうか？

「門司」の隣に小倉《こくら》がある。小倉中心部に「足原《あしはら》」「中津口《なかつくち》」という地名が隣り合って現存する（地名由来は未確認）。葦原《あしはら》中《なか》つ国《くに》」の比定地候補となり得る。合わせると前掲文を「ニニギは葦原中つ国（小倉）を治める為に、日向（門司）に天降りした」と括弧を補って解釈することができる。これを「ニニギの日向は門司」の比定論拠の第一としたい。ちなみに「葦原中つ国＝列島」の解釈は後世（記紀）の拡大解釈である。イザナギらは交易海族として大和方面も知っていたし、アマテラス支族のニギハヤヒは（やむなく）河内まで行ったが、アマテラス直系（天孫）の植民ターゲットは本拠に近い北九州である。

ニニギは日向に天降って、その地を次のように評価して詔《みことのり》している。

古事記　つづき

「此の地は韓国《からくに》に向ひ、笠沙の御前《みさき》に真来《まき》通り、朝日の直《ただ》刺す国、夕日の日照る国なり、かれ、此地《ここ》はいと吉《よ》き地《ところ》と詔す［…］」

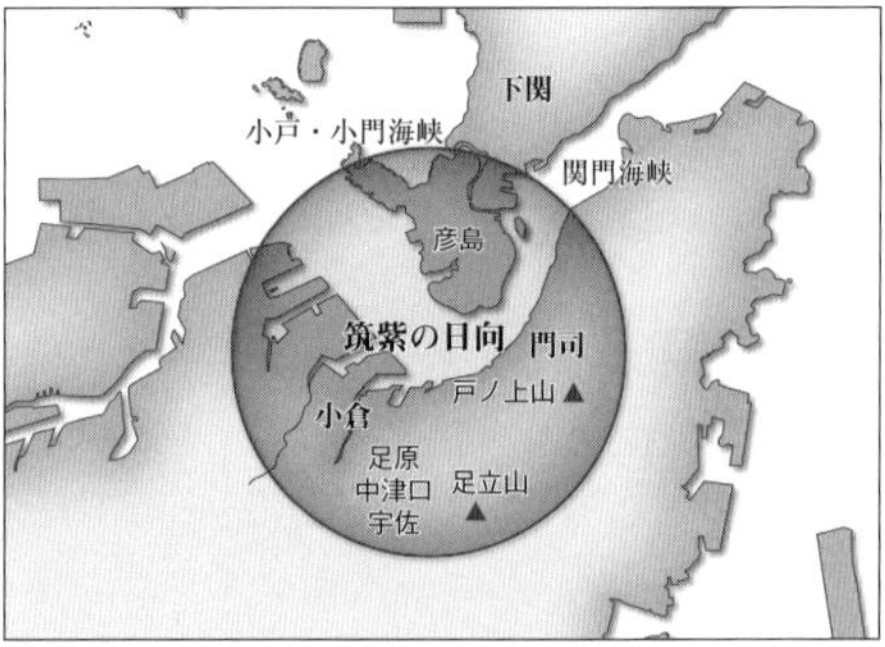

ニニギの天降り先「日向」は北九州門司

ここで「朝日の直《ただ》刺す国」とあるのはただの朝日ではない。ただの朝日ならどこでも差す。「直《ただ》刺す」とは「朝日の最初の一点から鋭い光線が真直ぐに刺す」の意味であり、海族《うみぞく》イザナギ一族にとってそれは「水平線まで晴れている海から昇る神々しい朝日」であろう。

一、「門司の峰」はそれに値するか。「門司の峰」に登ると東に瀬戸内海が見え、真東一〇〇キロ以内に山や島がない。その向こうに瀬戸内海の島々があるはずだが、遠くかすみ波間に沈む。朝日は海から昇る。

二、「日向＝宮崎説」（定説）があるが、ここも確かに「朝日が海から昇る地」である。この項の候補に残る。

三、また、「日向＝博多説」（九州王朝説）があるが、博多周辺の峰に登っても遠くまで山なみが続き、朝日は海ではなく山の端から昇る。ここは「日向」の候補地ではない。また、博多近くにはイザナギの「筑紫の日向の小戸」の「小戸（小海峡）」はない。小戸神社はあるが、江戸時代の創建だ。

四、他説に「日向＝彦島説」（西井健一郎説、前章）もあるが彦

門司の峰から真東の瀬戸内海（周防灘）を望む

島の峰は低く、門司側の山に遮られて海から昇る朝日は見られない。ここは「日向」の候補地ではない。「日向＝小倉説」の提案[2]もあり参考になるが、「イザナギの日向＝彦島の対岸」としては小倉は遠い。

結局、詔の賞賛する「北九州で、海から出る朝日の直刺す唯一の場所、日向」は「門司の峰」である。「筑紫の日向は門司」の比定論拠の第二としたい。

門司の峰から見た海から昇る朝日（筆者撮影）

次の「夕日の日照る国」とはただの夕日ではない。ただの夕日ならどこでも照る。「朝日の直刺《ただ》す」と対だから意味がある。門司の峰から真西の方向は一〇〇キロ以内により高い山や島がなく、夕日は海に沈む。「海から出た日が海に戻るまで一日最も長く照らされる地」を表現したと解釈できる。九州では、門司の峰が「海から出る朝日と海に沈む夕日」を見られる唯一の地、「日向」の唯一の比定候補地である。第三の比定論拠としたい。

更に「韓国《からくに》に向かひ」とあるが、対馬交易海族《うみぞく》が「韓国」と言えば、鉄などの主たる交易相手「金官国（後の伽耶《かや》）」であろう。金官以西の半島南沿岸は当時「半島倭国」であって韓国《からくに》ではない（魏志韓伝、後述）。日向（門司）は金官韓国《きんかんからくに》（釜山《ぶさん》西の金海市）に直接向き合い、背後に瀬戸内海市場を持ち交易基地としても栄えるだろう「いと吉《よ》き地《ところ》」なのである。博多周辺と金海市の間には対馬が横たわり直接向き合っていない。宮崎や南九州は「韓国《からくに》に向かい」といえない。第四の比定論拠である。

◉「笠沙《かささ》の御前《みさき》」はどこか？（比定論証）

前掲文の詔にある「笠沙の御前《みさき》」とはどこか。「九州のどこかの岬」と考えるのが常識である。しかし、定説（南九州説）でも九州王朝説（北九州説）でも、納得できる岬は見つかっていない。ところが、ニニギの詔（前掲）の対象がいずれも視界の果て（一〇〇キロ～）を指しているから、一〇〇キロ以遠の「見えない岬」（非常識）を探すと、対馬の南端の岬、笠の形をした山（＝神山）から成る岬（＝神崎《こうざき》）がある（写真）。対馬の海人には目をつぶっても見える馴染みの岬なのであろう。この神崎を「笠沙の御前」に比定できるか検証する。

ニニギの天降りの前段に、笠沙の関係記事がある。

古事記　笠沙の御前《みさき》（要旨）

「ニニギ天降りまさむとする時、天の八衢《やちまた》に居て、

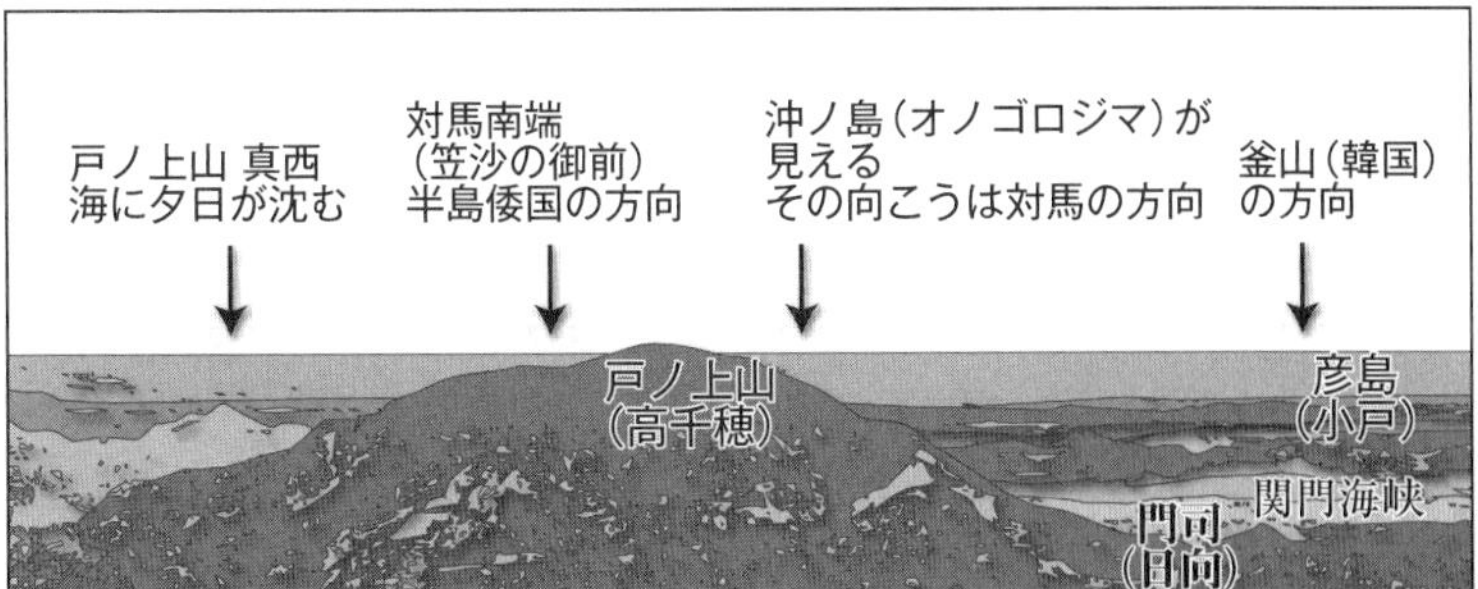

門司の峰（高千穂）から真西（左端）・笠沙・韓国（右端）を望む

上は高天原を光《てら》し下は葦原中つ国を光《てら》す神あり［…］僕《あ》は国つ神、名は猿田毘古神《さるたびこのかみ》（以下サルタヒコ）なり、出で居る所以《ゆえ》は、天つ神の御子天降りますと聞きつる故に、（笠沙の）御前《みさき》に仕え奉《まつ》らむとして、参向侍《さぶら》ふ、とまをしき［…］（ここで前掲の「ニニギの日向天降りと詔」がつづく）［…］かれここに、天宇受賣命《あめのうずめのみこと》に詔す、汝［…］（サルタヒコを）送り（返し）奉れ［…］（以下、海人族の魚類の臣従神話）」

対馬南端神崎（笠沙御前）筆者撮影

ニニギは古事記では「天神御子」と記され、日本書紀の「天孫」は使われていない。ここに、「サルタヒコはニニギの天降りを行路途中の笠沙に待ち受けて、日向まで随行した」とある（紀神代九段一書一にも同様の記述がある）。まとめると、

一、サルタヒコは「ニニギの出発点（高天原）から門司～小倉（日向・葦原中つ国）までを水先案内できる（照らす）「海上交通の要衝である八叉路《はっさろ》（天の八衢《やちまた》）を本拠とする海人族（国神）」と解釈できる。「船に乗りて南北に市糴《してき》（交易）する対馬国倭人」（魏志倭人伝）であろうか。魏志倭人伝はこの「南北」を「北九州と半島南」の意味で使っている。

二、神崎《こうざき》は笠の形をしている。その神崎は対馬周辺海域の海上交通の八叉路である。サルタヒコが待ちいたであろう港もある。ここから門司（日向）には直行できる（真来通る）。これだけでも「笠沙の御前は対馬南端神崎《こうざき》」に比定することができる。

三、「笠沙（対馬南端）が高天原と日向（門司）までの行路途中」とあるから、逆に「門司（日向）と対馬南端（笠沙）を結んで真直ぐ通り過ぎれば（「真来通り」（詔））、半島南端に行き当たる。そこが出発地（高天原）である可能性が高い。「真来通り」でなく、対馬南端から進路変更して真北に取れば釜山（金官国）に行き当たるが、そこは韓人の地域（弁韓）である（魏志韓伝）。高天原ではない。「真来通り」を「真直ぐ通り」と解釈するのが妥当である。

四、サルタヒコの目的はニニギの海上移動支援であろう。応神紀に「（豊国）難波大隅宮から（関門海峡を通ってその西の）吉備に里帰りする兄媛の為に海人八十人を水手《かこ》として送る」という例がある（前章）。この場合は遠くないが（三〇～四〇キロ）、難所の関門海峡潮流がある。だから特記されるような水手《かこ》増援が必要だったのだろう。ニニギは関門海峡を通っていないから、増援が必要なのは遠いからであろう。

笠沙が対馬南端なら日向（門司）までは一五〇キロ程、真直ぐ来れば（真来通り）寄る島がない（直航）。筆者のヨット経験（江の島港二〇年を含む五〇年）からの推定だが、帆に頼らない手漕ぎの船の速度能力を三ノット（時速五・四キロ、三ノット以下では潮流は乗り切れない）とすると計算上は二八時間と出るが、潮流（対馬海流、一～三ノット）の関係もあり、三日はかかろう（平均一・五ノット、好天続き・満月を選んで漕ぎ手交代で昼夜続航を仮定)。直航の限度であろう。四日以上は好天続きを期し難く、漕ぎ手の休息・交代・慣れない乗客の疲労・船酔いを考慮すると限度を超える。代わりに島伝いを選ぶと安全ではあるが長距離になり、一挙に長期化する。壱岐寄港は交易のライバルだから常々避けただろう。直航三日は厳しいが現実的、妥当な選択肢である(特にこの場合は潮に乗る方向だから容易)。それが「真来通り」と表現されているのだろう。

五、サルタヒコは「ニニギに仕え奉《まつ》らむ」とする国神である。主従の関係である。そうであるなら、ニニギの先祖(イザナギ)とサルタヒコの先祖も主従関係だったと推定される。「サルタヒコは対馬の国神」は「イザナギの故地も対馬」「イザナギは対馬倭人であって

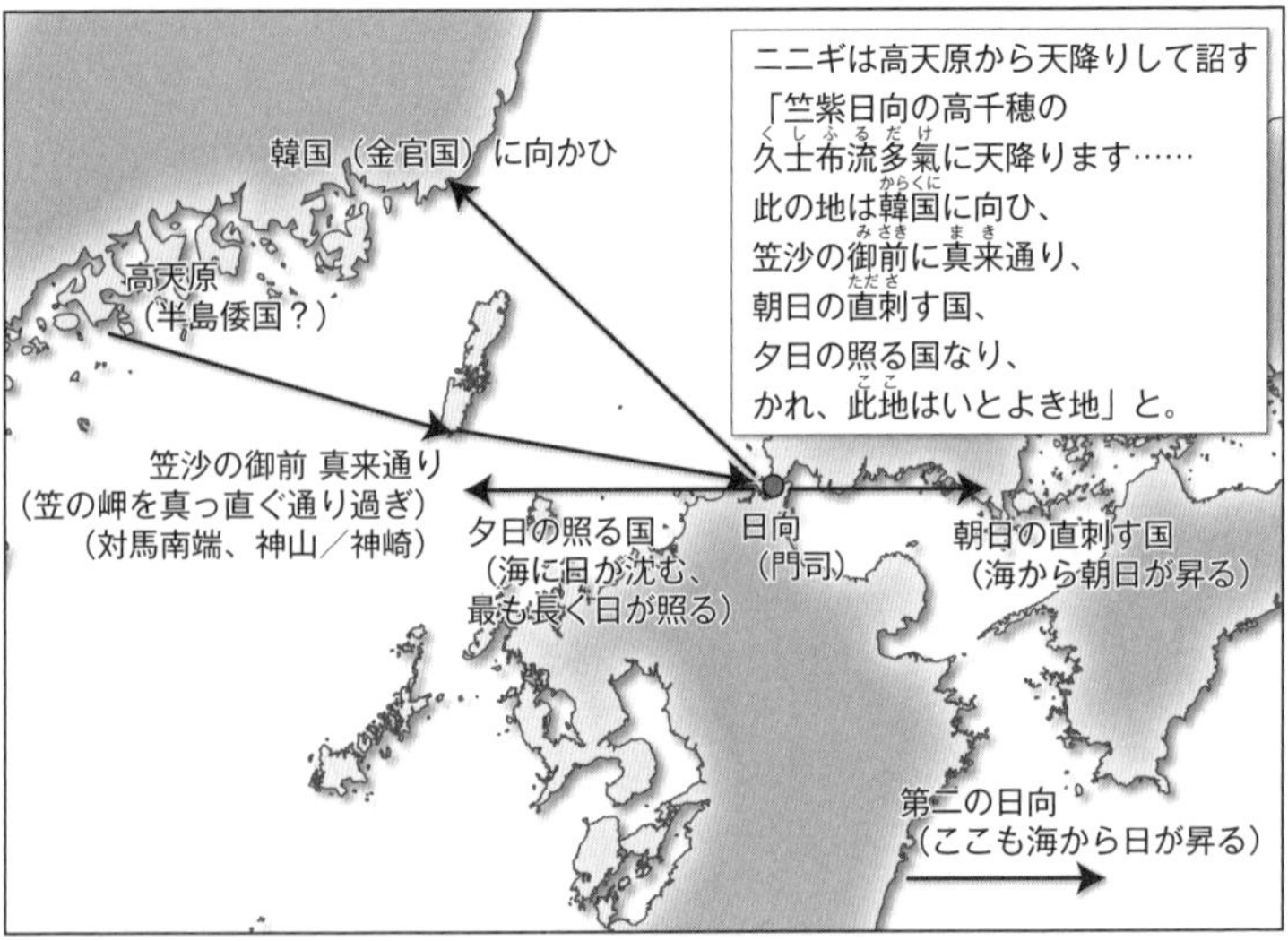

「日向(門司)」と「笠沙(対馬南端)」を「真来通る(真っ直ぐ結んだ先)」が「高天原」

韓人でない」を傍証している。

以上から、「笠沙の御前《みさき》は対馬南端神崎《こうざき》」と比定できる。これを第五の比定論拠として、「筑紫の日向の高千穂峰」を評した「ニニギの詔」に合致する唯一の地として「門司の峰」を、従って「筑紫の日向」は「門司」に比定できる。遡ってイザナギの「筑紫の日向の小門《おど》」（記）をニニギの「筑紫の日向の小戸（彦島）」（紀）の遡及表現として良いから、前章で「仮比定」とした「小戸は彦島」をここで比定とすることができる。

◉アマテラスの高天原は「半島南」（検証一）

引き続きニニギの出発地「高天原」を検証する。

六、ニニギは日向からみて「対馬より遠方」から来た、と解釈できる。来た方向は「終着の門司（日向）と中間地点の対馬南端（笠沙）を結んで真直ぐ来た方向（真来通り）」である。距離は中間点で休養し、水・食糧を補充し、好天を待つ必要があるような距離であろう。それを地図上に探すと、そのような出発地とは「対馬の西一七〇キロ程の朝鮮半島南端」である（前図）。「アマテラスの高天原」は対馬でなく半島にあったことが示唆されている。

七、ニニギは朝鮮半島の「高天原」を出発したとすると、対馬南端へ直航一七〇キロを三日、そこまでの漕ぎ手もサルタヒコ配下であろう。そこでサルタヒコの出迎えを受け、一旦上陸・休息・漕ぎ手交代・水・食糧を補給・好天待ちをして日向まで更に一五〇キロを三日かけて、船数少なくも数十、漕ぎ手少なくも数百、乗客（移住者男女）少なくも数百と推定する。この推定根拠は「倭人兵船百余艘来襲」（三国史記、後一四年、海軍／海賊）の例、応神紀の水手《かこ》の数（八〇）の例（前出）がある。製鉄を知り、鉄具を持つ彼らは直径一メートル弱の倒した大木の上側面一〇メートル上に炭火を載せ続ければ、容易に二〇人乗り位の丸木舟ができる。サルタヒコの提供する豊富な航海経験を持つ屈強な水手《かこ》多数は重要不可欠で、身内でなければあり得ない歴史的壮挙である。歴史的ではあるが、初めてではない。アマテラス一族、アメノホヒ・ホアカリなど「何波もの半島高天原と列島の間の民族大移動」にこのサルタヒコ「船団／海軍」が活躍したことであろう。

以上から、「ニニギ一族はサルタヒコ船団／海軍の支援を得て半島南端を出、対馬南端神崎（笠沙御前《みさき》）で対馬倭人サルタヒコの出迎えと随行を受け、一路門司（イザナギの故地「小戸を含む筑紫日向」）に移住した」と解釈できる。

古事記のニニギ詔に拠る限り「アマテラスの高天原は半島南、対馬の西方一七〇キロ辺り」を有力な比定候補とすることができる（仮説）。

そこで、「アマテラスはなぜここを選んだのか。地勢的な合理性があるのか。当時の政治情勢との整合性はあるのか。海外史書との整合性はあるのか、順次見ていきたい。

◉アマテラスは良田適地を探した（検証二）

アマテラスが対馬から移住した理由・目的は不詳だが、そこが良田適地であることを日本書紀は示唆している。目的の一つであることは間違いない。それを考察する。

対馬海峡域の海原倭人が弥生水田稲作に兼業・生業転換しようと良田適地を求める時、その候補を対馬周辺に探すと、面積順に「①博多周辺→②小倉周辺→③釜山／金海周辺→④高興周辺（後述）」の順であろう。他は殆ど山ばかりである（図）。

一、第一の博多周辺・第二の小倉周辺は、スサノヲが植民開拓しようとして来た地であるが、「まだやせ地しか得られていない」と日本書紀が示唆している。領土獲得が未だ十分でなく、在来先住倭人が押さえていたのであろう。第三の釜山／金海周辺は対馬倭人が交易でしばしば接触した地だ。南下して来た韓人が既に押さえてそこに留まっていたと考えられる。

二、第四の「高興周辺」は馴染みが少ないが、誰が探しても挙がる一つの候補地であろう。対馬の西一七〇キロ付近、現韓国全羅南道高興《コフン》（韓国語発音）郡辺りである。細い接続部を持つ島のような約三〇キロ四方の半島の周辺

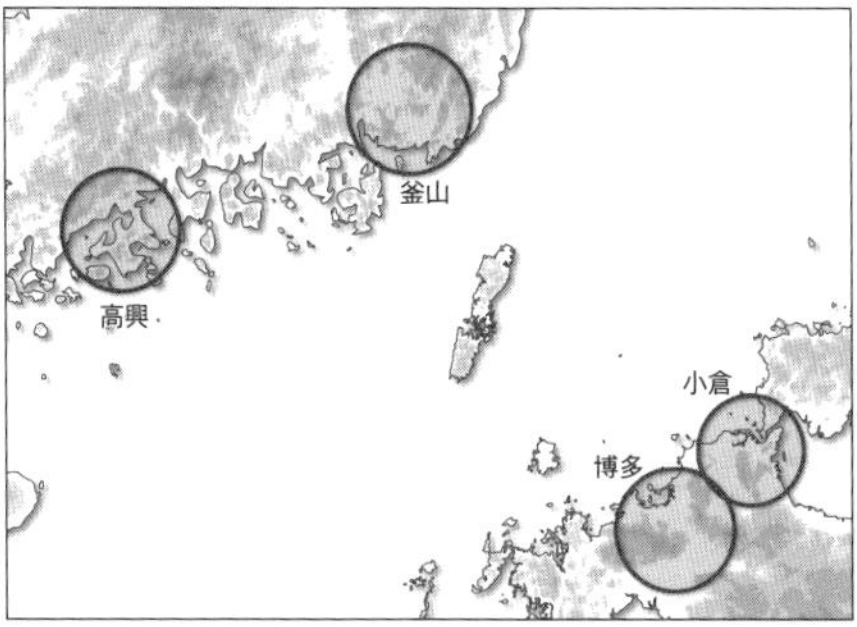

対馬周辺の「良田適地」。濃い部分は山

である。以下では仮に「高興《コフン》半島」とする。それ程広くはないが、この半島の西半分や半島付け根部分に平地が広がり、現在でも農業が盛んな地域である。東半分にはリアス式海岸が有り海族好みの地形である。北には山地が広がり、韓人の南下を拒否する壁となり、韓人の来ない空白地帯であったと思われる。農業転換と植民をしたい対馬倭人にとって移住可能な唯一の良田適地だった可能性が高い。アマテラスが高興半島を選んだ可能性は高い。

三、朝鮮半島西側には馬韓（後の百済）の広大な良田適地があるが、対馬人など海原倭人にとっては遠方で対象外である。南下する韓人はそこに留まる。そこは干満差の大きい海岸があり、先住の海原倭人も少なくなかったようだ（楽浪海中倭人あり、漢書地理誌）。彼らは干潟で海産物を採り、泥濘を厭わないから、水田稲作に早くから転換したと考えられる。そこへ、漢人に追われた韓人が南下してきた。彼らは移動性が高く戦闘能力も低くない。それに対し、稲作倭人は定着性が高く、戦闘能力は低い。しかし、一定の上納をすれば韓人はこれを治めて領民としたであろう。そのように、韓人社会に吸収された倭人は少なく

高興半島の良田適地の一例。対馬にはないこのような平野が多数あり、農業が盛んである（現地農協幹部談、筆者撮影）

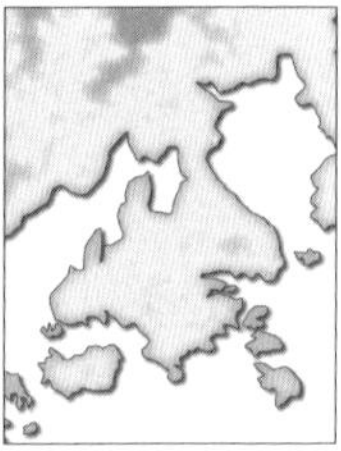

高興半島（半島南端域）

なかった可能性がある。一部の倭人はそれを嫌って南下して、最終的に高興地域に集まった可能性がある。

結論として、「アマテラスがここ高興を選ぶそれなりの理由がある」と検証できる。

◉海外史書の認識　半島南に倭国あり　（検証三）

当時の半島情勢について文献がある。これによれば、半島の南端には倭人の国があった。

後漢書東夷伝　韓条

「韓に三種有り［…］馬韓（後の百済）は西に在り［…］南は倭に接す。辰韓（後の新羅）は東に在り［…］弁辰（後に弁韓とも）は辰韓の南にあり［…］其の南亦（また）倭に接す［…］地合方四千餘里、東西海を以って限りと為す［…］馬韓［…］其南界は倭に近し、亦文身する者有り。辰韓［…］鉄を出す。濊《わい》、倭、馬韓これを市に求める［…］弁辰は［…］其の国は倭に近し、故に頗《すこ》

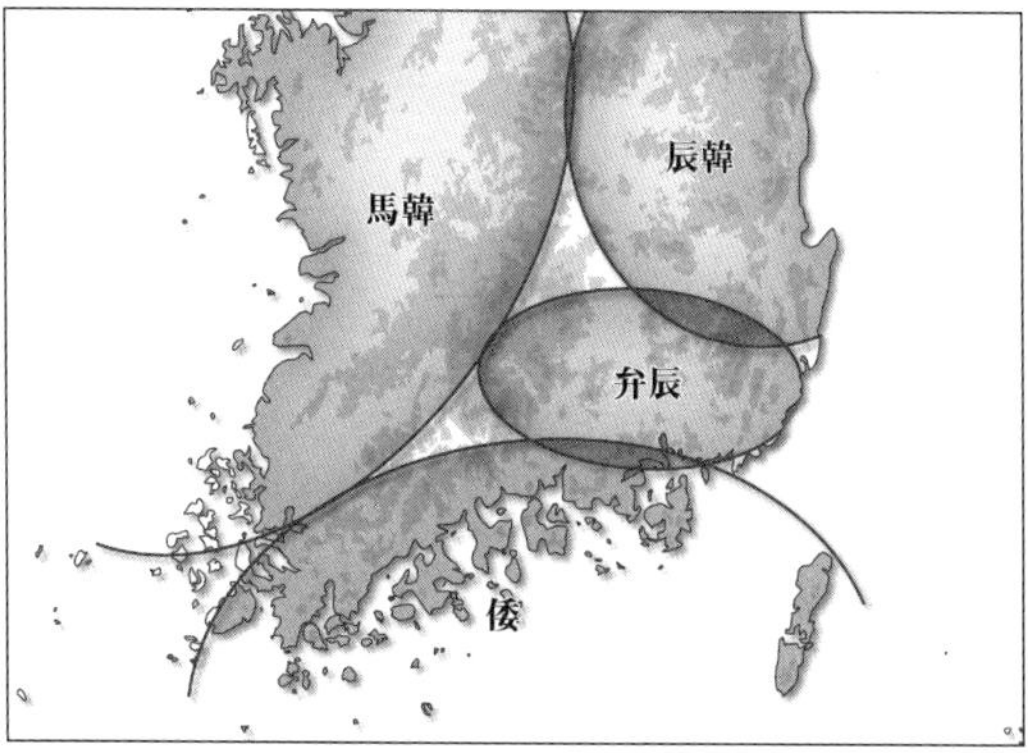

後漢書に基づく半島の倭

ぶる文身する者あり［…］」

「韓（三韓）は東西を海、南を倭と接する」としているから「朝鮮半島南端にも倭があった」と解釈できる。「弁辰（弁韓）［…］其の国［…］」とあり国扱いだからそれと並記される馬韓・弁韓・倭も国扱い、と解釈される。倭（国）である。これを図示すると、前図になる。又「馬韓・弁辰は倭に近い故に文身する者がいる」として、言外に「韓人は一般には文身しない。倭の倭人は言うまでもなく文身する」として「三韓に接する倭は別民族」との認識を示している。また、倭が鉄を韓に求めたことが記されている。

以上の史料は「アマテラス高天原検証」と矛盾しないばかりか、検証を補完し裏書きしている。

◉もう一つの海外史書「三国史記」（論証）

「半島の倭」が辰韓（後に新羅）の史書三国史記[3]にも出てくる。辰韓四代目脱解《だっかい》王誕生説話だ。

三国史記新羅本紀

「脱解《だっかい》は［…］もと多婆《たば》那《な》国の生れ［…］その国は倭国東北一千里に在り［…］その国王の妻が大卵を生む、王曰く［…］これを棄てよ［…］海に浮べ往く所を任せた［…］初め金官国海辺に至り［…］金官人怪みてこれを取らず［…］辰韓に至り［…］（辰韓の）先王命じて曰く、吾が死後［…］よって（脱解は）位を継ぐ（西暦五七年）［…］（脱解王は）

倭国と好交を結ぶ（五九年）［…］」

「脱解王は卵から生まれた」という辰の王室神話だが、倭国の具体的な地理を示唆している。「倭国から東北一千里で多婆那国、そこから海流に乗って金官・辰韓へ至った」という記述だ。これを検討する。

一、「金官国」は弁韓（弁辰、後の伽耶）の西域と知られている。海流で流された方向と距離から多婆那《たばな》国は「弁韓の東域」か「馬韓」である（後漢書韓条、前出）。

二、「倭の北西は馬韓、北東は弁韓である」（後漢書韓条）。「多婆那国は倭の東北」（三国史記）とあるから、合わせ読めば「多婆那国は弁韓」である。

三、多婆那国は弁韓の西域（上流）海寄り、と解釈できる。

四、「千里」はこの時代約八〇キロである。根拠は「帯方郡から九州北端まで一万里（現在計測で約八〇〇キロ）」（魏志倭人伝）である。

五、以上の条件を満たす領域を地図に求める。候補は多くなく「多婆那国の南西八〇キロにある倭国」とは「弁韓西の海岸地方」とほぼ特定できる。これは対馬の西一七〇キロの半島南部だ[4]（次図）。

六、従来、「倭国＝大和」説では「多婆那国とは丹波（大和の北）」と解釈し、「倭国＝北九州」説では「倭国の北東八〇キロメートルの多婆那国とは関門海峡あたり」と解釈をしてきた。

しかしこれら「倭国は列島内」を基にした両説に拠ると、多婆那国から海流に乗れば更に東北（北陸方面）に流れて半島から遠ざかってしまい、辰韓に至ることはできない。それに対し「半島に（も）倭国があった」との解釈に基づけば、「多婆那国は倭国の東北八〇キロの弁韓南部」と比定できて、三国史記の説話を説明できる。地理が納得性を持つから伝承が成り立つのだ。

七、更に注目すべきは、（六）は更に「倭国は辰韓（後の新羅）の（海流の）上流にある」と結論できることである。「スサノヲは新羅に天降った」との関係で後述する。

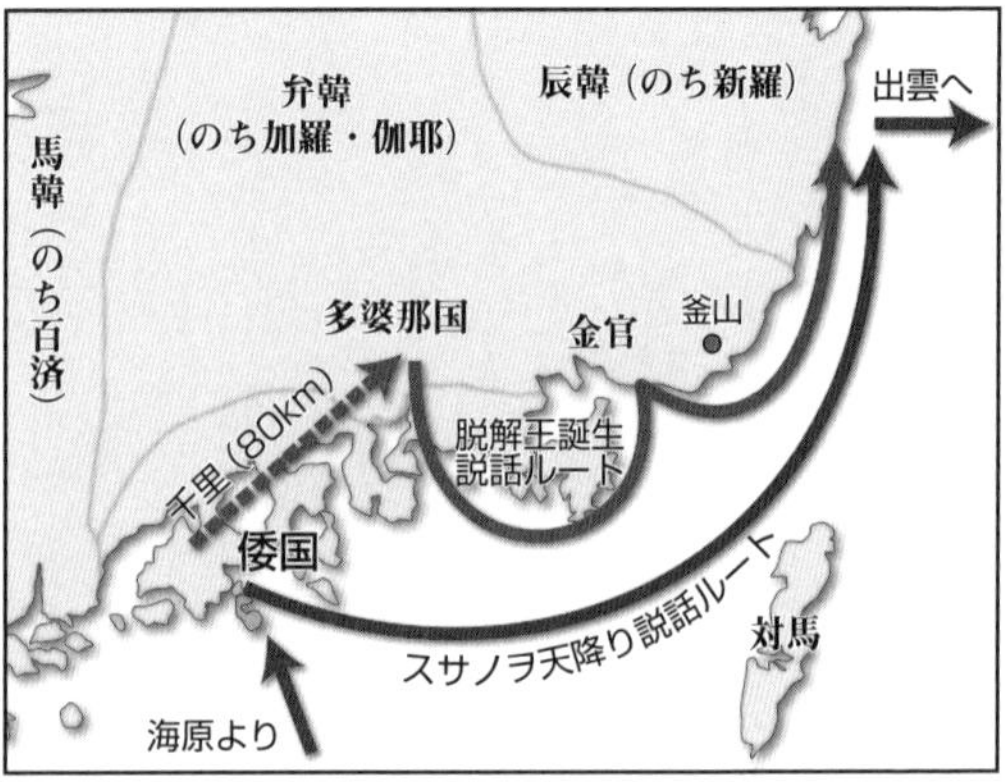

神話から推定する半島の倭

結論として、「多婆那国と脱解王」の説話によれば、「倭（国）は新羅の上流、対馬の西一七〇キロメートル付近の半島南の高興付近」と特定でき、その時代は「一世紀中頃」である。

驚くべきことに、この三国史記の示す「倭国＝対馬の西一七〇キロ付近の半島南」と、記紀が記す「アマテラス／ニニギの高天原＝対馬西一七〇キロの半島南」はほぼ一致する。[4] この整合が何を意味するのか、内外史料共に神話部分であり、軽々《けいけい》には論じられないが、次節は糸口となろう。

◉内外史書の整合点

国も民族も異なり、共通の聞き手・読者もいない別々の神話の世界で、整合する点があること自体、驚くべき例であろう。しかし、それが共通の地勢に言及した場合なら、あり得る。隣り合う別の民族の伝承でも、共通の地勢に言及することは有り得るし、後世の批判の対象になるから虚言や過剰表現は少ない。後世の修正も入る。そのような理由があるから、神代と人代の狭間《はざま》では神話でも地勢表記は信頼性が高い事が多い。「脱解王説話の倭国」と「アマテラスの高天原」の比定地が整合するとしたら、そのような一例であろう。他の例を挙げる。

一、先駆的列島移住　後漢書五七年に「倭国の極南界の倭奴国が後漢に朝貢、印綬（金印、志賀島出土）を賜わる」とある。この志賀島が極南だから、この倭国の中心は半島南と読める（後漢書の視点）。倭奴国は後漢に朝貢する文化知識を持っている。少数の漢人系を含む半島出身者の国であろう。その倭奴国が総国（倭国）を飛び越して朝貢している。

一方、記紀には「アマテラス一族のアメノホヒが天降りし、葦原の中つ国に建国して高天原に報告しなくなった」（紀神代五段）とある。

即ち、内外史書が「半島倭国の一部が海を越えて列島へ移住して、半ば独立した事例」で整合している。

二、波状的列島移住　魏志倭人伝と後漢書から、一六〇～一八〇年に「倭国大乱」があったと解析される。これら史書の視点は同じ「倭国大乱」を扱いながら「後漢書の半島南」から「魏志倭人伝の北九州」へと移動している。一方、記紀にはアマテラス一族諸将による繰り返しの葦原中つ国平定軍派遣が記されている。

即ち、内外史書が「半島南と北九州から構成される倭国、その倭国大乱が、北から南への流れであった」と示唆している点で整合している。

三、大乱収束　三国史記新羅本紀から「一七〇年頃の女王卑弥呼登場」、魏志倭人伝から「一八〇年頃の倭国大乱収束」「二四〇年頃の倭国女王の遣魏使」が読みとれる。

一方、記紀では「国譲り」の結果「ニニギの日向天降り」が実現した。

即ち、内外史書が「倭国大乱の収束」「国譲り」で整合している。

四、祭政二重構造　魏志倭人伝から「倭国は祭事王卑弥呼を共立する倭諸国政事王の祭政二重構造であった」と読みとれる。魏志倭人伝記事の二四〇年頃は卑弥呼は「年已《すで》に長大」とあり、前項から八〇歳前後と見られる。当時は四十歳前後が既に老人であるから、後継候補が必要な年である。

一方、記紀に「天孫ニニギの天降りに供奉した五部神筆頭は祭事神祇司中臣氏の祖天児屋《あまのこやね》」とあるから「ニニギは祭事王」と考えられる。生まれたばかりなのに祭事王として天降りとなったのは、卑弥呼の後継候補の意味もあったのではないかと推測される。また、天孫ホアカリの天降りに供奉した五部人筆頭は軍事政事司物部氏の祖天津麻良《あまつまら》」とあるから「ホアカリは政事王」と考えられる（先代旧事本紀、第四章で詳述）。アマテラス系は「祭政二重構造」である。

即ち、内外史書は「倭国は祭政二重構造」「アマテラス系は祭政二重構造」で整合している。

五、半島倭国消滅「三国史記が示した倭国の位置（半島南）」を通過した「訪倭魏使の道行き文」（魏志倭人伝二四〇年）に半島南の倭国が一切出てこない。二四〇年までに、半島南の倭国は消滅したと考えられる。

一方、「ニニギの天降り」以降、記紀には「アマテラスの高天原」は一切出てこない。

即ち、内外史書は「半島南の倭国の消滅」と「アマテラス高天原の消滅」で整合している様に見える。

六、狗奴国戦　魏志倭人伝から「二四七年頃、大乱を収束させたはずの卑弥呼倭国は総力を挙げて九州南の狗奴国との戦に入った」とある。「年已《すで》に長大」の卑弥呼の考えられない長寿の活動である。

一方、ニニギは葦原中つ国の支配者として日向（門司）に天降りしたはずなのに、南九州に向けて都落ちのような南征に出る（次章）。何か状況が変わった様だ。

即ち、内外史書は「倭国大乱収拾後の状況変化」で整合しているように見える。

以上、「アマテラスの高天原の時代の内外史書の整合する記述例」について検証した。記紀のこの時代は、例えば「神代と人代の狭間、神代七割に、それとなく残した史実三割の編集方針」と仮に見れば、三割の史実が海外史書と整合するから、それを根拠とする比定は「当たらずとも遠からず」とすることができよう。これら検証を加えて、中国史書（後漢書韓伝）・朝鮮史記（三国史記）・古事記が一致して示す「高興」を「アマテラス・ホアカリ・ニニギの高天原」に比定することができる。「アマテラスの高天原は半島南の高興」に比定できる。

◉天孫ホアカリの天降りは遠賀川・博多（仮説）

「ニニギの天降り先日向は門司」を比定基点として「アマテラスの高天原」を比定論証した。そのアマテラスは葦原中つ国を奪うために一族諸将を派遣して「国譲り」を勝ち取った（記紀）。記紀には書かれていないが、その中心に「天孫ホアカリ」がいたと考える。なぜなら、国譲りが成功すると、アマテラスは「太子オシホミミ」（ホアカリの父）を支配者として高天原から派遣する指名をしている。これは、アマテラスが一族諸将を次々に派遣した総力戦であった証拠である。即ち、太子は後方の総指揮者だった、と解釈される。そうであれば、アマテラス軍の最右翼として対スサノヲ戦の最前線で戦い、スサノヲに勝って「国譲り」を受けた中心は「太子の嫡子天孫ホアカリ」である可能性が高い。もしホアカリがまだ高天原にいたら、オシホミミに代わって指名されたであろう。いなかったから結局次子の天孫ニニギが派遣されたと考えられる。ニニギは生まれたばかりであるから、いればその兄ホアカリの方が派遣されてしかるべきだ。ここでは「この時点では、ホアカリは先行して天降りしていた」と仮説しておく。

ホアカリは天降って「国譲り」を戦ったと考えられる。そのホアカリの天降り先はどこか。「小戸（彦島）・日向（門司）」はスサノヲ系が支配し続けていただろうし、葦原中つ国の小倉に領地を相当広げていたと思われる。「スサノヲとアマテラスは仲が悪かった」とあり、アマテラスは「葦原中つ国を奪え」としたのだから、そこから遠すぎず近すぎない地であろう。ホアカリもニニギと同じくサルタヒコ船団を使っただろうから、得意の河筋溯上《かわすじそじょう》が使える遠賀川周辺が第一候補となろう（急襲上陸の可能範囲が広い）。その根拠は「ホアカリに供奉天降りした天津麻良《あまつまら》の子孫九州物部氏の分布は遠賀川周辺が最も多い」（先代旧事本紀）。だから、その主筋のホアカリの天降り地も遠賀川周辺であろう。そこを根拠に北九州最大の良田適地の筑紫（博多）周辺を狙ったであろう。ここでは仮説とし、論証は第四章に譲る。

遠賀川周辺を拠点に博多へ、葦原中つ国へと平定を広げ、日向・小戸を征してスサノヲ系を出雲に追いやったと考えられる。「博多から東へ東へ」である。弟ニニギは高天原から日向に天降りした。供奉《ぐぶ》した五部神の筆頭は天児屋命《あまのこやねのみこと》（祭事・神祇司の中臣氏の祖）である（神代紀第七段本文）。ニニギは祭事王と考えることができる。祭事王が託されたのは聖地小戸（彦島）であろう。そこを押さえるには軍事力よりも、スサノヲ系も受け容れられる祭事系が争いを緩和したのではないか。天孫ニニギが（幼児ながら）祭事王として日向（門司）に天降った目的の一つだろう。兄が呼び寄せたのかもしれない。

ここまで、ホアカリの天降りを仮説したが、論証は第四章で示す。

◉高天原神話　まとめ

記紀の神話のどこまでが悠久の神話で、どこからが歴史的実在か、切り分けることは難しいが、その境界の一端が垣間見えて来た、と考える。見えて来ると、何故今まで見えなかったか、も見えて来る。

記紀の最大の目的は「神代と人代の明確な区分」と「ニニギ以前を神代へしっかり封入すること」であろう。ニニギの天降り以降の地上での支配権は神代の決まり事、人代では変更不可とする支配権の根拠づくりとその教宣にあろう。神話である以上「イザナギ〜アマテラスの高天原は地上の何処だ」とは言えない。「笠沙の御前《みさき》は対馬南端」とも「アマテラスの力の源泉は半島の鉄であったり、海上輸送力であった」とする訳には行かない。まして「アマテラスの高天原は、今は放棄した半島南」とは言えない。あくまでも「それは天のどこかであり、悠久の神代の決まり事である」と記紀は建前を伝えている。しかし、「さりながら、以上のような史実を含んでいる」と論理検証から我々が読み取ることを記紀は拒否していない。そのように、端々《はしばし》に史実が垣間見えること、多すぎず、少なすぎないこと、それが神話を纏《まと》める側の工夫であり、神話を信じる側の要件であろう。

他方、探究者の目的は記紀の建前「高天原は天の上」を理解しながら、記紀が端々に垣間見せる史実から、その先の論理検証の次の拠点を見つけることにある。記紀の建前や目的を否定することでなく、記紀がなぜそう言いたかったかを知り、次の発見につなげることにある。

第二章［注］

［1］漢字フルネーム……記紀共に複数表記ある場合あり

イザナギ　伊邪那岐神《いざなぎのかみ》（古事記）　伊弉諾尊《いざなぎのみこと》（日本書紀）
イザナミ　伊邪那美神《いざなみのかみ》（古事記）　伊弉冊尊《いざなみのみこと》（日本書紀）
アマテラス　天照大御神《あまてらすおおみかみ》（古事記）　天照大神《あまてらすおおみかみ》（日本書紀）
スサノヲ　建速須佐之男命《たけはやすさのおのみこと》（古事記）　素戔嗚《すさのを》（日本書紀）
ツクヨミ　月讀命《つくよみのみこと》（古事記）　月読尊《つくよみみこと》（日本書紀）
オシホミミ　正哉吾勝勝速日天忍穂耳《まさかあかつかちはやひあめのおしほみみ》（日本書紀）　正勝吾勝勝速日天忍穂耳命《まさかつあかつかちはやひあめおしほみみのみこと》（古事記）
ホアカリ（兄）　天火明命《あめのほあかりのみこと》（古事記）　天照国照彦《あまてるくにてるひこ》火明命《ほあかりのみこと》（日本書紀）
ニニギ（弟）　天津日高日子番能邇邇藝命《あまつひこひこほのににぎのみこと》（古事記）　天津彦彦火瓊瓊杵尊《あまつひこひこほのににぎのみこと》（日本書紀）

［2］　ホアカリが最初に天降りした場所は国譲り以前に諸将が何度も派遣されている葦原中つ国だったかもしれない。ただ、遅くも国譲りが完了して、ニニギが日向に天降ってその支配を任された頃にはホアカリの本拠は博多であったと思われる。

［2］「日向小倉説」……前原浩二サイトに示唆を受けた。ただ、論証なしの仮説が多く、試案の域に留まると考える。「http://koji-mhr.sakura.ne.jp/PDF-1/1-1-4.pdf」

［3］『三国史記《さんごくしき》』……朝鮮半島に現存する最古の歴史書で一一四五年完成、全五〇巻。高麗王の命により金富軾らが編纂。三国時代（新羅・高句麗・百済）から統一新羅末期までを対象とする紀伝体の歴史書。南韓百済寄りの修飾をしているので、第三者的客観性では日本書紀の方が勝るとする史家もいる。百済三書（日本書紀に引用がある百済記・百済新撰・百済本記）が失われたので、それらを基にしたと思われる三国史記が朝鮮の史書の標準とされている。

［4］半島倭国の位置比定……前著「倭国通史」第一章で詳細に論証した。その結果（五四頁図）を再掲する。

記紀の証言「天孫ニニギ南征と神武東征」

前章で「ニニギの天降りした日向は門司」と論証した。しかし、定説は「ニニギは宮崎の日向の高千穂に天降りした」とする。定説は誤説だろうか。否、誤説とまでは言えない。日向（門司）に天降りしたニニギはその後『南征』に出て宮崎に達し、そこも『日向』と地名移植した」（ニニギ南征譚）と読解することによって両説は整合する。そこまで「天降り」に含めるのも一つの解釈である。

この「ニニギ南征譚」には「戦記」が殆どなく、「コノハナサクヤヒメ・ウミヒコ・ヤマヒコなど古伝承」が殆どである。「戦記」部分は「東征の前段戦」として「神武東征譚」に纏《まと》められた様だ。何故《なぜ》なら「神武東征譚」には「天孫ニニギ南征譚」が混在している。古伝承（推古以前）にはこのように「数代の事績」を「称揚したい一代」にまとめて記すことがしばしばある（例えば神功紀）。記紀はニニギより神武の称揚に注力している。

◉ニニギのその後

ニニギは日向に天降った、その日向は門司、と前章で比定した。ニニギのその後について記紀に記述がある。

紀神代九段本文・一書二・四・六（要旨）

「ニニギは日向の襲の高千穂の峰に降った、その後の遊行の状は、二上峰・天浮橋・浮渚・膂宍空国《そししのむなくに》（荒れた痩せ地）より頓丘《ひたお》（丘続きの）覓国行去《くにまぎとほりて》（国探し）を経て、吾田長屋《あたのながや》の笠狭之碕《かささのみさき》で事勝国勝長狭《ことかつくにかつながさ》に遇い、美人吾田鹿葦津姫《あたかしつひめ》（磐長姫とも、木花開耶姫《このはなさくやひめ》、豊吾田津姫とも号す）に会う」

ニニギは日向に天降った後、新たな「国探し」に出た、とある。最初の「二上峰[1]」は日向（門司）の近くであろう（四一頁図参照）。この「北九州の日向」から「南九州の吾田」（日南市吾田か）へ移動した、と考えられる。これを「ニニギの南征」と呼ぶことにしたい。その「時間経過」は「ニニギの成人待ち」「空国《むなくに》（荒れ地）を経て吾田に至る国探し」などから、日向天降りから少なくも十数年と推定される。ここで、「吾田《あた》の笠狭之碕《かささのみさき》」が出てくるが、これはもちろん天降り途中の対馬南の「笠沙」ではない、別の「笠沙」だ。

◉二か所の笠沙

それは古事記の前掲文とその続き文から確認できる。

古事記（要旨）（番号は筆者）

「ニニギは竺紫日向の高千穂に天降り、『此の地は［…］韓国《からくに》に向ひ、①笠沙の御前《みさき》に真《ま》来《き》通り［…］』と詔す［…］かれここに、天宇受賣命《あめのうずめのみこと》に詔す『此の（笠沙の）②御前《みさき》に立ちて仕え奉《まつ》りし猿田毘古大神《さるたひこのおおかみ》は［…］汝《いまし》送り奉れ』［…］（以下、海人族の魚類の臣従神話）（以上前掲）［…］ここにニニギは③笠沙の御前に麗しき美人に遇ひたまひき［…］阿多《あた》都比売《つひめ》、亦木花之佐久夜毘賣《このはなのさくやひめ》と謂ふ」

ここでは「笠沙《かささ》の御前《みさき》」が三か所出てくる（①～③）。一か所目の「①笠沙の御前《みさき》に真来通り」は前章のように「日向への天降りの途中の通過点（対馬南端）」である。二か所目の「此の②御前《みさき》に立ちて仕え奉りし」の「御前《みさき》」も「此の」とあり、その「通過点から日向までの移動に協力したサルタヒコを送り返し奉れ」だから、同じ「通過点の御前《みさき》（対馬）」である。①と②が日向天降り以前であることは日本書紀でも確認できる。

神代紀九段一書一

「ニニギを迎え奉る故に相待ちし吾、名は是れ猿田彦《さるたひこ》大神［…］（ニニギは）筑紫日向高千穂へ到りますべし［…］」

ここでは「ニニギが日向に到る前に待っていたサルタヒコ」とあり、「笠沙の御前②は日向に至るより前」ということを日本書紀でも確認できた。

しかし、三か所目の「③笠沙の御前に麗しき美人云々」は前二か所と同じではない。その根拠は前節で検証したように、①と②は「対馬南端笠沙」であり、③は十数年後の南九州である。即ち「ニニギは『笠沙（対馬南端）』とは違う南九州の『笠沙』で十数年後に新たに臣従した土豪と美人に遇った」のである。同一文が書き分けているのだから「二か所の同名地『かささ（笠沙）』があった」と確定できる。

それは二か所の「日向」（記、門司と宮崎）と同じ理由、「ニニギ南征」とそれに伴う「地名移植」だと考えられる（二か所の「高千穂」［記］も同じ）。「遠征地に本国の地名を移植することは征服の儀式の一つ」と考えられている。地名移植であれば南九州の「日向」が「韓国《からくに》に向かい」でなくとも、また「小戸（小海峡）」が近くになくとも許される。例えば、カナダのロンドン市の近くにドーバー海峡はない、テムズ川はあるが。

以上、ニニギは笠沙の御前を経由して日向（門司）に天降りした後、南九州に南征して国と美人を得て定着し、日向・高千穂・笠沙などを地名移植した。これを「ニニギの（再）天降り」と見做すことは一つの解釈である、と検証できた。

◉ニニギ一族の状況変化と南征

ニニギが南征に出たことを検証した。しかし、なんとなく侘びしい都落ちのような話である。

あの輝かしい「葦原中つ国の支配者となる為の日向天降り譚」は幻だったのか。この変化について記紀は直接的には何も語らない。そこで、紀記も含めた内外史書からの状況推測を試みる。

一、倭国大乱の一因に半島倭国の列島移動（高天原からの天降り）があったことは否定できない。その時期を一世紀～二世紀末、その動機は半島倭国に比べてより豊かな地、農業先進地の獲得であろう、と前章で検証した。

二、農地の奪い合いは倭国大乱の要因であろうが、戦いどころの騒ぎでないのが旱魃《かんばつ》と洪水であろう。稲に頼る社会は豊かだが、収穫できなければ死活問題である。天候祈願と神託は、すべての戦いを中断させて、緊急農作業に協力させる力がある。卑弥呼はそのような祭事王だった。

三、魏志倭人伝二四〇年頃の記事に「（卑弥呼）年已《すで》に長大」とある、と前述した。次の世代候補が求められていただろう。

四、アマテラス一族が、生まれたばかりのニニギを祭事王として天降りさせたのは、卑弥呼の次代候補を視野に入れたのではないだろうか。天児屋命《あまのこやねのみこと》（祭事神祇司の中臣氏の祖）を五部神筆頭としてニニギに供奉させた直接の目的は、聖地日向小戸の祭事・神祇と考えられるが、別の狙い（卑弥呼後継）もあったと思われる。

五、しかし、卑弥呼は更に長生きし、倭国と狗奴国の戦いを決めた。狗奴国とは熊本方面の倭種と考えられているが、戦場は筑後方面であろう。

魏志倭人伝二四七年条

「倭の女王卑弥呼、（南の）狗奴国［…］と素《もと》より和せず［…］遣わして（帯方）郡に詣《まい》らしめ相攻撃する状を説く［…］因りて詔書・黄幢《はた》を齎《もたら》し［…］檄《げき》を為りて之に告諭す」

六、狗奴国軍との主戦場は筑後と考えられている。対する倭国軍の中核は国譲りを受けた筑紫遠賀川（のちに博多）のホアカリ軍であろう（仮説）。ニニギも葦原中つ国支配をさて置き、狗奴国への参戦を強いられたようだ。祭事王から倭国軍／ホアカリ軍の一翼を担う一政事王に変質せざるを得なかったのだろう。ただ、ホアカリは子のカグヤマをニニギ軍に参加させたようだ（後述）。

七、ニニギ軍は狗奴国軍の背後を突く別働隊として、日向（門司）を出発して豊国など東九州を南下したと思われる。その途中の豊国香山《かぐやま》は、かつてホアカリがスサノヲ系から奪い、その記念にホアカリが子にカグヤマと命名したと考えられる（「豊国香山」については第四章で詳述）。そうであれば、香山はアマテラス系が既に押さえていた地域、そこを経由して背後に向かうには祭事系ニニギでも進める比較的安全なルートだ。

八、ニニギ軍にホアカリの子カグヤマが参加した、と示唆する挿話が神武東征譚にある（「高倉《たかくら》下《じ》の戦記」（神武紀、次節））。これはニニギ軍とホアカリ軍の連携と、主戦場筑後の主力軍の一つがホアカリ軍であることを示唆している（次節）。

以上、ニニギは「祭事王として葦原の中つ国を支配する為に天降った」はずなのに、現実は「葦原の少ない山中の、中つ国から遠い国外れの南九州へ、自領を求めて彷徨する旅（南征）」に出たのである。これは移住者によくある「開拓譚の夢と現実の乖離《かいり》譚」に似ている。

◉高倉下《たかくらじ》戦記

前節の「ニニギは祭事王か政事王（前節六、軍の一翼）か？」で参考になる検証を示す。「神武東征譚」に「高倉下《たかくらじ》戦記」がある。「ニニギ南征譚」と関係すると思われるので、ここで検証する。

神武紀　神武東征

「天皇が軍を率いて進み［…］時に神、毒氣を吐きて［…］皇軍復振《またおこ》ること能はず［…］人あり号して高倉下《たかくらじ》と曰ふ、忽ち夜夢みらく［…］武甕雷神《たけみかづちの》［…］高倉に謂《かた》りて曰く、予が剣［…］汝が庫の裏に置かむ、取りて天孫に献《たてまつ》れと、のたまふ。高倉、唯唯《をを》と曰《まう》すとみて醒めぬ［…］、夢の中の教に依りて［…］即ち取りて進《たてまつ》る［…］」

要すれば「神武東征軍の高倉下という人が、夢で『剣（国譲り戦の名剣）を見つけて天孫に献《たてまつ》れ』と教えられ、その通りにしたら戦いに勝った」という戦記である。先代旧事本紀にも同一内容で記され、同書では更に「高倉下は天香山命《あまのかごやまのみこと》（以下カグヤマ）の後の名であり、即ちホアカリの子、尾張物部氏の祖である」としている。これを検証しよう。

一、ここの「天孫」は誰か？　神武紀だけなら「天孫＝神武」と読める。そう読ませようとしているのは解るが、神武は天孫ではない。紀では天孫はホアカリとニニギしかいない。

二、ではここは「国譲り」絡みだから「天孫＝ホアカリ」か？　先代旧事本紀はそれを示唆しようとしているが、神武紀は「倭国不記載方針」「ホアカリ不記載方針」があるから、もしそうならこの戦記そのものを不記載にするはずだ。

三、従ってここは「天孫＝ニニギ」ということになる。では、「なぜ高倉下がニニギの夢を見るのか」。それは「高倉下はカグヤマの後の名」（先代旧事本紀）、即ち「高倉下はカグヤマの子孫」だからだ。だから「高倉下は『カグヤマの夢譚』を伝え聞いているのだ。

四、では、なぜ神武東征にその高倉下が参加しているのか？「神武はニニギの子孫、高倉下はカグヤマの子孫」だから、父祖の代から一緒、即ち「カグヤマがニニギ南征に参加したから」と考えられる。

五、参加の経緯は、ニニギが南征に出るにあたって、祭事系の弱体ニニギ軍に兄のホアカリは子のカグヤマにホアカリの主力物部軍の一部を付けてニニギ軍に参加させたと考えられる。弱体ニニギ軍に安全な東九州ルートを取らせるなら、カグヤマにその名前の由来となった豊国香山《かぐやま》を見せたかったのかもしれない。

六、ニニギ南征に参加したカグヤマは南征戦記（夢譚）を子孫に伝え、その子孫高倉下は神武に臣従して東征に出、カグヤマの夢譚を披露して神武軍を鼓舞した、と考えられる。

七、後に高倉下の子孫は尾張物部氏の祖となり、一族は遡《さかのぼ》ればカグヤマ、即ちホアカリの子、と称えられるようになる。ホアカリがカグヤマに与えた物部軍の一部が神武／高倉下に従い、尾張物部氏になったのであろう。

以上、「夢譚に出てくる天孫はニニギ」として良い。この夢譚戦記が元来「ニニギ南征譚」の一部であるなら、なぜニニギ南征譚に出て来ないのか、なぜ神武紀に出て来るのか。紀では神武を称揚する為にニニギ（～フキアエズ）の戦記を神武紀にまとめた、と考えられる。なぜなら、紀にはニニギ～フキアエズの一族記事（コノハナサクヤヒメ・海彦・山彦）はあるのに、戦記がないからだ。神武東征譚にニニギ南征譚が含まれている、と解釈できる。応神・仁徳の外征成果を神功紀にまとめたと同じ手法であろう。これについては更に後述する。

結論として、高倉下戦記の「天孫」はニニギと考えられる。ニニギは祭事王としてでなく、軍事力として狗奴国戦や南方征戦に携わらざるを得なかった。状況は天降り前から「変質」したのである（前節）。

◉南征の中止と神武東征

卑弥呼の時代が終わった。

魏志倭人伝二四八年頃
「卑弥呼以って死し、大いに冢を作る［…］更に男王を立てるも国中服さず、更更相誅殺《こもごもあい》し、時に当たりて千余人を殺す、復《また》卑弥呼の宗女台与《とよ》年十三を王と為し、国中遂に定まる」

卑弥呼が没し、なんとかまとまっていた倭国はふたたびバラバラになった様だ。まだ政事男王で収まる状態でなく、再び祭事王台与《とよ》でなんとか収まった。狗奴国戦も休戦となった様だ。ニニギ一族もさしたる国を得ることなく時を重ねた。記紀は系譜を次のようにしている。

瓊瓊杵尊《ににぎのみこと》（ニニギ）→火折尊《ほおりのみこと》→鸕鷀草葺不合尊《うがやふきあえずのみこと》（フキアエズ）→神武

ホアカリ一族も遠賀川側〜関門海峡を守るのがやっとだったであろう。「台与を共立して国中遂に定まる」、しかしフキアエズ一族はなお定住地を得ることができなかった。平和になれば領地獲得の機会は減る。
フキアエズの子神武とその兄等は東に豊かな地があると知り、東征を決意する。そこは祭事活動が盛んで、祭事王として主導する機会もあるかもしれない。

古事記神武
「(神武天皇は)［…］高千穂宮に座し［…］東に行かむと思い、即ち日向より発ち筑紫に幸す［…］豊国の宇沙に到り［…］竺紫の岡田宮に一年［…］阿岐国［…］七年［…］吉備に［…］八年［…］速汲門にて［…］（大和へ）」

日本書紀神武紀

「（神武）天皇東征に向う。速吸之門《はやすいのと》に至る［…］筑紫国菟狭《うさ》に至る［…］筑紫国岡水門に至る［…］安芸国に至る［…］吉備国に入る［…］三年船舶を整え［…］（大和へ）」

紀は神武東征の出立地を明記していないが、古事記から「出立地は宮崎の日向の国」と解釈されている（定説）。妥当な解釈であろう。ただ、定説は「だからニニギの天降り地も宮崎日向」としているが、これは前述のように誤説とまでは言えないが一義的に正しい訳ではない。正しくは「ニニギは日向（門司）に天降りし、南征して宮崎にも日向の地名を移植した」である。

◉吉備・安芸

「阿岐《あき》国に七年［…］吉備に八年滞在した」（神武記）、「吉備国に入り［…］三年間、舟・舵・兵・食を蓄える」（神武紀）とある。準備段階と考えられている。定説では「阿岐・安芸＝広島」「吉備＝岡山」だが、第一章で論証したようにこの吉備は岡山の吉備ではなく、関門海峡近くの古代吉備である。従って、その前の「安芸・阿岐」も広島ではなく関門海峡域の古代阿岐であろう。吉備・安芸が現在地に地名移植された時期は淡路島・伊予〜土左国と同様仁徳以降と考えられるが不詳である。
ニニギの南征から神武の東征準備までの数世代も日向（門司）を保有し守ったのはニニギ系の支族であろう。その支援を得て神武は吉備で東征準備に何年もかけたとされる。

◉神武東征譚

東征出立後に遭遇したのはニギハヤヒの一族ナガスネヒコ（その妹をニギハヤヒが娶る）だった。記紀は系譜を次のように伝えている。

饒速日命《にぎはやひのみこと》（ニギハヤヒ、天神）
　├宇摩志麻遅命《うましまじのみこと》（以下ウマシマジ）
□（妹）
長髄彦《ながすねひこ》（兄、以下ナガスネヒコ）

ニギハヤヒはアマテラス一族（天神）で、河内に先住していたとされる。その妻の兄ナガスネヒコ自身がどこで戦いを挑んだかは諸説あるが、神武はまずはナガスネヒコを破り、ニギハヤヒ一族を従わせて大和に根拠地（磐余《いわれ》、現桜井市）を得た（次節参照）。神武の即位は二七〇年頃と推定される。倭国はまだ台与の時代と考えられ、アマテラス系倭国は一倭諸国に過ぎない。その後、神武は隣接する三輪の大物主神一族の娘を后にし、その子ら（三人）も地元の豪族の娘を貰うなどして仲間入りを果たしてゆく（神武紀）。

「神武東征譚」は日本建国に至る第一歩の苦労物語だ。伝承も実は少なかったかもしれない。神武以前（九州時代）の伝承の融合や取り込み、地名移植や他史書の流用による飾り立てが有るかもしれない。しかし、それでも創建の惨憺たる苦労があったことが透けて見える。注目すべきは「日本書紀はそれを隠そうとしていない」という点にある。それがむしろ史実性を示している。

◉「神武東征譚」に混在する「天孫ニニギ南征譚」

「神武東征譚」に「天孫」が出て「天孫ニニギ南征譚」の混在かと思われる記述がある。しかも、九州内と思われる地名と共に出てくる例がある。四例挙げる。

一、前述した「高倉下《たかくらじ》戦記」がある。「神武東征が荒神に阻まれた時に高倉下という者が夢で武甕雷神《たけみかづちの》に『予が剣を天孫に献《たてまつ》れ』と告げられて目がさめ、剣を見つけてた奉じたところ、勝った」という。ここに「天孫」とあり、「天孫ニニギ南征譚」の併せ語りの可能性がある、と前述した。しかし「夢」が絡んだ譚なので「神武東征譚」の中に「天孫」が出てきても違和感がなく、なんとなく「天孫とは神武天皇のこと」と読ませる流れとなっている。

二、神武紀の神武東征譚に「菟田《うだ》縣の兄猾《えうかし》が、天孫が到ると聞いて兵を起こす」と記されている。[2] この例も元は「天孫ニニギの南征譚」だったが「神武東征譚」に併せ語られたのではないだろうか。そうであれば「菟田《うだ》縣」は九州内である。「天孫」がなければ九州地名と伝承を大和に移植した可能性も排除できないが。ここでは「神武東征にニニギの九州南征譚が混入」の可能性を指摘したい。

三、伊勢国風土記に「神武東征の際、菟田《うだ》下縣に到る、天皇、天日別命《あめのひわけのみこと》に伊勢の国を平らげることを命じた。ミコトはその国神伊勢津彦に国を天孫に献ぜよ、と云うと、恐れ伏して答えて曰く、吾国を悉く天孫に献ずる」とある。[3]

この説話も「天孫」とあるから本来は「天孫ニニギの南征譚」の一節の可能性がある。もしそうであれば、ここに出てくる「伊勢国」は「古伊勢」で豊国辺りと思われる。

四、「ニギハヤヒ／長髄彦《ながすねひこ》と神武が『天神の子なら持つ天表《あまつしるし》』を見せ合う場面で、ニギハヤヒは『天神《アマテラス》が懇ろにしたもうは（数多い天神の子ではなく）唯天孫のみ』として、長髄彦を殺し神武に臣従した。長髄彦が神武の表《しるし》を見ても謀を改める意がなかったからだ」とある（神武紀）。紀はここでは「天神の子（ニギハヤヒ・神武）」と「天孫《ニニギ》」を区別しているから、この場面の「天孫」は明らかに「ニニギ」のことである。しかし、この事件は神武東征中であって、ニニギ南征中ではない。ニニギ南征譚の転用・流用ではない。

以上、四、以外は「神武東征譚の中にニニギ南征譚が併せ語りされている可能性」がある。確かに、「ニニギ南征が前段となり神武東征が成功した」と見ればこの併せ語りは頷ける。この問題は次節で更に確認する。

定説は「これら四例とも神武東征譚に出てくるから菟田《うだ》も伊勢も近畿の地名」としている。確かに神武東征軍が地名移植した可能性もある。例えば「神武は九州の菟田の地名を大和に移植をした。その地域での戦に天孫ニニギ南征譚に似た戦いがあり、あるいは南征譚が思い出され、話され、伝承された」という可能性もある。地名移植に伴う伝承移植も移住者の疎外感を打ち消す為の常套手段であろう。

逆の極端な解釈として、「神武東征譚の地名は殆ど九州に見つかるから、神武東征はすべて九州内の出来事だ」という説がある（神武東征九州内説）。しかし、神武紀から「ニニギ南征譚の併せ語り」と思われる部分を除いても、神武東征の証拠は他にも多くあり[4]、東征譚だけで解釈すべきではない（本書末尾の補論参照）。

◉「神武東征譚」と「ニニギ南征譚」の併せ語りの動機

「ニニギ南征譚」を「神武東征譚」に併せ語りしたのはなぜか？

一、平定されたはずの葦原中つ国に天降ったニニギの南征譚が「戦記」で溢れるのでは矛盾である。「ニニギ戦記」は「神武東征の前段」として「神武東征譚」にまとめられた、と考えられる。

二、「神武東征譚」に関する大和の伝承は少なかったかも知れないことは、東征後の「欠史八代」の伝承の少ないことからも想像される。神武軍団には口伝伝承などの記録者が少なかったのかもしれない。それに比較し、「ニニギ南征譚」の伝承環境は、渡来系も多く文字の伝来も早かった九州の方が整っていただろう（ウミサチ・ヤマサチなど）。特に関門海峡域を本拠とする「倭国内ニニギ系王族」（第五章参照）は神祇系でもあるから寺社の伝承記録に慣れ、始祖ニニギの記録は充実していたはずだ。記紀編者はニニギの記録を神武称揚に転用した可能性がある。

三、「神武東征」は伝承が少なかったとしても、東征後の多くの状況（ニギハヤヒ伝承・三輪山伝承・宿禰系伝承・など）から史実と考えられる。少ない伝承でも史実を残したい動機は十分ある。それに比較し、「ニニギ南征譚」は失敗に終わった遠征で、残された伝承は多くとも、それを活用する機会は少なかったと考えられる。事実「ニニギ南征譚」だけでは「天孫ニニギ失敗譚」となり、ニニギを貶めることになる。「神武の成功の一部」という観点があって初めて称揚の対象になる。

四、大和王権は安閑〜推古まで七〇年間都を大和から九州に遷した（安閑紀〜推古紀）。推古は蘇我氏の協力で「天皇記」「国記」を録したという（推古紀）。その目的で、大和王権系の九州での歴史・伝承を、特に大和王権の始祖神武について集めたはずである（日本旧記？）。ニニギよりも神武を称揚したい彼らが「神武東征譚」に祖父の「ニニギ南征譚」を活用したとしても、それは裁量の範囲であって、盗用でも捏造でもない。ニニギの成果を発展させた神武の成果として併せ語って当然である。記紀は何代かの一族の成果を一人の英雄の成果にして語ることはよくある。例えば、武内宿禰は何世代もの一族を一人として表現されている可能性が高い。古伝承も似ている。「海彦・幸彦伝承」がニニギ一代の史実と考える人は殆どいないだろう。伝承は歴史書ではなく、何代もが推敲した詩のようなものだ。

五、北九州に数多く遺存する神武東征と関係ある伝承（神社祭神、古社縁起など）を福岡県鞍手郡誌は「神武大和東征の前段一部か？」と控えめにまとめている。しかし、これらは記紀成立以降に奈良朝廷の変更命令で（あるいは迎合する形で）神武と関連付けられている可能性がある。その前まではニニギの伝承、その前まではホアカリの伝承であった可能性、更に遡ればスサノヲを祀ってあった可能性なども推測する。更に遡れば、地元民の祀ってきたのはそんな著名な神ではない、自分たちのご先祖様達だ、というのも常に半分史実だったと想像する。

以上「神武東征譚にはニニギ南征譚が併せ語られている」という事実の背景を検討した。

◉神武東征の完成　秋津島

神武紀の末尾に神武東征の完了を振り返る神武の感慨が表現されている。神武は大和で国見をして、この島を「秋津洲《あきつしま》」と命名した、とある。

神武紀三十年条

「[…]（天皇）巡幸す[…]丘に登りまして国の状を廻らし望みて曰はく、あなにや（ああ）国を獲《え》つること、うつゆうのまさき（せまい）国と雖も、蜻蛉《あきつ》のとなめの如くにあるかな、とのたまう、是に由りて始めて秋津洲《あきつしま》の号有り［…］」

ここを日本書紀岩波版頭注は「狭い国ではあるけれども、蜻蛉（とんぼ）がトナメ（交尾）して飛んで行くように、山々がつづいて囲んでいる国だな、の意」としている。「囲んで」という言葉に、蜻蛉のトナメ（雌雄が尾で頭をつかんで環状となって飛ぶこと）を関連付けているようだが、ピンとこない。山々が囲んでいる地は列島中にある。なぜ「蜻蛉のトナメ」なのか？　筆者は「これを解く鍵は神武一族の故地の記憶にある。神武は故地を『蜻蛉のトナメ』と見ていた。それを大和の山々に見立てたのだ」と考える。次節で説明する。

◉「蜻蛉のトナメ」は彦島の象徴

「蜻蛉《あきつ》（とんぼ）島」は通説では日本列島の形象を指すと考えられている。神武の時代以降、「細長い列島の中心の大和」の視点から大和で好まれた表現とされる。「蜻蛉島」はそれで解るが、なぜ神武は「蜻蛉のトナメ」と表現したのか？（前節）。次の写真をみて解るとおり、蜻蛉のトナメは奇妙ではあるがハー

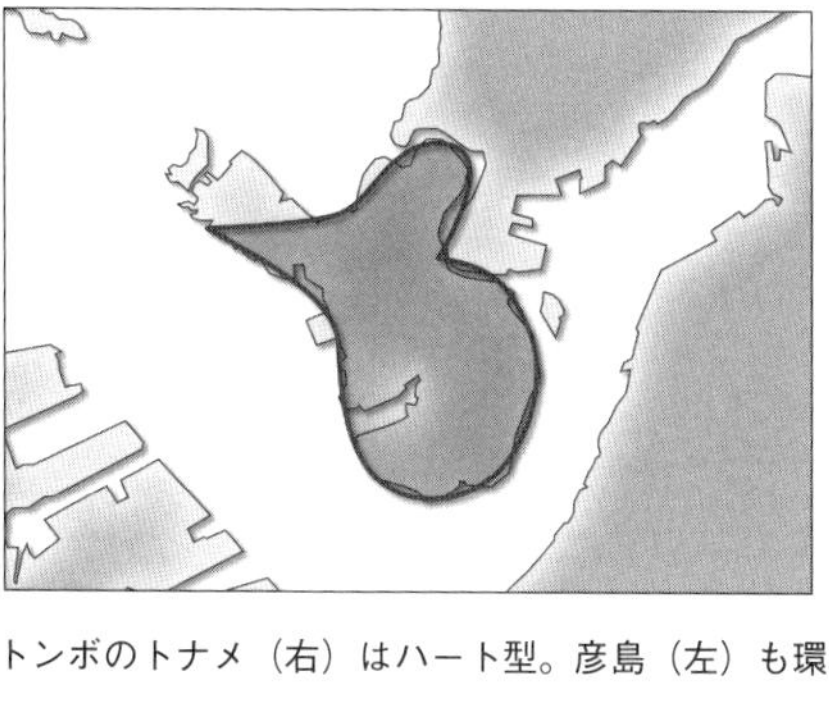

トンボのトナメ（右）はハート型。彦島（左）も環濠に囲まれたハート型

ト型で結ばれる、誰もが子供のころから見慣れた秋の風物詩である。しかし、大和の山々は上から俯瞰しても奇妙なハート型ではない。だから、従来から「トナメ」の意味が充分には理解されてこなかった。

ここで思い出されるのは、神武の祖イザナギの故地彦島である。[5] 彦島は下関の先、本州とは奇妙に曲がりくねった川のような海峡によって隔てられ、更に関門海峡と響灘で囲まれた島である。この彦島を囲むいわば天然の環濠は「蜻蛉のトナメに見慣れた、愛すべきハート型」とよく似ている。その海峡では日本海の雄々しく荒々しい波と瀬戸内海の穏やかな潮が、押し合い引き合いぶつかり泡立つ。際立って印象的な神業が日々繰り返される。しかし、海原族には御し易い、守り易い拠点だったのであろう。

神武はこのハート型環濠に囲まれた彦島を安全と繁栄の象徴、故地として愛したのだろう（弥生時代の環濠の重要性は）[6]。しかし、彦島は狭い。神武はより豊かな地を求めて関門海峡を離れ東征に出る。そして得た大和の地を、環濠の代わりの山々に囲まれた安全な第二の彦島に見立て、彦島（伊予二名島）の形状を象徴する「蜻蛉のトナメ」から「蜻蛉島《あきつ》＝秋津島」と名付けたのだろう。

第三章［注］

［1］二上峰……ニニギの南征行路の最初だから日向（門司）の近くであろう。「戸の上山と足立山」ではないか（四一頁図参照）。二つとも瀬戸の上の山だから「二上」であろう。「戸の上山」が大瀬戸（関

門海峡）に近いから「上」の代表格であり、「高千穂峰」の第一候補となろう。そうであれば、日向の比定第一候補は戸の上山（高千穂峰）の下、門司となる。比定論拠の傍証となろう。

［2］菟田《うだ》……「天皇が菟田《うだ》縣の兄猾《えうかし》弟猾《おとうかし》兄弟を呼び出したところ、弟猾が告《まう》して曰く、兄猾が天孫到ると聞いて即ち兵を起して襲はむとす［…］」とある。

［3］伊勢国風土記……『仙覚註釈』所引の伊勢国風土記逸文として「伊勢国風土記に云う、それ伊勢国は［…］天日別命の平治する所、天日別命は神倭磐余彦天皇（神武天皇）西宮より東州を征する時、天皇に随《したが》い［…］紀伊国熊野村に到る時［…］金鳥の導きに随い［…］到於菟田下縣に到る、天皇［…］天日別命に命じて曰く、天津の方に国有り、宜しく其の国を平らげよ［…］天日別命、勅を奉じて東に數百里入る、其の邑《むら》に神有り名を伊勢津彦と曰う［…］天日別命問うて曰く、汝の国を天孫に獻ぜよ、答えて畏れ伏して啓して云う、吾国を悉く天孫に献ずる［…］」とある、という。この文献では「倭磐余彦天皇」とあり、日本書紀の「神日本磐余彦天皇」と古事記の「神倭伊波礼毘古命」の表記が混淆している。ここの「天孫」も参照した古書（古伊勢国風土記＝九州内風土記か）を参照・編集して、かつ記紀に合わせた結果出来た「新風土記」と思われる。

［4］神武大和東征の証拠……神武東征譚の後半のニギハヤヒ一族が河内一帯にいたことは多くの伝承から確かめられる。更に、神武一族と三輪一族の関係は大和の事績であることは否定できない。

［5］ニニギ一族の故地……関門海峡は大和王権の始祖歴代の故地である。即ち、イザナギ・イザナミの島生み巡りの完了した地であり、オノゴロシマへの帰還拠点であり、特に彦島はイザナギの禊の地であり、おそらくイザナギがアマテラス・スサノヲを生んだ地である。ニニギは彦島を含む日向の地に天降りし、神武はこの地の同族（吉備・安芸）の支援で軍備を整え東征に向かった。

［6］環濠……その日暮らしの縄文人は襲っても襲われても蓄えなど少なかったから、縄張り争いはあっても強奪は多くなかっただろう。しかし、農作弥生人は一年掛かりの収穫を強奪されたら一年間食べるものがなく、飢死するしかない。だから命がけの守り、環濠集落を作った。海原倭人は半農半漁で、

饑えれば強奪する側だっただろう。倭人が朝鮮半島沿岸をしばしば襲う記事がある（三国史記紀元一四年条）。強奪する側も奪回から守るために環濠が必要だ。イザナギの時代がそうだろう。ニニギの時代は既に農業指向だから、天降りしたのは農業に適した「葦原中つ国」である。環濠の彦島ではない。神武は更に広い農地を求めて東征した。それぞれの時代で環濠の必要性は変わったにしても、環濠に囲まれた形「蜻蛉のトナメ」はイザナギ以来の「安全と繁栄の象徴」だっただろう。

第四章　先代旧事本紀の証言「倭国王は天孫ホアカリ系」

先代旧事本紀《せんだいくじほんぎ》を検証すると、「九州物部氏の物部尾輿・守屋の主筋はホアカリ系」が導きだされる。

筆者が前著で論証した「紀記に現れる物部尾輿・守屋の主筋は倭国王である」と合わせると「物部尾輿の主筋倭国王はホアカリ系」が論証できる。

このように論証できた「ホアカリ系倭国王統」が物部尾輿の前後どこまで敷衍できるか検証した。結論として「倭国女王台与のあと、ホアカリの子孫は数世代（～一〇〇年）かけて倭国王となり（三二〇～三六〇年頃）、それは倭国滅亡（七〇一年）まで続いた」とすることができる。

◉女王卑弥呼・台与の倭国はどうなったか？

前章までに「イザナギに始まるアマテラス系は、高天原から日向に天降ったニニギが南征し、子孫の神武が東征した」と内外史書によって検証した。神武の大和王権のその後については記紀に記録がある。一方、「九州卑弥呼の倭国」は「卑弥呼の狗奴国戦」と「ニニギの南征」が対応すると検証したが、その後どうなったか。少なくも台与の遣晋使（晋書二六六年）までは九州に存続したと考えられるが、その後は宋書「倭の五王」（四一三〜四七八年）まで不詳である。記紀にも殆ど情報がない。「倭国不記載の方針」があったからだと思われる。

しかし、「倭の五王」の最後に「倭王武の上表文」[1]（四七八年）が載っていて、「それ以前の倭国」についてわずかながら情報がある。「台与の倭国から宋書の倭国まで」はこの文章から推測するしかない。

宋書四七八年　倭王武上表文

「［…］封国（倭国）は偏遠にして、藩を外に作《な》す［…］東は毛人を征すること五五国、西は衆夷を服すること六六国、渡りて海北を平らぐること九五国［…］」

ここでは、この順序に注目する。「東」「西」「海外」の順である。従来「海外」が後であろうことは常識としても、「東」「西」の順序は並記の意味で、時間順の意味が有るとは考えられてこなかった。しかし、九州倭国は列島の西であるから、「地元に近い西を征するのが先」が別の常識であろう。卑弥呼自身、「倭国大乱」を収束させた後、狗奴国戦に向かっている。九州内、つまり「西」が先なのである。ところが、仲哀紀には「（倭国・大和連合軍は）西の熊襲征伐が完了すると、次は海外征戦が目標」となっている。「西」→「海外」の順である。そうであれば倭国の征戦は記紀に依っても宋書倭王武上表文に依っても「東→西→海外」の順とみるべきであろう。

まず「東征五五国」とある。倭国遣宋使は「総国」として外交したのだから「神武東征」も「崇神の四道将軍派遣」も「ヤマトタケルの毛人東征」も「みな倭国の東征軍の一部だ」と説明したに違いない。神武東征（二六〇年頃〜）〜四道将軍（〜三二〇年頃）まで、とすれば「東征五五国」は六〇年間。この期間の「西」では、まだ卑弥呼・台与系が共立されていて、共立した側の倭の五王の祖も西では動けず東征に集中した、とも考えられる。

次に「西征六六国」が来る。具体的には熊襲征伐〜九州統一であろう。景行・ヤマトタケル・仲哀／神功が九州統一に協力している。仲哀・神功の熊襲征伐が完了すると海外征戦に移るから、それが九州統一戦の完了だったことが確認できる。この西征で協力があることが遡（さかのぼ）って「東の征戦でも倭国と大和王権の協力があった」ことを示唆している。「西征」は恐らく三二〇年（四道将軍後）〜三六〇年（仲哀天皇の熊襲征伐完了）の四〇年間。それ程手こずったという程ではない。東の征戦で力を蓄えた効果だろう。「東西征戦完了」はここまで一〇〇年かかっている（台与二六六年〜熊襲征伐三六〇年）。決して短くはないが、台与の後の列島統一は「東」「西」の順に直線的に進んだ、その間の「台与→五王」以外の王朝交代・王権交代・王統交代の余地はない、と考えられる。海外遣使（例えば遣東晋使）を出せていないことがそれを証している。

この後に「渡りて海北を平らぐること九五国」（上表文）が来る。倭国／神功の新羅征戦に始まるこの「海外征戦」は倭国王の主導（広開土王碑）と神功・応神・仁徳の協力（記紀）で、約四〇年かかって新羅制圧（四〇五年）・仁徳東征（四一〇年頃、記紀）・倭王珍の「倭国王」叙位（宋書四二五年）で完成する。この「倭の五王」は「倭王武の上表文」（宋書四七八年）に結びつく。即ち、「倭国女王台与・台与系の後、倭の五王の祖が倭国を再統一した可能性が高い」と検証した。

　この倭国王統が何系か？　それがこの章の次の問題である。「倭の五王」は大和王権系ではない。なぜなら、記紀は「倭の五王」について何も語らないからだ。それにしては「記紀の征戦譚」はどう見ても脇役ながら「倭の征戦」によく対応している。倭と大和の関係は如何に？

◉倭国王は天孫ホアカリ系か？（前著仮説提案）

　九州王朝説の創唱者古田武彦は次のように断定している。「九州王朝の始祖は、ニニギノミコトである。九州王朝の分流である近畿天皇家は、この倭国神話を借用・盗用した。古事記・日本書紀は、この神話を、本来の近畿天皇家の神話として、人々に信ぜしめようとして、今日に至った」[2]。確かに、仮にそうであれば倭国の南征（狗奴国戦）・東征・西征に大和王権が協力するのは納得がいく。古田のこの認識は終生変わらなかったようだ。

　しかし、古田の解釈は「高天原から天降りした天孫はニニギのみ」を証明なしに前提とした仮説である。ところが「高天原から天降りした天孫は他にもホアカリ（＝ニギハヤヒ）がいる」とする説（先代旧事本紀[3]）がある以上、この検証なしにこの仮説を是とする訳には行かない。筆者は同書を検証してこの古田説を否定し「倭国の始祖は天孫ニニギではなく天孫ホアカリ」（仮説）と考えて前著で提案した[4]。本章の論証に先立つ問題提起の重要部なので以下に再掲する。

一、「先代旧事本紀の主張」　筆者は「台与のあと、倭国王権を継いだのは天孫ホアカリ系の可能性がある」と考える。その根拠は物部《もののべ》氏の家伝的史書とも言うべき「先代旧事本紀」にある。記紀では「物部氏の祖は大和に天降ったアマテラス一族のニギハヤヒの子ウマシマヂ[4]」とされる（大和物部氏）。これは複数の史書（古事記・日本書紀・古語拾遺・先代旧事本紀）で確認でき、公認の伝承である。ところが、九世紀編の先代旧事本紀だけは「物部氏の祖はニギハヤヒだが、ニギハヤヒとはホアカリのことだ」（同一）と主張している。[6]ホアカリは記紀でニニギの兄とされている。そこでこの主張は「物部氏の祖はただのアマテラス一族（天神の子、ニギハヤヒ）ではなく、天孫（アマテラス直系）を祖としている」としてニギハヤヒより「格上」の祖を主張しているのだ。

二、「同書は九州物部氏の存在主張の書」　この伝承はニギハヤヒ伝承の多い大和物部氏になかった伝承のようで、「格上の天孫に臣従した物部氏」に伝わった伝承と考えられる。その物部氏とは「九州倭国王に臣従した九州物部氏」であろう。なぜなら、先代旧事本紀は形式的にはニギハヤヒを祖とする大和物部氏の全国発展史ながら、記紀にない九州地名を冠した物部氏を列挙している（二田物部［鞍手郡二田郷］・筑紫聞物部［豊前企救郡］など）。同書の編纂は詳しさから物部氏の宗家の伝承・文書を基にして成り、それは九州物部氏と思われる。その宗家伝承が「九州物部氏は天孫ホアカリを祖として、ホアカリの直系子孫に臣従してきた」と主張していると考えられる。

先代旧事本紀が出された頃（九世紀）は大和天皇家の祖ニニギ（天孫）の権威が確立してい

たから、それと並ぶ天孫（兄）の子孫とも受け取れることを公言することは相当の根拠と許容される下地がないとあり得ないことだ。この書は朝廷の日本紀講筵《にほんぎこうえん》（貴族向け解説講座）にも用いられたというから半ば公認されており、一部の物部氏の祖がホアカリの流れを汲むことは公知（あるいは公然の秘密）のことだったと考えられる。

三、記紀は「九州物部氏不記載」以下はそれらを踏まえた筆者の推測である。物部氏は高天原（半島倭国）でアマテラス一族に広く仕え、共通伝承と個別伝承を持った物部諸氏だった。何波かに亘った天降り（列島移住）で、ニギハヤヒ・ホアカリ・ニニギに臣従して天降った。ホアカリ系倭国王に臣従したホアカリ系物部氏（九州物部氏）は倭国王家の外戚として、また物部諸族の宗家として専横したが、倭国滅亡で没落した。代わって大和王権の隆盛と壬申の乱で活躍したニギハヤヒ系大和・尾張物部氏などが主流となった。日本書紀は『倭国不記載』の編集方針に従って、九州倭国と共に「九州物部氏も不記載」にしている。『神武天皇に臣従したニギハヤヒ系ウマシマヂ物部氏伝承』だけを記載することで『九州物部氏もニギハヤヒの支族、従って大和王権の臣下だった』という誤読を誘導する構文となっている。そう誤読できる場合のみ九州物部氏と思われる事績も記紀では不記載を免れている（物部尾輿・物部守屋など）。後世の資料はこれに倣《なら》っている。隆盛を極めた九州物部氏の子孫にとっては悔しい誤解の固定化だろう。

四、「不記載」から逃れる偽説「ホアカリ＝ニギハヤヒ」　彼等は先代旧事本紀で『九州物部氏不記載』には大筋で従いながらも『示唆でもよいから史実を残そう』と、『ホアカリとニギハヤヒは同一人』を潜り込ませた。その本意は『物部氏は二系統、その祖はホアカリとニギハヤヒ』だったと考える。

五、九州物部氏の主である倭国王の祖はホアカリ（仮説）以上が史実とすれば、裏返すと「九州物部氏が臣従してきた九州倭国王はホアカリとその直系子孫である」と示唆していることになる。［…］この推測は、後述の（前著）各章で繰り返し確認する「大和は倭国の格下だが同盟国」と整合する。

以上、前著の提案を再掲した。

◉ニギハヤヒの天降り　先代旧事本紀（記述検証）

ここからが「倭国王は天孫ホアカリ系」の新たな検証と論証である。まず、先代旧事本紀の「物部氏の祖ニギハヤヒの天降り譚」部分を確認する。分析の都合で番号数字①～⑤まで筆者が付けた。後述の説明番号に対応する。

先代旧事本紀　巻第三　天神本紀

「①天照太神《あまてらす》詔して曰く、豐葦原の瑞穂の国は、吾が御子正哉《まさか》吾《あ》勝勝速日《かつかちはやひ》天《あめの》押《おし》穂《ほ》耳尊《みみのみこと》（以下オシホミミと略す）の治めるべき国［…］（オシホミミの子）天照国照彦天火明櫛玉饒速日尊（以下ホアカリニギハヤヒと略す）が生まれた［…］オシホミミ奏して曰く、将に降りようとしている時、児が生まれた、此を降すべしと、（アマテラス）詔してこれを許す［…］天神、天璽瑞寶十種を授く［…］

②三十二人に防衛の為に天降りの供奉を令す［…］

天香語山命《あまのかごやまのみこと》（尾張物部連等祖、以下記紀に合わせてカグヤマ）［…］

天児屋命《あまのこやねのみこと》（中臣連等祖、以下アマノコヤネ）、他三十人（命がつく）

③（更に）五部《いつとも》の人を、ホアカリニギハヤヒに供奉天降りさせる為に副えた、物部造《みやつこ》等の祖天津麻良《あまつまら》（以下アマツマラ）、以下四人［…］

④（更に）五部の造《みやつこ》［…］（更に）天物部《あまつもののべ》二十五部人［…］

⑤（更に）船長同じく共に梶取等を率いて天降り供奉した、饒速日尊《ニギハヤヒ》は［…］天磐船に乗り、河内国河上哮峯に天降り坐す」

以上の文を解析する。

①冒頭部は「紀記のニニギ天降り譚」とそっくりである。違いは、記紀の「ニニギ」が「ホアカリニギハヤヒ」に変わっているだけだ。紀記を真似た後世の盗作まがいである。

②それに続く「ホアカリニギハヤヒに供奉した三十二人」は、すべて命《みこと》が付き王族と思われる。列島各地の直《あたい》・連《むらじ》・国造《くにのみやつこ》らの祖とあり、アマテラス系の、あるいは倭国王家系の一族と言えそうな名が続く。筆頭はカグヤマである。カグヤマは紀ではホアカリの子とされているから

仮に「ホアカリ天降り譚」が有ればそこに入る部分である。次のアマノコヤネは記紀の「ニニギ天降り譚」に出てくる。

③次の「五部《いつとも》の人」ら五人の筆頭は「天津麻良《アマツマラ》で物部造《もののべのみやつこ》等の祖」、である。「物部」の初出である。

④この「五部《いつとも》の造《みやつこ》」ら五人は「天物部」を率いた、とあるから天津麻良の一族・家臣であろう。次の「天《あまつ》物部ら二十五部」は更にその下であろう。九州地名を冠した物部が多いから、多くが九州に天降ったようだ。物部氏の主流は九州物部氏であろう。

⑤は「ニギハヤヒ天降り譚」である。ここでは「ニギハヤヒホアカリ」でなく、記紀と同じ「ニギハヤヒ」としている。記紀の「ニギハヤヒ天降り譚」とほぼ同一の河内天降り譚である。

この天神本紀は三つの要素、「ニニギ天降り譚」「ホアカリ天降り譚」「ニギハヤヒ天降り譚」に分けられる。

元来一体の「アマテラス一族天降り譚」だったかあるいは三譚別々だったものを、記紀は「ニニギ天降り譚」を切り分け「ニギハヤヒ」部分に少し言及し「ホアカリ譚」を不記載としたように見える（倭国不記載方針）。先代旧事本紀は、記紀で不記載とされたホアカリ・九州物部天降り譚を復活させるために、「ホアカリ＝ニギハヤヒ」の言い訳を創り、ホアカリニギハヤヒ譚の中にホアカリに供奉した九州物部一族を復活させている。

◉ホアカリの子、天香山《あまのかぐやま》

ここで検証の途中であるが、後の議論の為にカグヤマ（同書ではカゴヤマ）について検証しておく。

「ホアカリの子天香山《あまのかぐやま》（以下カグヤマ）は尾張物部氏の祖」（紀神代九段一書六）とされる以外、紀記には殆ど出てこない。神武東征譚に高倉下《たかくらじ》戦記があり（前章）、先代旧事本紀は「高倉下はカグヤマの後の名」としている。天香山そのものは豊国にある山の名で（次節）、「イザナギがイザナミの死を悼んで流した涙から成った泣沢女神《なきさわめのかみ》がいる所（天香山の畝尾）」（古事記）とされる。だからイザナギの子スサノヲ・アマテラスの両系子孫にとって神聖な山だ。スサノヲ系は「先住して国々を造り巡った」のだから、その中に神聖な天香山が含まれていて、スサノヲ系がそこを支配していた可能性は高い。だから倭国大乱では、争奪戦の対象になったはずだ。子に天香山《あまのかぐやま》の名を付けたのは、ホアカリが天香山をスサノヲ系から奪取した記念だろう（次節）。そして国譲りへ進んだ。のちにカグヤマは夢で得た「国譲り戦の剣」を「天孫《ニニギ》」に奉っている（前章「高倉下戦記」）。だから、ホアカリやカグヤマは国譲りと関係が深いことが分かる。では、天香山はどこにあったか。

◉「天香山」は「香春岳」

前節の「天香山《あまのかぐやま》」は大和の「天香具山《あまのかぐやま》」ではない。大和岩雄《おおわいわお》は『秦氏の研究』（一九九三年）の中で、「天香山は豊前の香春岳《かわらだけ》（福岡県香春町）である」と指摘している。[7] 根拠は「天香山《あまのかぐやま》の金を採りて云々」（日本書紀神代七段）・「天香山の銅を採り、日像の鏡を造り」（先代旧事本紀）・「天香山の畝尾」（古事記）・「香春《かわら》は（冶金に長けた秦・）新羅系集団の居住域」（豊前風土記）など、としている。確かに、香春岳は畝《うね》を成す五〇〇メートル級の三連山から成り、全てが石灰岩の真白な特徴ある山である（現石灰岩採石場）。また、香春岳は銅の産地として名高い（現在まで続く採銅所がある。五木寛之が小説『青春の門』の冒頭で「香春岳は異様な山である。決して高い山ではないが、その与える印象が異様なのだ」と全山真白な特徴を表現している）。

因みに、記紀共に「香山」と表記され、神武紀本文注は「香山、此を介遇夜摩《かぐやま》と云う」と読ませている。金・銅採掘の技術を持って香春に移住してきた秦・新羅系住民が豊国の「かぐやま（和語）」を漢語で「香山《かざん》」と書き、それを採用した記紀が「香山《かぐやま》（漢語表記・和語読み）」と注したと思われる。「大和の香具山」にはその経緯（秦・新羅系住民）がなく、当初から「香具山（和語、表音漢字表記）」だったようだ。畝尾（神代記）についても畝丘《うねを》（神代紀）・畝火《うねび》（神武記）・畝傍《うねび》（神武紀）など時代変遷や地名移植による変化がある。以上、ホアカリが国譲りで戦い取った天香山は豊国香春岳である。金・銅の出ない大和の天香具山ではない。

◉物部氏系譜　先代旧事本紀から（系図検証）

ここから改めて系譜系図で検証する。参考にしたのは同書の物部氏系譜（第五巻天孫本紀）を主に、記紀を加味した安本美典作成の系図である。[8] 示したのはこれの筆者要約である（次頁図の上半分）。

先代旧事本紀の物部氏系図

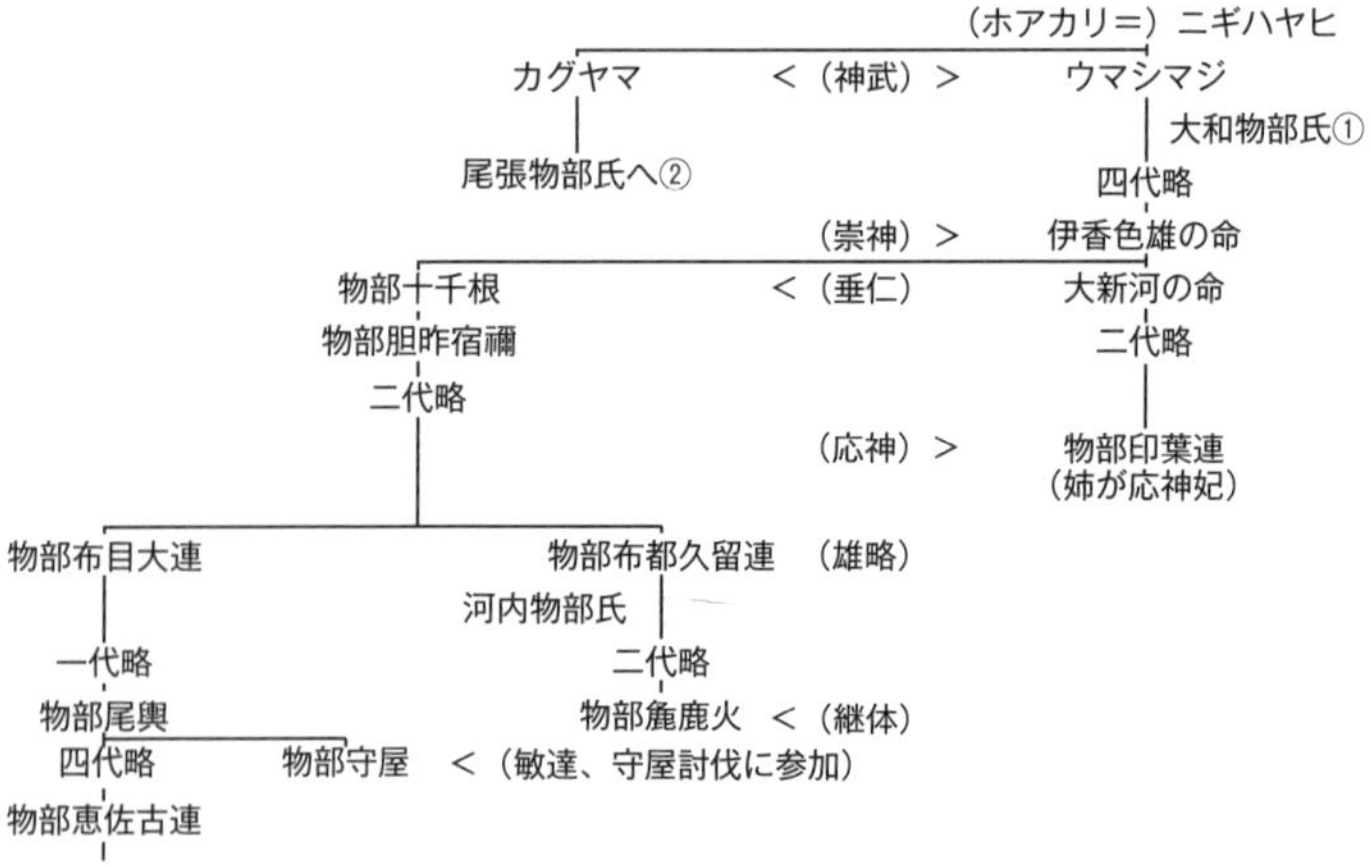

筆者による修正案

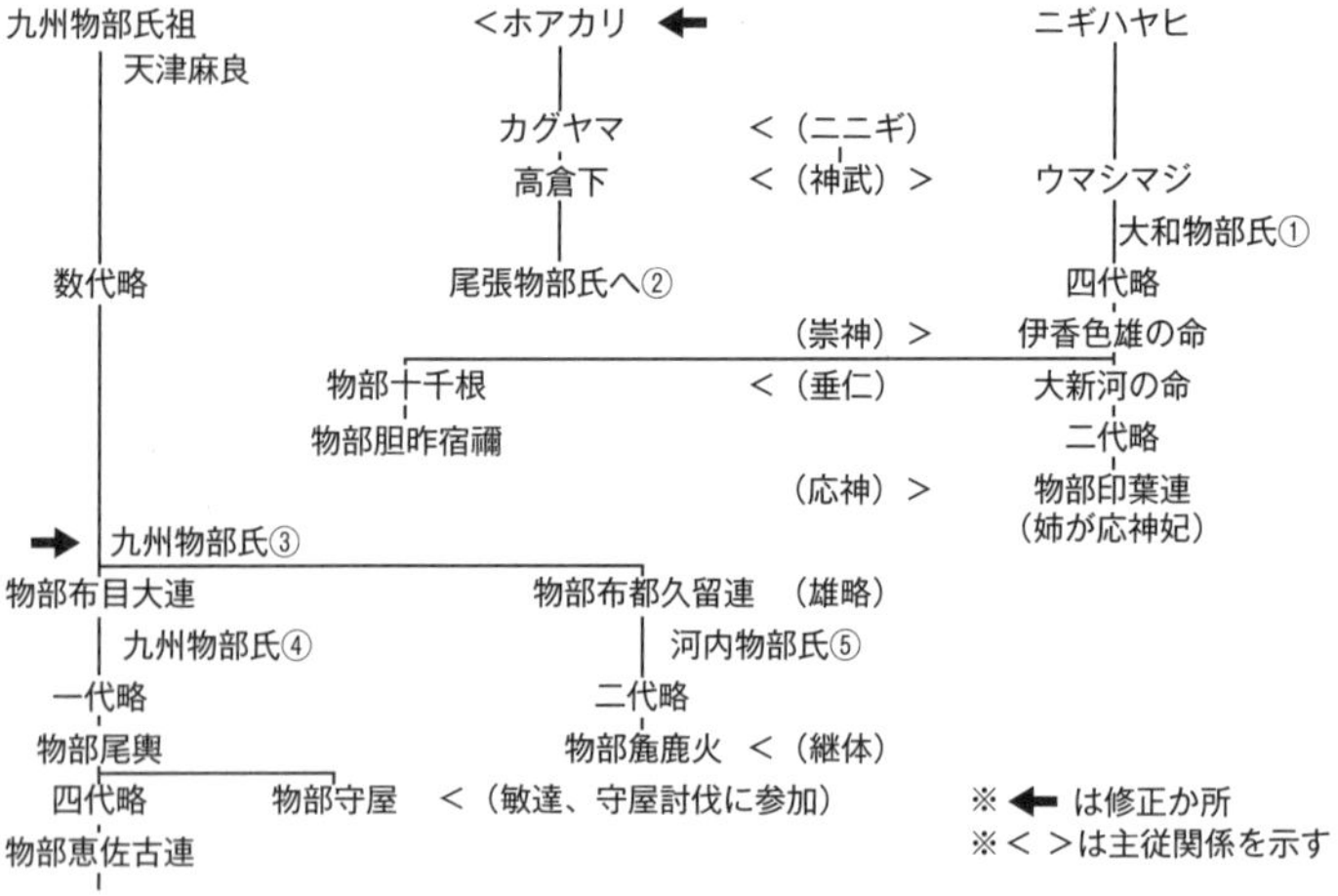

ここで、縦線は物部氏当主の交代を示すもので、親子を示すものでは必ずしもない。また、筆者括弧の天皇は同時期の天皇を参考までに示す。「∨」「∧」は天皇との主従関係を示す。同書は「物部氏はすべてニギハヤヒ（＝ホアカリと同一）の子孫で、神武を始めとして代々大和王権に仕えた」と主張している。確かに、系図上は総て大和物部氏の系列で、それぞれに大和王権と接触がある。

系図は物部氏に二系統あったことを示している。第一はニギハヤヒの子ウマシマジを祖とする大和物部氏本流である。ニギハヤヒは神武に先行して河内・大和に下ったとされ、記紀の記述と一致する。「伊香色雄《いかがしこを》（崇神紀）・物部十千根《とちね》（垂仁紀）・胆咋《いぐい》（仲哀紀）」は記紀にも出てくる。

第二はホアカリの子カグヤマを祖とする尾張物部氏である。これも記紀の記述「ホアカリの児天香山《かぐやま》は是尾張連の遠祖なり」（紀神代九段一書六）と一致する。神武東征に参加したホアカリの子カグヤマの子孫高倉下《タカクラジ》が最終的に尾張に落ち着いたようだ。壬申の乱で天武に加勢したとされる（天武紀）。同書では「ホアカリ＝ニギハヤ」としている。一見、「記紀でホアカリの子とされるカグヤマ系を大和系にまとめる為」と見える。

第三（仮）。第一の系統の子孫物部胆咋《いぐい》宿禰以下の系統は、主流を継いでいるから、大和を本拠にしているとされるが、確認できる限り全て「九州と何らかの関連」を持っていて、他の大和系とは異質である。仮に第三の系列とする。胆咋《いぐい》自身「九州での仲哀崩御記事」のみに登場する。この系統は同書が物部氏の主流として挙げる九州物部氏ではないか。仮に第三の系譜として次節で検証する。

この九州物部氏から枝分かれした物部布都久留《ふつくる》系は、九州から東征して河内を本拠とした大和王権応神・仁徳に臣従した九州物部氏の支族、河内物部氏である。物部目《め》大連《9》は九州物部氏主流（目大連以下）と考えられる。

◉物部氏の系譜　修正一

不審点と修正案をまとめ、筆者の案（前図下半分）を示す。

一、不審点一。同書の「ニギハヤヒとホアカリは同一」には疑問がある。「同一」は同書だけが主張する新説で、記紀では別の神である。同書も前半で「ホアカリニギハヤヒ」としながら、後半では「ニギハヤヒ」と別名で記して別の神であることを漏らしている。また、「カグヤマはニギハヤヒの子」にも不審がある。カグヤマはニニギの九州南征に合流したと思われ（高倉下戦記、前章）、その子孫（高倉下）は神武に従って東征し、最終的には尾張に定着した（天武紀）。従って「カグヤマ系の出発地は九州と考えられ、ニギハヤヒの天降った河内ではない。「カグヤマはニギハヤヒの子」ではない。また、記紀でカグヤマの父とされるから「ホアカリの天降り地も九州」と考えられる。ニギハヤヒとホアカリは天降り地が異なるから同一神ではない。

以上から、「同一」説には疑問があり、「倭国不記載方針」によって記紀から排除された「ホアカリと九州物部氏」を「排除されていないニギハヤヒと同一」とすることで復活させるための偽説ではなかろうか。この偽説で「九州物部氏は実は大和王権に臣従したニギハヤヒの子孫である」となるから、「倭国不記載」の対象からはずれ、大和王権の「禁書（続日本紀七〇八年、倭国関係書?）」の対象からもはずれる。

二、修正点一。系図で「ホアカリ＝ニギハヤヒ」を切り離した。これに伴い、「カグヤマはニギハヤヒホアカリの子」を「カグヤマはホアカリの子」に修正した。また、ニギハヤヒの天降り先は河内だが、ホアカリの天降り先はカグヤマのニニギ南征随行から九州とすることができる。

三、系譜①「大和物部氏」のまとめ。大和に先住し、神武に臣従したニギハヤヒの子ウマシマジの大和物部氏。大和王権の大臣として記紀に登場し、大和王権に后妃を送り込んでいる。物部印葉連公で途絶えた系列。印葉連公の姉、物部山無媛《やまなしひめ》連公は応神妃となっている（応神紀）。応神〜仁徳系（九州系）が大和天皇となったので大和物部氏が改めて臣従した証として姉を妃として差し出したのであろう。しかし、その皇子は応神の太子となるも天皇にならず（なれず）代わりに仁徳が即位した（仁徳紀）。滅ぼされたか、格下げされたか、系図では途絶えている。[10] ただし「物部氏はニギハヤヒの子孫①」は一部の史実である。

四、系譜②「カグヤマ系」のまとめ。ホアカリの子カグヤマ軍がニニギ軍に加わり南征した（高倉下戦記の元譚）。その子孫高倉下が神武東征に従い、最終的に尾張で定着し、ホアカリ・カグヤマを祖とする尾張物部氏となった。壬申の乱で活躍した。天武紀に登場する。このカグヤマ系物部氏はホアカリ系物部氏としても良く、大和系物部氏とも言える。「物部氏はホアカリの子孫」は一部の史実だが、①「ニギハヤヒ系大和物部氏」と合わせ読めば「ニギハヤヒ

＝ホアカリ（同一説）」の誤解を誘導している。

◉物部氏の系譜　修正二

一、不審点二。同書の物部氏系譜（系図）に天津麻良が出てこないのは不審だ。同書天神本紀冒頭天降り譚に「天津麻良は物部造《みやつこ》の祖、その物部造は天孫を守る中核、その多くが九州物部氏」としているのに、物部氏系譜系図に天津麻良が出てこない。その子孫系譜も示していない。

二、修正点二。前項に対して次のように修正した（前下図）。胆咋《いぐい》の後裔「九州物部氏系を天津麻良（物部造《みやつこ》の祖）」に繋《つな》げた。その根拠は、（a）同書の「天津麻良は天孫に供奉天降りして九州物部氏の祖となった」、（b）前節の修正二、から「ホアカリニギハヤヒ系→ホアカリ系とニギハヤヒ系に分離」、（c）前節二、の「ホアカリの天降り先は九州」である。以上から「天津麻良は、天孫ホアカリに供奉天降りして、九州物部氏の祖となった」とし、系図修正点二とすることができる。胆咋《いぐい》自身は物部十千根《とちね》との共通点も多いので大和系に残した。物部氏の祖天津麻良までの数代は不明。

三、系譜③九州物部系のまとめ。修正の結果、「天孫ホアカリに供奉して九州に天降りした天津《あまつ》麻良《まら》は九州物部氏の祖となった」となり、同書と整合し、記紀とも矛盾しない。この系列は以下の④と⑤に分岐する。

四、系譜④九州物部氏本流。ホアカリに供奉天降りした天津麻良系で、同書で初めて再認識された物部氏最大の系譜九州物部氏。例外を除いて記紀に登場しない。例外は九州に遷都した大和王権と接触した物部尾輿と物部守屋（「参考」六節参照）。

五、系譜⑤河内物部系。九州物部氏③の一部が仁徳に供奉して河内に移った（物部布都久留以下）。物部木蓮子《いたび》・物部麁鹿火《あらかい》、次の代まで同書は記している（「参考」五節参照）。九州物部氏③の河内支族だが、大和王権の天皇となった応神・仁徳以下に仕えたから記紀に記録され、大和系物部氏①と誤認されている。また誤認されるように胆咋《いぐい》に接続されている。

ここまでの検証の目的は、「倭国の王統は台与から倭の五王に引き継がれたがこれは何系か」であった。「ホアカリニギハヤヒ系」説（先代旧事本紀）は検証の結果、「河内天降りのニギハヤヒ系」と「ホアカリに供奉天降りした天津麻良系の九州物部氏」に分離される。九州物部氏の主筋は天津麻良以来ホアカリ系である。

以上、「九州物部系の主筋はホアカリ系」が導出された。

◉先代旧事本紀の目的

同書は偽説「ニギハヤヒ＝ホアカリ」と「九州物部氏系譜を大和物部氏に接ぎ木」という「僅か二点余の偽装」「たった二本の系図結線の移動（ホアカリと胆咋《いぐい》の系譜）」によって「ホアカリ系倭国不記載」に逆らわずに九州物部氏を公《おおやけ》にし、（不完全ながらの）名誉回復」を果たした。大和王権も、自ら「倭国不存在」という虚偽を言うことなく、そのように誤読誘導する同書の偽説に敢えて咎めだてしなかったのだろう。

この偽説にはもう一つの狙いがある。物部氏三系統を「ニギハヤヒ＝ホアカリ」によって「物部氏の祖は天孫（＝ホアカリ＝ニギハヤヒ）」としている。これは考え抜かれた「奇策」と言える。なぜなら、「物部氏の祖は天孫」が正しいのは傍流となった天孫ホアカリの子カグヤマ系だけである。宗家九州物部氏の祖は天津麻良であるから「祖は天孫」とする資格はない。ニギハヤヒ系は応神の代で系図上断絶しているから資格はない（同書）。しかし、それらを一体化することにより「すべての物部氏の祖は天孫」「ニギハヤヒ系は断絶していない」「九州物部氏は大和系」の偽説を誘導している。しかも、「倭国不記載方針」に抵触することなく「九州物部氏」だけを「不記載」から救出し「大和王権に臣従」と誤読させた上で「家格の格上げ」を果たしている。「奇策」でなくて何であろう。

◉「倭国王はホアカリ系」（第六章で確認）

以上「九州物部氏の主筋はホアカリ系」を論証した。次に「九州物部氏の主筋は倭国王」を論証できれば、二つ合わせて「倭国王はホアカリ系」と論証できることになる。しかし、この論証は記紀の「倭国不記載」に妨げられて容易ではなかったが、論証のわずかな糸口が「仏教論争」（欽明紀五五二年）にあり、前著でこれを論証した。その論証を第六章の「仏教論争」の節（一五六頁）で再述するので確認頂きたい。ここでは「五五二年、九州物部氏の主筋は倭国王」、従って「五五二年時点で倭国王はホアカリ系」を論証済み扱い、として進める。

次に、その「五五二年のホアカリ系倭国王」はどの時代に始まり、どの時代まで続いたか？ まず「倭の五王」まで遡《さかのぼ》れるか、これを検証する。

五五二年から遡ると、その直前の「日本天皇及び太子・皇子、倶《とも》に崩薨す」（継体紀五三一年）が倭国王家滅亡でないことは前著で論証した（物部麁鹿火の傀儡分国「磐井の子葛子の日本系分国」の解体と解釈される）。更に遡る「磐井の乱」（継体紀五二七年）でも倭国は（危うかったにしても）滅亡していないことは論証したから、「五二七年まで遡って、倭国王はホアカリ系」とすることができる。更に雄略紀五年条（倭王武の時代）まで遡っても、その間に倭国王統の変化を示唆するものはない。「倭の五王はホアカリ系」とすることができる。

更に、この時代の「倭王武の上表文」（宋書四七八年）によって「倭の五王系」は倭国王台与まで遡る状況については前述した（本章冒頭）。即ち、「倭国王台与系の後〜五五二年までは倭国王はホアカリ系」である。

いつまでか？「五五二年の欽明紀の倭国王（ホアカリ系）」は「五八〇年の敏達紀に再度登場する排仏天皇と同じ王統（＝排北朝仏教系＝南朝仏教系＝倭国王）」、「物部守屋討伐（五八七年）を経て倭国王の勢力は強化された」、その象徴が「阿毎多利思北孤（アマテラス系、即ちホアカリ系の継続）と遣隋使」と見てよい。更に、遣隋使では失敗もあったが（対等外交の失敗）、むしろ頑なに対唐対等外交に拘り、白村江の敗戦と倭国滅亡まで突き進むことになる。「対唐対等外交に拘る同一王統」である。即ち、「五五二年〜白村江敗戦〜傀儡〜滅亡まで倭国王はホアカリ系」に疑問はない。

以上「倭王武の上表文の征服順」（宋書）と日本書紀を対応付けることにより、「台与から数十年かけてホアカリ系王統は倭国を再統一し、以後白村江敗戦まで四〇〇年近く倭国王家として栄えた。その祖は天孫ホアカリ」と結論される。

この論証は記紀古代史の殆ど全ての検証に影響を与える。

●倭国の王権・王統　その万世一系

「倭国」は倭人諸国の総称として、未統一の段階から中国史書に登場する。統一は西暦八〇年頃(魏志倭人伝)。その後「倭国大乱」があり、「卑弥呼を共立して再統一」となったのが一八〇年頃である。卑弥呼・台与(〜二六六年)の後、倭国内倭諸国の一つ「ホアカリ系の国」が遅くとも三六〇年頃までに倭国を再統一した、と先述した。ここまでは王権も王統も交代があった、とするのが妥当である。王権が代わっても中国史書は同じ「倭国」と記している。[11]

では、ホアカリ系の倭国は再統一(三六〇年頃)から七〇一年の滅亡まで王権・王統の交代はなかったか？　言い換えれば「万世一系(同族一系)」だったか。[12]筆者は、そうだと考える。

アマテラス一族は半島倭諸国の一つに過ぎなかったが、頭角を現して列島移住を率い、アマテラス倭国を継承したホアカリが卑弥呼倭国の倭諸国筆頭を占めたであろう。以来、征戦を繰り返して再統一を果たした(〜三六〇年)。「倭王武の上表文」(宋書)はそのように主張している。その王統は「筑紫君磐井の乱」によっても滅びず、「俀国王阿毎多利思北孤《あまのたりしほこ》」を経て、白村江敗戦まで続いている。その根拠の一つが先代旧事本紀だ。九州物部氏が「ホアカリに供奉天降りした天津麻良」に始まり、「ホアカリ系倭国王家の外戚」として物部尾輿・守屋を経て「白村江敗戦」に至るまで連綿と系脈を保っていた。同書が主張したかった核心だ。同書は意図的に触れないが、その主筋のホアカリ系王統も連綿と系脈を保ったと暗に主張している、と推定するのが妥当だ。

また、この倭国に倭国史書があったに違いない。中国史書・百済三書・日本書紀があるから、倭国だけ史書はない、とする方に無理がある。同書には「倭国ホアカリ王権・王統は万世一系だった」と記載されていた、と推定される。その根拠は同書の手本となったと思われる百済三書（後の三国史記）も、同書を手本にしたと思われる日本書紀も「万世一系」に拘《こだわ》っているからだ。[12][13]

以上から「倭国史書は、倭国王統・王権は万世一系だ、と主張していた」と推定する。

第四章［注］

［1］倭王武の上表文……倭の五王（讃・珍・済・興・武）は遣宋使を送った（四一三〜四七八年）。その最後倭王武は、宋最後の皇帝八代順帝にみごとな駢儷体《べんれいたい》の格調高い漢文三〇〇字程の上表文を送った。その中に、倭国統一について述べた部分が本文の引用部だ。その記述内容から、東に西に征戦を繰り返したがそれはすでに完了し、行政体制を整え（開府）、上下を整え（仮授）云々とあり、列島を統一した過程が十分推測される。

［2］倭国の始祖……九州王朝説の創唱者古田武彦は『古代史の十字路――万葉批判』の中で「九州王朝の始祖は、ニニギノミコトである。九州王朝の分流である近畿天皇家は、この倭国神話を借用・盗用した。古事記・日本書紀は、この神話を、本来の近畿天皇家の神話として、人々に信ぜしめようとして、今日に至った」としている。古田のこの認識は終生変わらなかったようだ。

［3］先代旧事本紀《せんだいくじほんぎ》……天地開闢から推古天皇までを記述。九世紀の成立、記紀や古語拾遺を切り張りした偽書ともいわれるが、古い独自資料を多く含み、物部氏の家伝的史書を基にしているとみなされている。

［4］「倭国始祖はホアカリ系」の提案……前著『倭国通史』第三章で「倭国王はホアカリ系の可能性がある」と提案した。ホアカリとは「天照国照彦火明命《アマテルクニテルヒコホアカリノミコト》（以下ホアカリと略す）」のこと。記と紀神代九段一書六・八ではオシホミミの長子ホアカリとして出てくる。アマテラスの孫でニニギの兄（天孫）。一書六では「天火明命《ホアカリ》の児天香山《カグヤマ》は是尾張連らの遠祖なり」としている。紀九段本文では天孫はニニギのみでホアカリの記述がない。別伝承として、「ニニギの子ホアカリ」（紀九段一書二・五）が「ニニギの南征譚」に挿入されているが、同名の別伝承であろう。

［5］ウマシマジ……宇摩志麻遅命（記）・可美真手命（紀）・味間見命（同書）の通称。物部氏の祖とされる。饒速日命《ニギハヤヒ》と三炊屋媛《みかしきやひめ》（長髄彦の妹）の子。

［6］ニギハヤヒ・ホアカリ同一論……同書はニギハヤヒを「天照国照彦天火明櫛玉饒速日尊《アマテルクニテルヒコアメノホアカリクシタマニギハヤヒノミコト》」としている。ホアカリとニギハヤヒの二人の名をつなげて同一人だとしている。形式的には「物部氏の祖ニギハヤヒの名はこれこれだ」という内容で、「物部氏の祖は天孫ホアカリだ」と言っている訳ではない。そうすることで、倭国不記載・禁書を免れたのだろう。

［7］天香山……関裕二「天孫降臨の謎」（二〇〇七年）から再引用。

［8］安本美典『古代物部氏と『先代旧事本紀』の謎』（二〇〇九年）の系図六「先代旧事本紀巻五所載の物部氏系譜」を参考にした。

［9］物部目《め》大連↑↓物部布都久留《ふつくる》連は逆か？……目大連は紀に出てくるから河内支族かもしれない。布都久留連はでてこない。同書の取り違いか入れ替わり誤記かも知れない。

［10］物部印葉《いにば》連公……同書には「物部印葉連公（一〇代）は軽島豊明宮で統治された天皇［応神天皇］の御世に大連となって神宮に斎仕えた。姉の物部山無媛《やまなしひめ》連公を天皇が立てて妃とし太子の兎道稚郎《うじのわきいらつこ》皇子を生む」とある。しかし、この系統は印葉の代で途切れ、太子兎道稚郎皇子も天皇になっていない。この系統は大和物部氏の系統で、応神が大和天皇に即位した時点で応神に妃を出したが、勢力を失ったのであろう。以後、九州物部氏の系統（河内物部氏［九州支族、物部麁鹿火系］と九州倭国物

部氏［尾輿、一三代］）以下の系譜のみが記されている。

［11］倭国王権の継続性……中国史書は隋書・旧唐書・新唐書共に倭国の倭奴国以来の倭国継続を認めている。倭国王家中枢の王族（上宮王・多利思北孤）は「漢委奴国王印」の「委」の用字にこだわっている（第八章）。また、アマテラス以来と思われる和風姓「アマ（アメ）」を名乗る王統（隋書）が継続している。中国自体は王統が変われば国名が変わる。しかし、周辺弱小国は王統が代わっても、冊封体制の取り直しは大変だから王統を取り繕うことで国名を変えない事例が多い（例　百済の南北百済の交代、万世一系とする理由の一つ）

［12］万世一系……天皇が親から子へ引き継がれる世襲制が定着したのは一七世紀以降だったという。それまでは親子・兄弟継承など一族継承。国士舘大学藤森馨教授は「皇統はもともと天皇家同族一系ではあっても厳密には万世一系ではない。天皇の皇位継承に『万世一系』という言葉が使われたのは一七世紀以降、頻繁に使われるようになったのは明治以降」としている。そもそも「大和王権の王統継承が万世一系はもとより、父子相続・男子相続が厳密に守られた」などとは誰も信じていない。同族一系すら疑わしいケースが幾つもある。

［13］百済の万世一系……百済は二〇〇年頃宗主国（北百済）と宗家（南百済）に分裂したが、五〇〇年頃再合体した（武寧王の統一）。その歴史書（百済三書）は途中の分裂・合体を記さず、北百済の王名・中国朝貢をない混ぜながら、南百済の王統を万世一系（同族一系）としている。

第五章　応神・上宮王の出自は「倭国内ニニギ系王族」

前章で「倭国王権は天孫ホアカリ系」を論証した。これに定説「大和王権は天孫ニニギ系」と合わせて、筆者仮説「両王権は兄弟王権」の論証が成立する。この論証は、更に次の仮説「ホアカリ系の倭国内に一部ニニギ系王族がいた」という着想を可能にする。本章ではこれを検証し、首題を論証した。その結果、大和王統は応神・継体・皇極など王統断絶かと不審のあった継承が、いずれも「ニニギ系同族」と認められるから「神武以来大和王統はニニギ一系、従ってアマテラス一系」とすることができる。

王統はそれで納得できるが、王権は複雑だ。神武系・崇神系・景行系の三系は一系ではなく並立したのみならず、最大王権（と祭事王権）はこの順序で移動したと思われる。しかし、倭国主導の東征・西征に協力する間、崇神系・景行系も神武系を（形ばかり）地域宗主国として立てた可能性もある。三系に血縁関係も多少はある、あたりが可能な解釈か。

◉ニニギは祭事王として天降った

「天孫ニニギは支配者として筑紫の日向に天降った」（記紀）という。そしてこの「支配者ニニギ」は「祭事王」と考えられる、と前述した。なぜなら、ニニギに供奉天降りした五部神の筆頭は天児屋命（あまのこやねのみこと、中臣氏の祖）で、祭事・神祇司である（神代紀第七段本文）。一方、ニニギの兄天孫ホアカリに供奉した五部の人筆頭は天津麻良《あまつまら》（物部氏の祖）で、政事・軍事司である（先代旧事本紀、前章）。ニニギは祭事王、ホアカリは政事王と考えることができる。倭国内では祭事女王卑弥呼／倭諸国政事諸王（筆頭はホアカリか）の祭政二重構造であった。ニニギは祭事王卑弥呼を継ぐこともできる立場であったと考えられる。

◉ニニギ系の二分

しかし第三章でみたように、ニニギは倭国王（祭事王）になること叶わず、ニニギ一族の南征もはかばかしい成果はなかった。神武らは目標を変え、東征に出ることになった。その東征の際、神武は全ての皇子を引き連れたが（神武紀）、一族の一部を関門海峡に残したようだ。その根拠は、ニニギに供奉して天降りした祭事・神祇司の子孫「中臣氏《なかとみ》」の二分にある[1]。その主体天種子命《あまのたねこのみこと》（天児《あまのこ》屋命《やねのみこと》の孫、中臣の祖とされる）は神武東征に従った（神武紀）。更に、大和王権に「中臣連祖」とされる大臣が現れるからだ（神武紀・垂仁紀）。一方、その子宇佐津臣命は筑紫に残り、その子孫が中臣姓を賜った。即ち「倭国王に排仏を奏上する物部尾輿・中臣鎌子（鎌足とは別人）」がいる（欽明紀五五二年、第六章）。それで、上記三命《みこと》はいずれも「中臣連の祖」とされる（紀）。物部尾輿の主筋はホアカリ系倭国王である（前章）。中臣氏の一部が倭国内にいることは、中臣氏の主筋のニニギ系王族もいる可能性がある。神武東征時にニニギ系王族の一部が関門海峡域に残った可能性を示唆している。残ったとすれば、その目的は関門海峡の管理であろう。関門海峡は聖地であり、軍事的要衝、政事的前線地帯だが、ここを倭国政事王ホアカリ系が押さえるとスサノヲ系政事勢力（出雲以遠）と対峙して大乱に戻る恐れがある。祭事系ニニギ王族の一部を「緩衝役」兼「聖地管理役」として残したようだ。その後倭国を統一したホアカリ系倭国王は、関門海峡をニニギ系王族／中臣氏に委ね、「政祭二重構造」即ち「ホアカリ系倭国王／ニニギ系祭事王族」が続いたと思われる（政が上、卑弥呼の時代は祭が上）。

「ニニギ系の二分」と同様に「ホアカリ系の二分」もあった。前章で検証したように、天孫ホアカリの子カグヤマ（先代旧事本紀、王族）はニニギ南征に参加した可能性があり、その子孫（高《たか》倉下《くらじ》）は神武東征に臣従した可能性がある（尾張物部氏の祖、神武紀、前章）。天孫ホアカリに供奉した物部系の一部がカグヤマに供奉して後の尾張物部氏になった可能性を示唆している。このことは逆に「天孫ニニギに供奉した王族・従臣の一部が天孫ホアカリ系に合流した可能性」もあることを示唆している。その例が後世の倭国内中臣氏であろう。その祖はニニギに供奉した五部神（王族）の筆頭天《あまの》児屋《こやね》である（紀神代九段）。

　このように、ホアカリ系とニニギ系の王族・従臣は同族二系の間で相互に（一部が）移動することがあった、と考えられる。これは同族二系の近さの表れであり、協力関係の証拠である。この二分の多くは天降り前の高天原時代に始まったと考えられる。

◉「倭国内ニニギ系王族」の可能性（仮説）

景行紀に「豊後直入《なおり》県［…］直入の中臣神（ニニギ系）」の記述がある。景行熊襲征伐以前から豊国に中臣氏の祖が定着していたことを示し、神武が残した中臣氏の可能性がある。豊国は応神の宮があった所でもある（豊国難波大隅宮、第一章）。仲哀・神功紀の九州記事に、また允恭《いんぎょう》紀にも中臣烏賊津連《なかとみのいかつむらじ》の名が現れる。允恭天皇は応神天皇の孫とされるが、その大臣の多くは応神の次の仁徳が九州から河内に引き連れて行った者達の子孫で（河内系）、中臣烏賊津連は神武に供奉した大和系中臣氏とは異なると考えられる。応神〜允恭の中臣氏は九州系の中臣氏であろう。中臣氏の祖アマノコヤネの主筋はニニギ。そうであれば、中臣烏賊津連《いかつむらじ》の主筋（応神〜允恭）もニニギ系王族であろうか。即ち「応神はニニギ系王族」であった可能性はどうか。以下にこれを検討する。

◉応神天皇の出自（再検討）

筆者は応神の出自（仲哀・神功皇子）に疑問を持ち、以下三点から検証してきた。しかし、確証が得られず仮説に留まった。

一、応神は仲哀・神功の子ではない。応神の方が年長。三人の「記崩年重視・崩年年齢の修正（二倍年暦修正）・神功紀の干支二巡修正」などからこれは論証できた。[2]

二、「応神の倭国王皇子説」を検証した。「広開土王碑・神功紀三六二年（仲哀記崩年）記事・

応神紀三九八年武内宿禰追放記事」などから極めて可能性は高いが、決め手がなく、論証には至らなかった。

三、倭国王族の可能性がある応神を、なぜ神功紀は「仲哀皇子」としているのか、それは「王統の正統性・新羅朝貢取得権」から、当時からその見做し方が共有されていた（同一人視論）、と推論した。

以上要するに、「応神＝倭国皇子」説は相当の論拠が有りながら、二、の決め手に欠き仮説に留まっていた。それは、「応神＝倭国王の皇子」を想定した限界であった。

今回、「応神＝倭国内ニニギ系皇子」を発想することにより、仮説検証する状況が整った。

◉「応神は倭国内ニニギ系王族」（論証）

前節に適う一つの解釈として「応神は倭国王族であるが、ホアカリ系の倭国王皇子ではなく、倭国内ニニギ系王族である」を検討する。

一、応神は神功皇后の皇子ではない。九州で生まれ、難波（関門海峡近く）の大隅宮で崩じた。即ち、応神は九州に定住している。次代の仁徳も難波に住んでいる（関門海峡付近を歌に詠んでいる、第一章）。これは、景行・仲哀・神功ら遠征軍の一時的滞在と明らかに違う（神功は約一〇年の滞在、前述）。「応神は元々九州氏族の出」の可能性がある。応神は武内宿禰を殺そうとし、九州から追い出している（前節）。武内宿禰は大和王権と固く結びついた中心的人物である。応神は大和王権皇子ではないことを示している。

二、允恭紀に中臣（ニニギ系）の名が現れる。允恭天皇は応神天皇の孫とされるが、その大臣の多くは応神の次の仁徳が九州から難波に引き連れて行った者達の子孫で、大和系中臣氏とは異なると考えられる。即ち、応神系譜の中臣氏は「倭国ニニギ系」である。従ってその主筋の父祖である応神は「倭国ニニギ系王族」の可能性がある。

三、応神は応神紀三年条の百済関連記事で「貴国天皇」と表記されている。神功・応神の「貴国」「天皇（大王）」はいずれも百済関係記事にのみに現れる。海外向けの格上げ称号だったかもしれない。「貴国」は東方軍の兵站基地と考えられ、「大王」でなく「王」がふさわしいからだ。しかしここで指摘したいのは、「王」という称号すら大豪族でも容易に使えない、使える条件、家格があっただろう点である。物部氏や蘇我氏がいかに専横しても王のふるまいをすると総反発で滅ぼされている（物部守屋討伐・乙巳の変など）。代々臣下の家柄だからだ。それに対し、応神がたとえ末裔・傍流・支族といえども王族、例えばニニギ系王族に連なっていたからこそ貴国王、海外では貴国天皇（大王）を称することも許容されたのではないか（国内で大王にふさわしいのは東征後の仁徳から）。

四、「倭国王家がホアカリ系」と前述した（第四章）。ホアカリとニニギは兄弟とされるから、倭国内ニニギ系王族は何代たっても倭国内諸氏族の中でも倭国王家に次ぐ格の高い王族であった可能性がある。例えば後年、応神系が断絶した際、継体が応神五世孫として大和天皇に即位した例がある。応神の推定生年三二九年（前述）とニニギ（生年一八〇〜二四〇年頃、中を採って二一〇年頃）とは一二〇年差（差が五世代＝五世孫＝六代目）である。「応神はニニギ五世孫」であれば倭国内でも王族扱いであっておかしくない。「大和王権の敏達天皇が倭国朝廷で王族扱いされた」という例もある（竹田皇子の父敏達は倭国朝廷で王族扱い、崇峻紀五七八年）。これもニニギ系大和天皇が格ではホアカリ系倭国王と比肩できるからであろう。後年、ニニギ系と思われる上宮王は倭国から独立する前から「王」である（正倉院御物法華義疏写本に「大委国上宮王」とある）。

五、関門海峡を支配していたのは大和王権ではない。倭国だ。根拠の一つは「仲哀天皇が筑紫香椎宮にいる時、神（倭国王）の言葉を伝達したのは沙波（山口）の県主の祖だった」と神功紀にある。倭国王は沙波（山口）に配下を置いて支配していた。筑紫との中間の関門海峡も支配していたと考えるのが自然である。一方、応神は日本貴国王（東国軍司令将軍）として豊国難波（企救半島東）に宮を置き、関門海峡域を自領としている。この重複支配は「倭国王は応神天皇の関門海峡支配を許可しうる立場にあった」と考えることで整合する。遡及推論すれば、「ニニギ以来その子孫はアマテラス〜ホアカリ系倭国から関門海峡域を託されていた」という可能性がある。

六、一方、仲哀崩御後、大和王統は乱れ、神功皇后が貴国を去り後任として応神が立った。応神は日本貴国を北肥前から関門海峡域に移し（難波宮での作歌譚、応神紀）、そこを東方軍の中継基地として、東方の兵力・兵糧と西国の兵器・情報を合体するなど倭国・大和連合の要《かなめ》を果たしたと考えられる。これには「倭国内ニニギ系王族」が最適である。「応神は倭国のニニギ系王族として、倭国・大和双方の信頼を得て大和・東方軍の基地（日本貴国）の王として迎えられた」と考えられる。それが三九一年の大戦果（広開土王碑）となったと解釈できる。

七、関門海峡は聖地（イザナギの禊《みそぎ》の地、第一章）であると共に、倭国にとっては東方支配の要衝、東方にとっては瀬戸内海から海外へ出る要衝だ。双方から信頼され、支配を託すことができる最大の候補は出自面からはニニギ系の子孫であろう。その理由は、アマテラスからこの地（日向、門司、第一章）を治めるよう派遣されたのがニニギであり、ニニギ系と倭国系（ホアカリ系）は狗奴国戦で共同して戦った戦友であり（「高倉下戦記」を共有）、その子孫神武が大和王権の祖となった。

以上から、応神は「倭国王家一族（ホアカリ系）」ではなく「倭国内ニニギ系王族出身の日本貴国天皇から大和王権天皇に即位した」と考えるのが妥当である。この結論から「なぜ応神は突然現れながら、倭国・大和諸国の軍を纏め上げ、前にも増して大戦果（広開土王碑文）を挙げることができたのか」「なぜ、仁徳は大和でなく河内に王朝を開いたのか」「なぜ、河内からの間接支配ながら、大和や近畿の豪族たちを帰服させえたのか」などの疑問が自ずと解けて来る。

◉応神と大和王権　欠史八代の開化と応神は同時代（仮説）

「応神は倭国内ニニギ王族であった」と前述した。では記紀の「応神は仲哀・神功の皇子」は誤説だろうか。神武以降の王統を確認してみる。紀本文では「神武から欠史八代はすべて父子相続で一系」としている。神武～八代まで父子一系ならば一代平均二三年として約二〇〇年であるが、実は兄弟相続が含まれていると思われる。その根拠は、神武以下第三・四・五・六代の各天皇紀皇后名の後代注に「一書に□□（別名）という」とあり、その別名が三姉妹と従妹《いとこ》の同世代、即ちそれらの天皇も同世代である可能性を示している。父子相続が一般的でなかった時代でもあり、欠史八代の何代かは同世代相続、即ち兄弟・従兄弟《いとこ》相続である可能性が高い。それらの検証から兄弟相続などを含めると百余年と見積もられる。それによれば「神武・欠史八代は二七〇～三八〇年頃」となる。[3]この方が、前後の事績との時代整合性が高い。

　この解釈に従えば、八代の最後「開化の活動期～三八〇年頃」は実は「応神の活動期三八〇

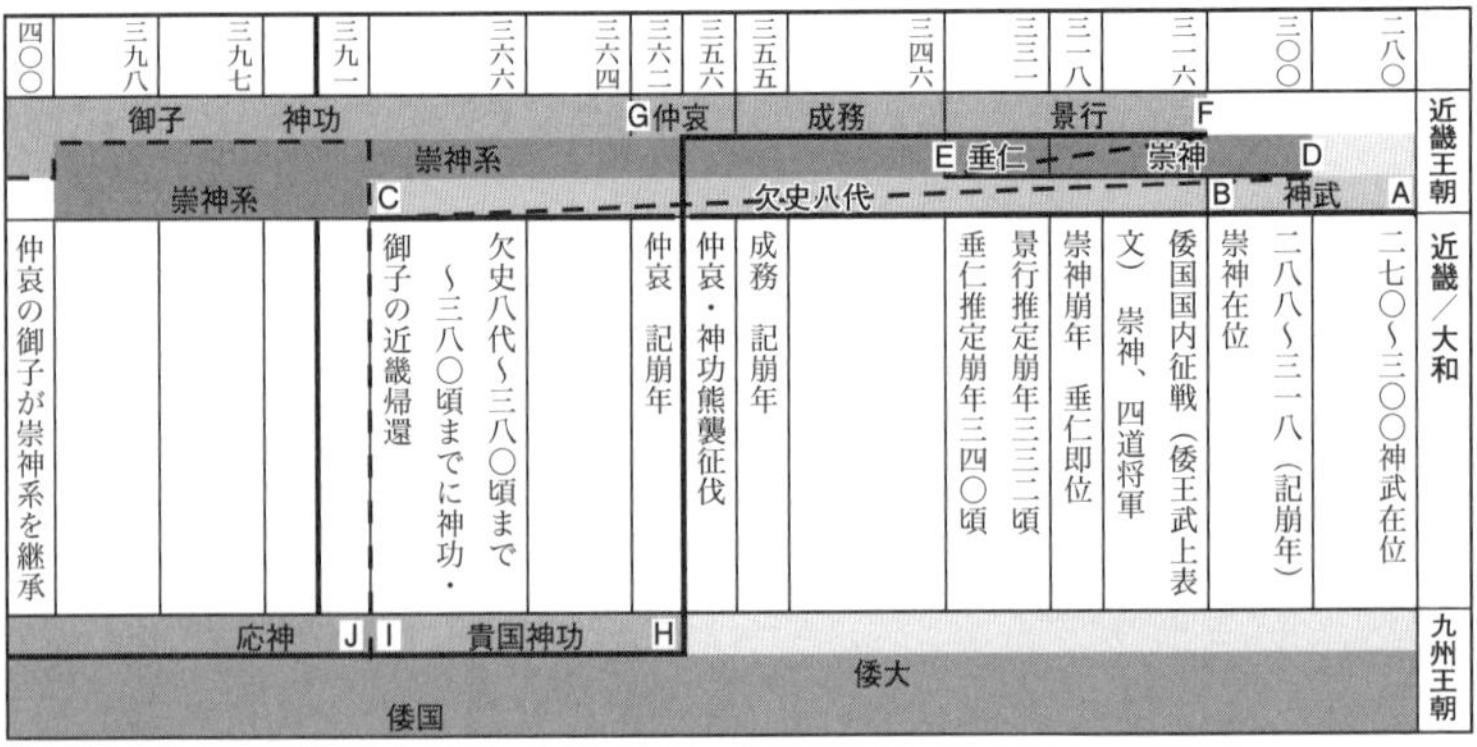

三系並立を一系にまとめた記紀。神武系（～欠史八代、A～C）・崇神系（D～E）・景行系（F～G）を縦に繋いでいるが、史実はニニギ系神武（A～開化C、～三八〇年）とニニギ系応神（J、三八〇年～）は同族一系としてつながる

年頃〜」と同時期を意味する。これを第五章の新論証「応神の出自は倭国内ニニギ系」と合わせ解釈すると、開化（大和ニニギ系）と応神（倭国ニニギ系）では「本家と分家」のような違いはあるが、王統としては「同族」、即ち「神武〜開化〜応神〜」はニニギ系として切れ目なく続く同族王統（万世一系）」と後付けできる。

◉三系並立を一系にまとめた記紀

前節の仮説「神武系→応神系」を採れば、記紀の一系「神武系→崇神系→景行系→応神系」に崇神系・景行系の入る余地がない。神武系・崇神系・景行系の三王権は「一系ではなく、並立していた」とする疑惑が浮かぶ。確かに、崇神系は渡来系に見え、景行系は外征が長く本拠を留守にしている将軍にしか見えない。その疑いを年代修正で検証すると「神武〜開化は二七〇〜三八〇年頃」、「崇神・垂仁は二八八〜三四〇年」、「景行〜仲哀は三一六〜三六二年」と時代的な重複があり、一系でなく並立していた可能性がある[4]（「参考」三節参照）。

そうであるなら、問題は「何故記紀は並立三王権を縦につないだか？」である。「歴史を古く見せようとした」とか「神功皇后を卑弥呼に見做せるようにした」などが提案されている（「参考」二節参照）。それもあながち否定できない。「神武崩年一二七歳・神功崩年一〇〇歳」などの記述もあるからだ（二倍年歴）。しかし、他に重要な動機がある、と筆者は考える。

一、神武系が欠史八代で影が薄く、少なくも崇神系が神武系の上に立ったことが、二系の本拠から推定できる。神武二代目綏靖《すいぜい》が没するとその子等は本拠の磐余《いわれ》と后の本拠三輪を崇神（同時代）に譲り（追われ）葛城に移っている。崇神系は大和平野に領土を着々と広げ、神武系はその中で細々と続いた（欠史八代）。

二、当時は「祭事王権」が重要であった。纏向・国神系の三輪氏に出雲系が近づいて前方後円墳を広め、神武系も三輪氏に近づき、出雲系を抑えたと思われる。しかし、神武系の陵墓は円墳が続いているのに対し、纏向前方後円墳を取り込んだのは崇神系が早い。崇神は三輪系・出雲系・アマテラス系を統合して祭事王権を掌握したようだ。なぜ渡来系（と思われる）崇神が国神系やアマテラス系を祀ったりするのだろうか。崇神紀に疫病で人口が半減したとある。渡来崇神系が持ち込んだ疫病ではないか。民心掌握対策として祭事を重視したと思われる。前方後円墳は崇神系・景行系・神功系・応神／仁徳系にも継承されている。「祭事王権」がそのような順に継承されたことが想像される。

三、しかし「政事王権」として崇神系は大和で神武系の上に立ち（前述）、畿内外に勢力を広げたようだ（崇神紀四道将軍）。景行系は畿内に本拠を持ち（宇治川域）、畿外への遠征を繰り返すなど活動は目覚ましく（関東遠征・熊襲征伐など）、畿内へ戻る（神功／皇子の東征帰還）と崇神系をすら凌駕したようだ（景行系の佐紀盾列古墳の隆盛と崇神系柳本古墳群の終焉）。しかし、時代は「倭国が東征・征西に注力した時代」であり（倭王武上表文）、倭国との関係上形ばかりは倭国同系の神武王権を地域宗主国として前面に立てて倭国の征戦に協力した可能性が考えられる。

四、崇神系は僅かな血縁を理由に「神武系を継承した」と主張した可能性もあり、景行系は仲哀皇子が崇神系を凌駕した以後「崇神系から皇位を引き継いだ」と主張した可能性もある。
五、倭国がこれらの動きを「ニニギ系王統の乱れ」と認識し、海外遠征に成功した応神をニニギ系大和王権の後継天皇に押し立てた可能性がある。「三系の一系化」は、応神に抵抗する崇神系・景行系豪族を黙らせるために、倭国が押しつけた系譜かもしれない（「参考」四節参照）。
六、大和王権は歴代、大和の豪族を強権で押さえることをせず、群雄割拠的に共存してきた。ニニギ系王統の権威が高かった訳でなく、倭国に寄り添うことで近畿周辺への権威・指導力が維持されて来た。しかし、記紀編纂の頃は後ろ盾の倭国を失い、近畿豪族達への求心力の根拠を失っていた。足元の近畿・東国一円の豪族を再結集する為に、かつての三王権の子孫である諸豪族を「万世一系の身内」に抱き込む姿勢が必要だったのかもしれない（三系の一系化）。

まとめると「大和王統は後の代も含めて『ニニギ系同族一系（万世一系）』としてよい。しかし、王権は神武系・崇神系・景行系の三系が並立したが、この順序で最大王権（と祭事王権）は移動した。しかし、倭国主導の東征・征西では三系が（形ばかりではあるが）神武系を地域宗主国として立て倭国に協力した。三系に血縁関係も多少はある」あたりが可能な解釈かと考える。

しかし、大和王権三系についてはなお不明が多い。

◉継体天皇も倭国内ニニギ系王族の子孫

継体は応神の五世孫とされ、従って「倭国内ニニギ系王族」の子孫である。前述した「応神はニニギ五世孫」と同じ計算を継体に適用すれば、生年四五〇年頃となり「継体はニニギ十世孫」となる。

大和王権の王統が武烈で断絶したあと、応神天皇を立てた同じ勢力がその立て直しを図ったと考えるのが自然だ。その勢力とは倭国王／倭国内ニニギ系王族（応神の出自）であろう。その勢力が「仁徳と共に河内に送り込んだ物部・大伴らの子孫（物部麁鹿火・大伴金村、いずれも元倭国系軍事司）」を抱き込んで継体を擁立させたようだ。大和王権に対する倭国発言権を再構築することが目的だったと思われる。

◉倭国対大和「対等→支配→対等→支配」

では、倭国内ニニギ系が大和天皇になったら、倭国は大和を支配したのか。応神・継体の前後での「倭国と大和の力関係」を倭国側の視点で検証する。

「仲哀と倭国王は対等」に近かったと考えられる。その根拠は、倭国王の提案「新羅征戦」を仲哀は拒否しているからだ（仲哀紀）。ところが、次の代応神が倭国軍と大和・東方軍の連合軍司令（日本貴国王）になると、武内宿禰を殺そうとして追放し、大和王権の物部氏（大和支族）を滅ぼして「東方軍」を掌握している[5]。仁徳の代になると、新羅征戦からの帰還後に東方軍を引き連れて河内に王権を立て、間接支配ではあるが近畿を支配した。「仁徳の東方支配」である。即ち、倭国側から見ると倭国側が大和を支配している。この後、宋は「倭王」から「倭国王」への昇格叙位を倭王珍に与えている。「倭国の東方支配」が認知されたのであろう。

しかし、仁徳の子孫の雄略になると再び元の「大和・東方は倭国と対等的な独立国」に戻っている。即ち「大和王権は倭国の兄弟国」「ホアカリ系とニニギ系」の兄弟関係に戻っていると見られる。例えば「百済王族の兄弟人質の分け取り」（雄略紀五年条四六一年）がある。

大和王統が武烈で断絶した時、武烈の親族が多数いたのに応神五世孫（継体）が探し出されて王権についた。筆者はこれまで「この激変の影の仕掛け人は倭国王」と考えた。「倭国はかつて応神を送り込んで東方を間接支配した構図の再現を狙った」「倭国は大和王権の傍流大伴金村・物部麁鹿火《あらかい》両大臣を抱き込み、主流大臣平群《へぐり》を滅ぼさせ、応神五世孫を据えさせた」と分析した。

「倭国の東方支配の再現」である。

「仲哀（対等）→応神・仁徳（支配）→雄略（対等）→継体（支配）」

このように、倭国側から見た「倭国と大和王権の関係」は支配と対等の間を往復している。これは送り込まれた天皇が「倭国王族」と「ニニギ系」の二面性を持ち、その間を揺れていたからだろう。そして、そのような二面性は前記のように応神・継体が「倭国内ニニギ系王族」だったから、と解釈することで納得される。

◉大和側の「対等→格下→対等→格下」

前節の続きを大和側の視点で見てみよう。「雄略武烈までは倭国と対等」、に対し「継体は倭国の格下」となったのは前述の経緯（倭国の支援で即位）からやむを得ない。そこで、倭国の国難「磐井の乱」に対し継体は忠臣のように将軍物部麁鹿火を派遣して国力を賭して対応してゆく。これを征した結果、次第に「継体王権は倭国と対等関係」を取り戻してゆく。内政重視に転換した倭国に代わって「任那回復軍の総司令官」として尽力（欽明紀）、がそれだ。その子孫の代になると「九州に遷都して磐井残存勢力掃討」（安閑紀五三四年）などで豊国のみならず磐井系（大彦七族、孝元紀）の全国に点在する領地から屯倉を差し出させるなど、「対等以上の立場」を得る。ところが、敏達天皇は「倭国朝廷に参画」してから次第に「倭国内一王族」になり下がり、それに抵抗することなく、「喜んで格下に戻る」ように見える。これまでこれは不審であった。しかし「倭国内ニニギ系王族の子孫」だった継体〜敏達にとっては「久しぶりの実家帰り」のような居心地があったのであろう、と解釈できるようになった。

結論として、大和は「対等と格下の間を往復」しながら、それに抵抗した気配はない。「武烈（対等）→継体（格下）→欽明（対等）→敏達（格下）」と見られる。それは「倭国内ニニギ系王族」と「ニニギ系大和天皇」の「二面性の間の振り子」のようだ。

◉上宮王も倭国内ニニギ系王族

「上宮王」は「倭国」と同じように、記紀に正式には登場しない。しかし、その存在を認めないと古代史の解釈が完結しないのは「倭国」と同じだ（「参考」七節参照）。上宮王は倭国中枢王族であった。正倉院御物の法華義疏写本に「大委国上宮王」と署名がある。記紀に登場しない理由は「倭国不記載」と同一であろう。仏法に関心が強く、倭国王家の導入した南朝仏教に飽き足らず、北朝仏教導入を巡って排仏派物部氏と対立した。この上宮王が倭国から独立して法興年号を建てた上宮法皇である（法隆寺釈迦三尊像光背銘）。この上宮王はニニギ系であることが、以下の検討からわかる。

一、倭国内で「物部守屋討伐事件」が起こる（崇峻紀五八七年、「参考」六節参照）。原因は「物部守屋と蘇我馬子の主導権争い」である。物部氏は「倭国王家（ホアカリ系）の外戚にして主流の筆頭大臣として専横」、蘇我氏は倭国内非主流大臣であるが、大和天皇（九州遷都、参考六節）の外戚になり、実力をつけつつあった。討伐軍の中心は蘇我馬子であるが、倭国の諸皇子の一人として厩戸皇子（後の聖徳太子）が参加している。厩戸皇子の父は上宮王である（次章で論証する）。この事件から「上宮王／厩戸皇子は反物部・親蘇我の立場」が判る。それは「倭国王家内の非主流派王族」を意味する。主流派は王家王族（天孫ホアカリ系、前章）とその外戚で筆頭大臣である物部氏と考えられるからだ（前章）。非主流派王族の筆頭は天孫ニニギ系王族であろう。従って、上宮王が「中枢王族ながら非主流派王族」即ち「ニニギ系王族」と考えられる。

これに先立つ倭国内「仏教論争」（五三八〜五七〇年頃）でも物部氏と蘇我氏は反目している。蘇我馬子が仏教（北朝仏教）導入派であるのに対し、物部守屋と中臣鎌子（鎌足とは別人）が排仏を主張している（欽明紀五五二年）。中臣氏は神祇司、その主筋はニニギ王族である（前章）。その神祇司中臣鎌子が排仏派の筆頭の一人であることは自然だが、その主筋のニニギ系王族の上宮王が排仏でない理由は上宮王が北朝仏教に傾倒したからである。それもあって、上宮王は神祇・祭事王を返上して倭国から独立する道を選んだ（五九一年）。蘇我馬子がそれに従ったのである。

結論として「倭国内非主流派王族の上宮王はニニギ系である」とすることができる。

二、「中臣」の再出は「中臣鎌子（鎌足）連、神祇伯を拝する、再三固辞して就かず」（皇極紀六四四年）である。皇極は上宮王の孫である。この中臣鎌足は前項の中臣鎌子の一族（孫か）であろう。中臣氏は主筋の上宮王の独立に従って倭国から移ったのであろう。このことも「上宮王は倭国内ニニギ系王族」だった傍証となる。上宮王はニニギ系の神祇・祭事王でありながら、祭事王を捨てて仏教に帰依するために倭国を捨てた可能性がある。その年号は「法興」である。

三、上宮王家には「東方指向」があり、領地の一部を斑鳩寺に寄進している（前述）。「イザナギ・ニニギゆかりの伊予（彦島）」の温泉（関門海峡域、第一章）を訪ね、深い感興を得て碑文を書いている（後述、次章）。その碑文を碑にする為に聖徳太子も伊予を訪ねている。孫の宝皇女（後の皇極／斉明）は大和系敏達孫田村皇子に嫁いでいる（再婚）。上宮王家は元倭国王族ながら、大和王権と姻戚関係に入っている。二人は伊予の温泉を訪ね、舒明（田村皇子）は大和天皇となり、豊国の香山《かぐやま》から大和賛歌を歌っている（補論）。上宮王の子の来目皇子は新羅遠征東方軍の将軍となる。その子の麻呂古王も来目皇子没後に新羅遠征の将軍となる（摂津難波出港、中止となる）。上宮王家がニニギ系だから伝統に従って大和軍・蘇我軍を束ねる将軍となったのであろう。

四、東方指向の背景には、蘇我氏の東方指向も関係していると思われる。九州宿禰系であるが元来は北陸宿禰系と思われる（武内宿禰系か）。応神（倭国内ニニギ系王族）の五世孫継体の子欽明が九州進出すると、近づいて外戚になり、一方上宮王にも娘を送り込んで外戚となっている。その後の動きから、外戚となった二王家（大和王権九州・上宮王家）同士を姻戚関係にする動きを繰り返した（田村皇子・山背皇子）。

五、蘇我氏が倭国大連の地位を棄ててまで擁立するからは「上宮王は相当の名家、そして蘇我氏の東方戦略にとって利用価値があった」と思われる。即ち、上宮王家は倭国内で「親大和派・親ニニギ派の代表格」であった可能性が高い。ニニギ派の名家とは「倭国内ニニギ系王族」に他ならない（前述［二］）。

以上から、「上宮王／聖徳太子は倭国内ニニギ系王族だった」と考えられる。ニニギの生年を前述のように二一〇年頃とし、上宮王の生年を五五一年（聖徳太子生年五七四年頃から逆算）、一世代平均二三年とすれば「上宮王はニニギ十五世孫」となる。前述の「応神はニニギ五世孫」「継体はニニギ十世孫」と合わせて、「大和王権の王統が乱れた時に、王権騒乱に巻き込まれずに血統を保った倭国内ニニギ系王族が王統を復活させた」と解釈できる。

この理解によって、多くの不審が概ね解消する。「なぜ応神は九州氏族なのに大和天皇になれたのか」、「なぜ継体は応神の故地（ニニギ本拠）とも言うべき豊国・筑後の磐井打倒に死力を払ったのか」、「何故上宮王は倭国から独立したのか、何故その子孫は大和王権と合体したのか」などの疑問点はおおむね解消できる。

ただ、独立したのはニニギ系王族の一部であって、倭国内になお残留組がいた可能性はある。倭国内ニニギ系の祭事・神祇司は残った一族が継いだであろう。

◉倭国内ニニギ系王族の本拠

上宮王も含め「倭国内ニニギ系王族」の本拠地についての記録は少ない。しかし、ニニギ系（ニニギ、大和王権、応神系、筑紫君磐井遺領、上宮王家）全体から推測することができる。

一、ニニギが天降ったのは日向（関門海峡）である。彦島小戸も日向に含まれていた（「筑紫の日向の小戸」［記紀］）。ニニギに任された最初の地域であろう。ニニギが南九州に遠征していた間もその一族がこの地域を支配していたようだ。なぜなら、この地域の吉備（古吉備）で神武は東征の準備をしている。更に、仲哀紀・神功紀に「豊浦宮」（穴門［長門］）が出てくる。大和軍が熊襲征伐の準備をしているから、ニニギ系の拠点であったと思われる。神武東征以来、倭国に含まれた地だが倭国内ニニギ系が任された地であろう。

二、応神・仁徳の宮は企救半島にあった。関門海峡の島々の歌を残している（応神記・仁徳紀、

第一章）。関門海峡域は東国軍が外征戦備を整えるに適している。この頃から従来筑紫国とよばれた小倉・門司側も含め企救半島全体が「豊国」とされたようで、大宝律令の令制国に「豊前・豊後」として引き継がれ、明治まで続いている。まとまった支配地がいたからだろう。豊国は応神・仁徳初めニニギ系の伝統的支配地だった可能性がある。

三、仲哀天皇の「穴門豊浦宮」は関門海峡本州側に在る。仁徳紀にも「豊浦」がある。「京中に大道を作る［…］南門自り［…］又大溝を掘る［…］石河の水を引き、上鈴鹿、下鈴鹿、上豊浦、下豊浦を潤す」（仁徳紀十四年）。通説では、これは仁徳東征後の摂津難波での治水土木工事と地名移植とされている。摂津に「豊浦」を地名移植しているなら、東征前に九州豊国の仁徳本拠で治水土木工事と「豊浦」の地名移植をした可能性もある。なぜなら、九州に推古の「豊浦宮」があるからだ。「推古豊浦宮」はどこか？　仁徳の本拠豊国（豊前）であろう。筆者は前著で、推古の豊浦宮は蘇我氏との関係から肥前飛鳥説を採った。しかし、ここで「豊浦豊前説」に改める（次章）。

これら豊国はニニギ以来、ニニギ系の子孫が領有した地であろう。仁徳東征後の豊国の南部は「筑紫君磐井」に与えられた様だ。磐井は大和ニニギ系傍流大彦の子孫で、武内宿禰の新羅征戦に加わり、筑後に残った豪族と思われる（筑紫君は自称か大和系の呼称かもしれない）。なぜなら、磐井の遺領は筑後・豊国に点在し（特徴的石像分布）、筑後は倭国王と物部守屋が奪い、後に蘇我氏領に。豊国を収奪した継体／安閑が豊国に多くの屯倉を得て豊前南部香春に遷都している（「参考」六節参照。安閑紀五三五年、難波の姫島［豊後］・勾金橋［豊前」など)。

四、「倭国内ニニギ系」の本拠は豊前北部(小倉・門司・関門海峡)であろう。なぜなら、大和王権や上宮王家がそこを本拠にはしていないからだ。倭国としては宗主国としての外交力や海外交易力の要衝である関門海峡域を手放すことはなかったであろう。そこを「倭国内ニニギ系」に委ね、大和・東国との折衝に当たらせたと考える。

五、「上宮王家」は独立するまで倭国内ニニギ系中枢王族だから、前項の関門海峡を任されていたと想像するが、独立後は豊国北部の何処かを本拠にしたであろう。乙巳の変の後一〇年間記紀から「飛鳥板蓋宮」が消え「京《みやこ》」が出てくる。蘇我支族の反撃を避けて蘇我領を出て上宮王家の本拠に避難した皇極上皇・中大兄皇子は「京《みやこ》(福岡県京都郡)」を使っていたのではないか(孝徳紀六四五年)。

六、「大和王権九州」の舒明の宮は肥前飛鳥岡本宮だが、これは蘇我領であって舒明の本拠は豊前であろう。なぜなら、香山《かぐやま》(豊前香春町)で大和天皇として国見をしているからだ(本補論「万葉集二番歌」参照)。大和王権の九州本拠は豊前南部だろう。

以上まとめると、①「倭国内ニニギ系王族」の本拠は豊前北部(小倉・門司・関門海峡)、②「倭国から独立した上宮王家」の本拠は豊前中部(京《みやこ》付近)、③大和王権九州の本拠は豊前南部(香春町付近)、と推測する。ただ、変動あり、混在ありで明確な国境のようなものはなかったと思われる。しかし「豊国(豊前)」が全ニニギ系の常に強い関心を持って来た地であり、本拠であった、としてよいであろう。

◉豊浦宮《とゆら》は「豊前海添い」（提案）

やや寄り道であるが、前節に関連して大和王権推古の本拠を検証する。大和王権の推古の最初の宮は豊浦宮《とゆら》である。この豊浦はどこか、奈良明日香村説、肥前説などある。筆者はこれまで「蘇我馬子は本拠自領に豊浦宮を造り推古に提供した」と考え豊浦宮を「馬子の本領肥前飛鳥」と考えた。しかし、今回別説「豊浦宮は豊前」を提案する。

「豊浦」の初出は仲哀紀の穴門《あなと》豊浦《とゆら》（長門《ながと》）である。次出は仁徳紀十四年条の治水事業記事である。通説は摂津難波の豊浦とするが、摂津の前に仁徳が自領豊前に地名移植した可能性があって良いと前述した。九州時代の推古に豊浦宮があるからだ。その経緯には、推古（又は敏達）がその豊前豊浦を蘇我馬子の肥前葛木と交換した可能性がある。なぜなら「馬子が推古に『肥前葛城県は自領だったたから返して欲しい』と家臣に云わせている」（推古紀六二四年）。推古は返還を拒否している。確かに肥前は蘇我氏の本拠である。そこの肥前葛木は蘇我氏の出身地大和葛城にちなんだ大切な地である。それを推古に献上したとすれば、代わりに蘇我氏の相当欲しい土地が、推古の本拠豊前にあったのだろう。肥前以外に馬子が欲しがるとすれば、馬子の関心の強い大和への移動拠点、豊前の港であろう。それが推古の所領の中で豊前の海沿いの地、恐らく仁徳が治水開拓したであろう豊前豊浦（今川河口付近か）でなかろうか。馬子にとって肥前ならば力ずくで得れば良いが、主筋の領域豊前では交換で得るしかないであろう。馬子は推古との交換で得た豊浦に自邸と港を造り、近くに豊浦宮を造り推古に提供したと推測する。更に数年後に、そこを拠点に大和蘇我領を拡充し、大和小墾田宮を造築した馬子は推古に提供し、推古は大和帰還遷都（六〇三年）を果たした、と考える（推古の得た葛城県は大和の葛城かもしれない）。この豊浦の港から馬子はしばしば大和推古小墾田宮を訪れたと思われる（次節）。その大和で上宮王と推古は共同誓願寺元興寺を建てている（大和飛鳥、次々節・次章）。建立には馬子も相当協力したであろう。馬子は二王権の大臣として着々と大和進出（大和帰還）の手を打っている。

馬子の子蝦夷は豊浦大臣と呼ばれた（斉明紀、後述）。この港を拠点に大和攻略を謀ったからではないか。その子入鹿は更に大和に執着している。

◉蘇我馬子は二人の大君《おおきみ》に仕えた

蘇我氏はニニギ系二王権（大和王権・上宮王家）の大臣を兼ねた。蘇我大臣は二王権の本拠にある朝廷の間を行ったり来たりしたのであろうか。そうではない。蘇我氏の本拠は次節で検証するように肥前である。その肥前の蘇我本拠に二王権の宮を別々に提供し、それぞれの宮に出向いて大臣として朝廷政事を行ったと思われる。その一端を垣間見る記述がある。

推古紀六一二年

「春正月七日に、置酒して群卿に宴す。是の日に、大臣《おほみ》、壽上《さかづきたてまつ》りて歌ひて曰さく、やすみしし我が大君の（云々）[…]拝みて仕えまつらむ歌献る、天皇、和《こた》へて曰はく、眞蘇我よ蘇我の子らは馬ならば讐武伽《ひむか》（日向）の駒、太刀ならば呉《くれ》の眞刀《まさひ》諾《うべ》しかも、蘇我の子らを大君の使はすらしき」

推古は六〇三年以来大和小墾田宮にいる。そこでの酒宴であろう。まず蘇我馬子が推古に歌を奉った。その「我が大君」は推古を指している。馬子と推古の関係を示している。次いで推古が返歌する。返歌の「大君」は自分の事ではない。「蘇我の子らを使う大君」である。しかも推量文「らしき」である。自分とは別の「遠くにいる大君が使うらしい」である。蘇我氏が仕えるもう一人の（大和から見て）遠くにいる大君は上宮王（九州、大王）である。推古は馬子に「良い息子らを持っているね、その息子らを（もう一人の）大君（上宮王）は使っている、と聞いているわ」とやんわり羨んでいる（上宮王と馬子の近さをひがんでいる）のである。従来の解釈では「後半の大君も推古」とするから、推古が自分を大君と歌う、となり訳が解らなくなる。この歌は上宮王に言及している推古の歌である。馬子に対して少し媚びがあり、少しすねている。蘇我馬子（大臣）が大和に来たのは久しぶりなのであろう。息子ら（大臣代理）がしばしば来ている様子もない。来ているのは大和駐在の代官クラスであろう。推古にすれば大和に島流しされたようなものだ。しかし、馬子にすれば「寂しかったら、もう一人の大君の皇太子聖徳太子が近くの斑鳩にいるのだから摂政と思って頼ったらよい」あたりが本音であろう。注目すべきは「推古紀が、大君が二人出てくる一文を隠していない」点である。上宮王を不記載としている推古紀が隠し漏らしたのであろうか、二人の大君の記憶が早くも失われたからであろうか（次章参照）。

以上から、蘇我大臣は肥前から大和小墾田宮にすら出向いている。九州蘇我領内に提供した二王権の宮があった頃にはそれらに足繁く通っていたであろう。蘇我氏の本宅に天皇を呼びつけるような失礼はさすがしていない（「蘇我王権説」の否定）。

◉蘇我氏の本拠　大和→肥前→大和へ

蘇我氏が記紀に登場するのは、蘇我稲目→馬子→蝦夷《えみし》→入鹿《いるか》である。その本拠は大和（定説）とされたり、筑紫（九州王朝説）とされたりしている。九州でも肥前説と豊国説（一時期、筆者説）がある。この三説のどれもがある意味で正しいと筆者は考える。年々多拠点化し、移動しているからだ。それを跡付けする。

一、蘇我氏の祖は武内宿禰の三男蘇我石川宿禰とされ、本拠は大和である。一族は推定だが、仲哀／神功／武内宿禰の新羅征戦に従い（北肥前日本貴国）、仁徳東征に従い（河内）、継体の磐井討伐に従い（筑後）、物部麁鹿火《あらかい》の任那遠征にも加わったのではないか。石川の孫に蘇我韓子《からこ》・曾孫に蘇我高麗《こま》がいる。その時期に九州に定着したのではないか。その高麗《こま》の子が蘇我稲目で、麁鹿火共々倭国朝廷に参画したと推測する。

二、蘇我稲目の本拠は肥前小墾田である。稲目の代で九州に宮を持った欽明に妃を送り大和王統の外戚となった。稲目は敏達の倭国朝廷参画を援け、倭国朝廷内で頭角を現し（仏教論争）、物部守屋討伐で主役を演じた。この時肥前の守屋領を収奪したのであろう（守屋領以前は恐らく磐井領)。以後、稲目の本拠は肥前小墾田である。「稲目の小墾田の家は向原の近く」(欽明紀五五二年)とあるから、稲目の本拠は肥前三根郡向原(明治期地名、現佐賀県鳥栖市向《むかい》原《ばる》川)近くの小墾田であろう。子の馬子はこの小墾田の地名にちなんで大和飛鳥に小墾田宮と名付けた宮を造り推古に提供した。「推古の小墾田宮」は大和飛鳥にある(推古紀六〇三年)。

三、馬子の本拠は肥前飛鳥である。「(蘇我馬子)大臣薨せぬ、よりて桃原墓に葬《はぶ》る[…]」(馬子は)飛鳥河の傍《ほとり》に家せり」(推古紀六二六年)とある。「飛鳥」は大和と九州にある。馬子の「飛鳥」は九州である。その根拠は「紀・巨勢・葛城を大将軍とし、二万餘の軍を領《ひき》いて筑紫に出て居す」(崇峻紀五九一年)、とあり、続いて「馬子は天皇(崇峻)を弑《しい》し、駅馬《はゆま》を筑紫の将軍に遣わし内乱により外事を怠るなかれ、という」(崇峻紀五九二年)、とある。筑紫に駐留する将軍に陸路駅馬を派遣できる馬子の本拠は九州である。「将軍紀・巨勢・葛城」はそれぞれ「肥前基肄郡基肄《きい》・肥前佐嘉郡巨勢・肥前三根郡葛木」の将軍であろう(いずれも明治期肥前地名)。以上から、馬子の本拠が「肥前の飛鳥」と解る。

では、その飛鳥はどこか。「飛鳥板蓋宮《いたぶき》災《ひつけ》り、飛鳥川原宮に遷居す」(斉明紀六五五年)とある。宮名に使うのだから「川原」は河川敷ではない、れっきとした地名である。肥前小墾田(二)の西一〇キロメートル程、吉野ヶ里の近く、「向原川」(二)に並行して筑後川に注ぐ現寒水川《しょうずがわ》の中流に明治期「川原地区」があった。[6] 現在も「川原橋」が近くにある(筆者確認)。馬子の本拠飛鳥は肥前三養基《みやき》郡川原付近であろう。その近くに飛鳥岡本宮を建てて上宮王に提供している（推古紀六〇六年）。子の蝦夷はその近くに皇極の宮「飛鳥板蓋宮」を提供した、と解る（皇極紀）。

四、馬子のもう一つの拠点は豊浦である。これには奈良明日香村豊浦説、肥前説があるが、筆者は前述したように「豊前説」を提案する。この地は瀬戸内海に面した豊前推古領であったものを、馬子が肥前葛木（又は大和葛城）と交換して得、そこに自邸と港と豊浦宮を造り、推古に宮を提供したと推測する。蘇我氏は大和の蘇我領拡大を急いでいる時期であり、肥前本拠と大和自領を結ぶ拠点として、豊国に拠点と港が欲しかった。その数年後に馬子は大和蘇我領に小墾田宮を造り、推古は大和に遷った（推古紀六〇三年）。馬子は時々大和推古天皇を訪問している（前節）。また、上宮王と推古は大和飛鳥に共同誓願寺「元興寺」を建て、二王権の大臣である馬子はそこを訪問している（次章）。子の蝦夷も大和の蘇我領拡大を急いでいる（後述）。肥前と大和を往復する際の経由港豊浦を拠点にして「豊浦大臣」と呼ばれている（推測、斉明紀）。

五、外戚蘇我氏は天皇に后妃を送り、后妃が孕むと自邸（里）近くに宮を提供して天皇を引き寄せ、その宮で皇子を育てて関係を強化し、天皇に押し上げる、何代か繰り返すと、外戚大臣が朝廷を仕切るようになる。これは倭国の物部氏の外戚策を模倣したものであろう。倭国の本拠は博多周辺から物部氏本拠の遠賀川周辺に遷っている。蘇我氏もその外戚策を採った。その結果、九州時代の大和天皇の宮の多くは本領の豊国ではなく蘇我本拠の肥前にある。馬子の本拠は肥前飛鳥であるが、天皇の宮も複数ある。

六、蝦夷の本拠は、西は肥前飛鳥（三と同じ）。その更に西に舒明の宮を提供した。「大宮及び大寺を造作す、則ち百済川を以て宮処と為す」（舒明天皇六三九年）とある。宮処は地名として残っている。「肥前国神崎郡　蒲田、三根、神崎、宮所」（和名抄）、「神崎郡宮処郷、郡の西南にあり」（風土記）。場所は前出飛鳥の寒水川の西一〇キロメートル程に並行して筑後川に注ぐ現城原川《じょうばるがわ》（現佐賀県諸富町、恐らく前出の百済川であろう）。この辺りから「宮殿」とヘラ書きがある奈良時代の土師器が出土しているという。皇極もこの百済大寺造営に注力している。舒明・皇極は飛鳥の岡本宮・板蓋宮も使っているが、蘇我領の飛鳥であろう。

蘇我氏は「筑紫君磐井討伐」で筑後の磐井領を奪ってそこを拠点にし、「物部守屋討伐」後に肥前に進出し、現鳥栖市から佐賀市方面へ、西へ西へと拡張していた。その度に本拠を西に移し、宮を提供して大和王権・上宮王家を引き寄せ、朝廷を取り仕切ったようだ。蝦夷の本拠も肥前飛鳥である。

七、蝦夷のもう一つの拠点は豊浦である。前述したように、この豊浦は豊前の海沿いと考えるが、東方支配にこの豊浦を多用したのだろう、豊浦大臣と呼ばれている（斉明紀）。

推古崩御で大和王権を継いだ舒明・皇極は本拠を九州に戻した。では大和の大和王権領はどうなったか。大和王権領そのものは蘇我蝦夷が代官として治められるが、大和諸豪族を抑える権威は蘇我氏にない。それを持っている人物の一人が斑鳩にいた聖徳太子の継嗣山背《やましろ》大兄皇子であった。皇子は大和王権天皇となった皇極のいとこに当たり、皇極の次の天皇候補の一人であるから、大和豪族を抑える資格はある。蝦夷・入鹿は皇極の次には山背を担げば良かったが、そうしなかった。その前に、入鹿が山背を生駒山に追い、斑鳩で山背一族を滅ぼした。

蘇我一族は大和を自領拡大の標的にし、大和小墾田宮近くに壮大な山田寺を建造しつつあった。蝦夷自身も大和の元興寺を訪ねている（次章）。更に、王権権威の空白を埋めるべく自らが天皇を装った。「蝦夷・入鹿は甘檮岡《あまかしのおか》に家を起こし、大臣の家を称して曰く宮門、入鹿の家を谷宮門と曰ふ」（皇極紀六四四年）、とある。この甘檮岡は「大和飛鳥」と言われている。肥前の蘇我の本拠「飛鳥」の地名移植であろう。これら専横の結果が「肥前飛鳥板蓋宮での乙巳の変」につながった。これにより、入鹿は暗殺され、蝦夷は自害した。

八、甘檮岡《あまかしのおか》の南隣にある小山田古墳跡（一辺七〇メートルの大王並の方墳、七世紀前半）の発掘がこの数年続いている。完成後にすぐ破壊された痕跡がある、とされている。筆者はこれを「蝦夷の寿墓《じゅぼ》（生前造築墓、蘇我墓は方墳）」と考える。乙巳の変で（肥前で）自害したので、（大和で）完成していた墓に埋葬されずに墓は破壊されたのであろう。

近くの「石舞台古墳（方墳）」は馬子の墓の暴かれたもの、と言われている。しかし、馬子の本拠は肥前飛鳥であり、大和に埋葬される程の理由も破壊される程の大和での悪行（あくぎょう）も見当たらない。筆者はこれを「入鹿の未完成寿墓」と考える。入鹿は大和に骨を埋める覚悟と権力誇示で生前墓を造り始め、斑鳩の山背《やましろ》大兄皇子一家殺害を決行したが、恨みを買い乙巳の変で暗殺された。この墓は未完成で放置されたと筆者は考える。

まとめると、稲目・馬子・蝦夷・入鹿は「肥前飛鳥」と「豊前豊浦」と「大和飛鳥」に拠点を持っていた。その新設や重点の置き方は前述のように変化しているが、「九州から大和への進出（＝里帰り）」の動機と流れがあったようだ。

以上、蘇我氏の本拠を見てきたが、大和王権天皇の宮の多くと重なる。それは蘇我氏が自領に宮を提供したからだ。しかし、乙巳の変で蘇我宗家が滅亡すると、宮は天皇領になったようで、そのまま使われている（肥前板蓋宮で斉明即位、など）。

◉上宮王家を継いだ舒明天皇

上宮王家では上宮王（大王）が在位三二年の後崩御したが（六二二年）、太子（上宮聖徳太子）は既に薨去しており、次の第二代上宮王家大王[6]（天皇とも）が立った。その大王が登場する恐らく現存唯一の史料がある。その大王から舒明（第三代大王）への継承指名のいきさつを示している。

大安寺伽藍縁起幷流記資材帳（括弧は筆者）

「飛鳥岡基宮宇天皇（舒明天皇）の未だ極位に登らざる時号して田村皇子という［…］皇子、私に（私的に）飽波に参りご病状を問う、ここに於いて上宮皇子命（聖徳太子）、田村皇子に謂いて曰く、愛わしきかな、善きかな、汝姪男、自ら来りて我が病を問うや［…］（聖徳太子薨去後に）天皇（第二代上宮王家大王[7]）、臨崩の日に田村皇子を召して遺詔す、朕病篤し、今汝極位に登れ、宝位を授け上宮皇子と朕の熊凝寺[8]を譲る、仍りて天皇（第三代上宮王家大王）位に即く［…］百済川の側に［…］九重塔を建つ、号して百済大寺という」

ここで田村皇子とは敏達天皇の皇孫であり、大和王権の継承権を持つ皇子の一人である。その皇子を「上宮皇子（聖徳太子）が姪男と呼んだ」とある。田村皇子を夫とするのは宝皇女（のちの皇極天皇）である。宝皇女は聖徳太子の姪、田村皇子はその夫、と解釈できる。後半に登場する天皇「朕」は上宮皇子と寺を共有する天皇、文脈から「上宮皇子の薨去（六二二年）、上宮王の崩御（六二三年）の後を継いだ上宮王家第二代大王」である。聖徳太子の弟であろう。その天皇が臨崩に際し宝皇女の婿田村皇子を次代に指名した、とある。いずれも上宮王家の王位継承の話題である。上宮王家は後継者難だったとみえる。

この史料（宝皇女は聖徳太子の姪、次修正図）は紀（宝皇女は聖徳太子の従兄の孫、次定説図）と整合しない点から逆に改変されていない可能性があり、「姪」は貴重な史料となり得る。ただ、天皇以外の大王を認めていない紀に倣《なら》ってこの史料の「大王」は「天皇」に改変されている。

◉二王権の空洞化と蘇我氏

この頃の紀に基づく天皇家の系図（定説、次頁上）と上宮王家も含めた筆者修正案（次頁下）を示す。注目すべきは敏達～上宮王の世代には天皇・大王が並んでいるのに、次の世代には天皇・大王が一人もいないことである。主因は推古と上宮王の長寿（共に在位三十年余）とその陰に蘇我氏の専横があって、次世代が育たなかったためである。次々世代は舒明・皇極がおり、「二王権

紀の天皇家系図（定説）　聖徳太子を用明の皇子とする
（□*は彦人大兄の皇子　□**は山背《やましろ》大兄皇子）

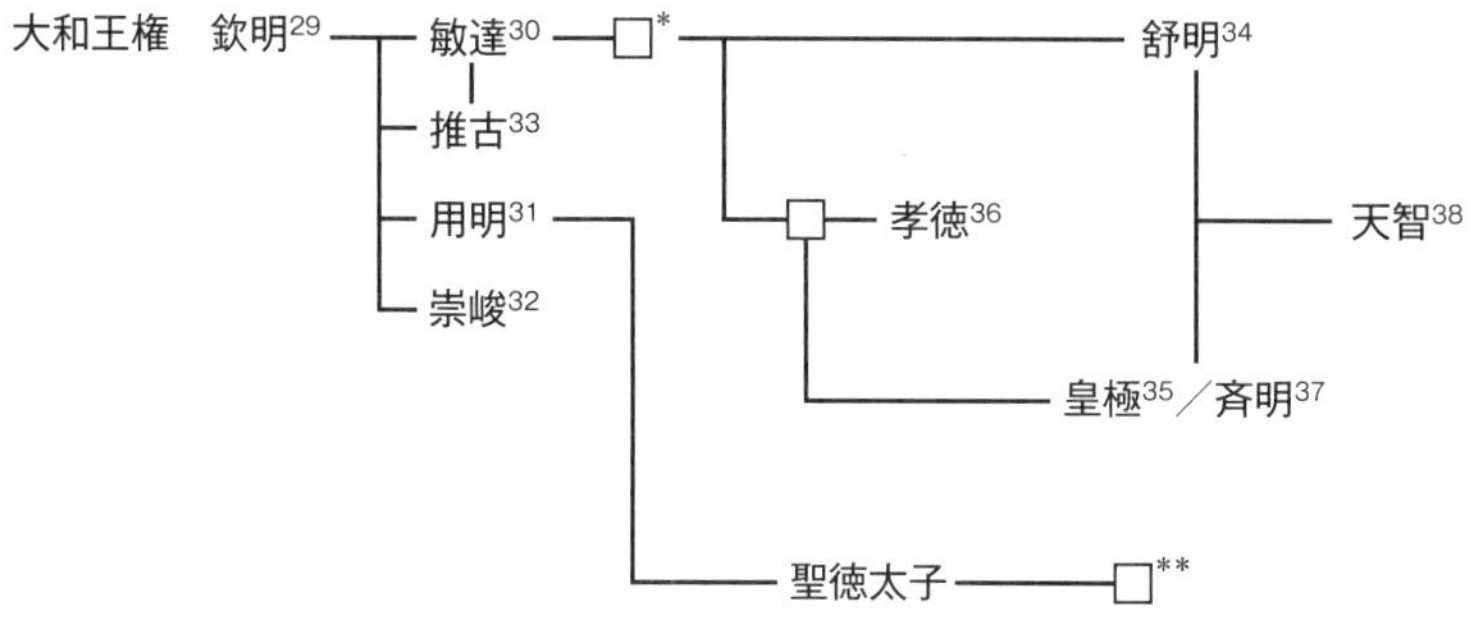

筆者修正案の天皇家・上宮王家系図
（皇極は聖徳太子の姪［大安寺縁起］
皇極と孝徳は同母姉弟［紀］の両親を細線で仮定）

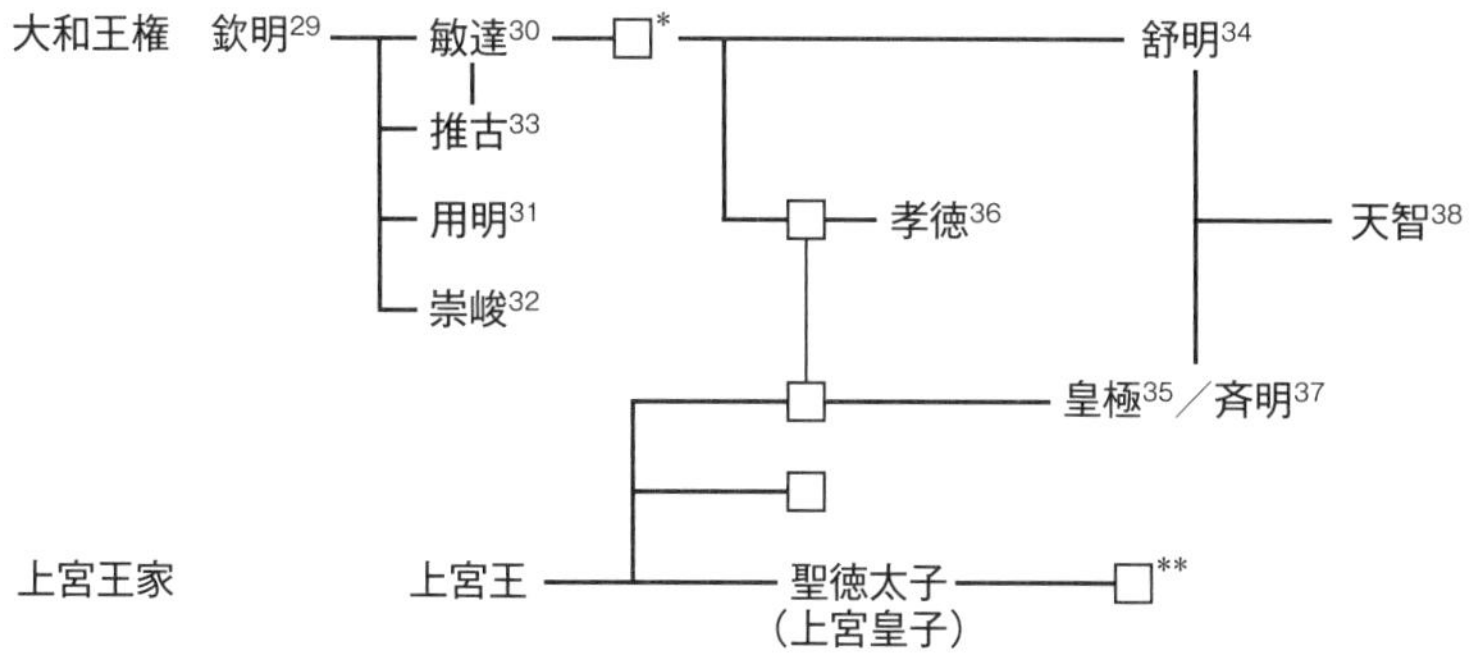

天皇兼務」らしき記録もあるが、「お飾り天皇」を示す記録もある。これを「蘇我王権」と呼ぶ人もいるが、形式上はあくまで「二王権→合体王権と蘇我大臣」である。乙巳の変で蘇我宗家が滅亡し、孝徳が立った以降は「合体王権＝大和王権」として、孝徳・斉明・天智と続く。

◉舒明は大和王権天皇となったか?

推古が崩御（六二八年）すると舒明が大和天皇位を継いだ、とされる（舒明紀）。しかし、既に見たように舒明は上宮王の大王になっている。舒明は二王権の大王を「兼務」したのだろうか。筆者はこれまでこれを否定してきた。「二王権の天皇兼務の異常性」と「遠距離兼務の非現実性」から違和感が拭えないからだ。そこで様々な別解釈を検証した。①「推古崩御→舒明即位、上宮王家は舒明退位と皇極即位」、②「推古崩御→孝徳即位、乙巳の変まで舒明・孝徳の並立」、③「推古崩御→舒明即位、大和王権による上宮王家の吸収」などだ。しかし、いずれの解釈も苦しいものがあった。

以上は、「上宮王はニニギ系王族」の新解釈の未だない段階の考察であった。

◉舒明は大和王権天皇となった

しかし、「大和王権と上宮王家の二王権はニニギ系の同族であった」という本章の新解釈を加えると、前節最初の解釈案「天皇兼務（実質的二王権合体）」は俄然「両王権・蘇我氏三者が共に望む可能な案」、と解釈することができる。途中経過はいろいろあろうが、「所詮は同族の再結合」

である。「二王権天皇兼務」も同族であればありうるし、「段階的合体・同床異夢・玉虫色の決定など、曖昧性を残したままの経緯も同族ならば許容される最低限の相互信頼があった」とすることができる。相互信頼があれば、実際の行政執行は両王権の共通大臣である蘇我蝦夷が仕切るのであるから、寧ろ合体の方が合理的である。遠距離支配も敏達〜推古の「九州の宮で近畿の大和領を支配した」という前例がある。

これを証する記録がある。万葉集二番歌、舒明天皇の国見歌である。

万葉集二番歌　詞書「舒明天皇が香具山で国見をした歌」
「山常《やまと》には群山《むらやま》あれどとりよろふ　天の香具山《かぐやま》登り立ち国見をすれば国原は煙立ち立つ海原は　鷗《かまめ》立ち立つうまし国ぞ蜻蛉島八間跡《あきづしまやまと》の国は」

従来この歌は史料としての採用が躊躇されてきた。なぜなら、この歌を「大和の香具山で歌われた」と解釈すると「海原・鷗など大和香具山から見えないから馴染まない点がある」、「舒明の宮は大和ではなく九州肥前」などと不整合が多いからだ。しかし、今回「二王権は同族」の新解釈に基づくこの歌の解釈から、「舒明は九州肥前宮所で大和天皇に即位した」(六二九年)という可能性が高いことを論証できる。最初の「山常」は舒明が国都名とした豊国のこと、「香具山」は豊国の「香山《かぐやま》」の万葉仮名表記、香山からは瀬戸内海が見える。最後の「八間跡《やまと》」は全国に拡がった屯倉《みやけ》を含む拡大大和王権の国名である。そのように解釈すると史料としても整合性があり、価値評価を見直すべきとの結論に達した。詳細論証は最終章「補論」の「万葉集二番歌」に示した。結論として「舒明は上宮王家大王のまま、大和王権天皇に即位した。二王権は実質的に合体した」と考えられる。

◉皇極天皇も大和王権天皇となったか？

舒明天皇が上宮王家大王、その後に大和天皇（兼務）となった。それなら、舒明崩御後を継いだ皇極（舒明皇后）も両王権を継いだのであろうか。これも通常は考えにくい。宝皇女は上宮王孫・蘇我母系と考えられ、大和王統の血脈ではない。「舒明の皇后」だけが頼りで、中継ぎとしても大和天皇即位は考えにくい。しかし、新しい解釈（ニニギ系同族）に押されて再検討すると、それを支持する記述があった。

皇極紀元年六四二年
「朕、大寺を起こし造らむと思欲《おも》ふ、近江と越との丁を発せ（人夫を徴発せよ）［…］東は遠江を限り、西は安芸を限りて宮造る丁を発せとのたまふ［…］」

上宮王家は独立後に領土を増やす機会があった訳ではなく、軍も蘇我氏に頼る状況だったと思われる。安芸・遠江まで支配していたとは思われない。遠江から安芸までの地域で丁を徴発できたのは上宮王家ではなく、蘇我氏でもなく、大和王権と思われる。その根拠は、

安閑紀五三五年
「（大和王権は）播磨・備後・阿波・紀・丹波・近江・尾張・上毛野・駿河の各国内に一、二の屯倉を設けた」

とあり、大和王権ならば「近江・越・尾張～駿河から丁を徴発することができた」と思われる。大和王権が磐井の乱後、磐井領を収奪したからだ。蘇我支族が大和領の代官の役だったのであろう。

従って、皇極天皇は上宮王家天皇としてではなく、大和天皇として上記の発令をしている、と解釈するのが妥当だ。事実として大和天皇となった、と解釈できる。継承権もニニギ系同族が根拠とされたのであろう。ただ、皇極天皇のこの強権的発令は舒明を引き継いだ直後のことであり、まもなく蘇我氏が専横を極めたことから推測すると、皇極の大和王権天皇は急速に「お飾り」になっていったと思われる。同じ皇極紀元年条に次の記述がある。

皇極紀元年六四二年
「蘇我臣、専ら国政をほしいままにし、多いに行い無礼。天に二つの日無く、国に二つの王無し。何によりてか、意の任《まま》にことごとに封せる民を役さす」

蘇我氏は二王権の大臣を兼務していたが、皇極を二王権の天皇に即位させると、早速二王権の国政をほしいままにしたのだ。この発言者は上宮大娘姫王（聖徳太子の娘）である。皇極と同じ上宮王家一族である。その一族が「国に二つの王無し」と言っている。「蘇我臣は王でない」の意味だが、同時に「大和王権と上宮王家は一つの国で、一人の王（皇極）」をも意味しているようにも読み取れる。二王権は実質的に合体したのだ。しかもそれが大和王権とつながりのない上宮王家直系の聖徳太子の娘の言葉だから「合体は上宮王家主導」であったように見える。

舒明には継承権があるから、伝統ある大和天皇を継ぐのは問題ない。許される。上宮王家大王を兼務するのも「同族王権」なら反対できない。皇極が継ぐのも「皇后の短期中継ぎ」の他に「同族王族」だから継承権がある様に見える。蘇我氏がそれで強引に押し切ったのであろう。基盤の弱い上宮王家が二王権を兼務したとたんに、その合体王権をお飾り化して蘇我氏が専横した。裏で誘導したのは推古・舒明・皇極に仕えた蘇我蝦夷である。この流れを推古崩御前から見通して、計画し実行してきたとしたら、蝦夷は馬子に劣らぬ稀有の策謀家である。しかし、やり過ぎが「乙巳の変」を招き、蘇我宗家の滅亡につながる。

◉天武は「倭国内ホアカリ系王族の教育」を受けたニニギ系

天武は「倭国内ニニギ系王族」であったことはない。そうであった上宮王の曾孫ではあるが、二王権合体から二十年近く経った後の大和天皇である。それにもかかわらず、「倭国王族の側面を強く持っている。「倭国王の皇弟説」もあった（「大皇弟」の呼称あり、天智紀）。その理由について検討する。

上宮王家の宝皇女（後の皇極／斉明天皇）は皇子の一人（葛城皇子＝中大兄皇子）を舒明の東宮として一六歳で舒明葬儀の弔辞を読ませている。敏達曾孫としてゆくゆく大和天皇、との思いがあったのであろう。もう一人の皇子（大海人皇子《おおあまのおうじ》）は武人に育てようとした。以下、天武の養育環境について検討する。

一、上宮王家は祭事系なので、そのような「武人教育」の環境はなかったようだ。宝皇女はその養育を大海《おおあま》氏に頼んだ。大海氏は海事、殊に海軍に長けた氏族で、その祖はホアカリである（新撰姓氏録）。ホアカリ系倭国王家に近い。大海氏は大海人皇子を「倭国内ホアカリ系王族としての養育」を施したであろう。大海《おおあま》氏某が天武の葬儀で壬生《みぶ》（養育掛り）として弔辞を述べている（天武紀末尾）。

宝皇女の期待は「ただのニニギ系武人ではなく、ホアカリ軍も指揮できる倭国・大和連合軍将軍となること」だったかもしれない。「倭国内ニニギ系王族→日本貴国天皇」となった応神と同じ立場を再現させたかったのであろう。

二、大海人皇子は「倭国ホアカリ系王族」と考えられるような育ち方をしている。天武天皇となった後、「倭国の対唐対等外交」を継承しようとしている。滅亡した倭国《わこく》を大和に再興しようと「倭《やまと》」「大倭《おおやまと》」の新たな当て字を大和で使わせている。

三、また、大海人皇子は宗像徳善（海人族を統轄する豪族）の女《むすめ》を最初の妃としている。宗像氏は沖ノ島（＝オノゴロシマ、筆者比定）の宗像三女神を祀る祭祀系でもある。沖ノ島は歴代倭国王の墓所とも推定され、宗像氏は王族ではないが倭国王族と深くつながっていたはずだ。大海人皇子はそのような豪族を通じて倭国から期待を寄せられていたようだ。

四、しかし、大海人皇子は倭国内ホアカリ系の影響を受けているだけでなく、倭国内ニニギ系の影響を受けている。例えば、大海人皇子は壬申の乱の際、伊勢神宮を遥拝し、天武天皇になってからは国家神道を整備している。即ち、大海人皇子は上宮王家の仏教指向と異なり、倭国の神祇系（ニニギ系）に戻っている。倭国の神祇を司ったのは中臣氏やト部氏で、いずれもニニギ系氏族である。その主筋のニニギ系「王族」も倭国内に残存していた可能性を示唆している。大海人皇子は「倭国内ニニギ系王族」の一員としても育てられた可能性がある。

五、大海人皇子は「倭国内ニニギ系からも、倭国内ホアカリ系からも期待される将軍」に成長したと思われる。そのような成長とともに、宝皇女／皇極天皇は「この皇子を核に倭国と大和を融合させ合体倭国を実現」を夢見たかもしれない。「倭国内では主流派になれず、独立したものの蘇我氏に専横されつつあった上宮王家」にとっては起死回生の戦略だったかもしれない。

六、大和王権は九州勾金橋遷都（安閑紀）の結果、外戚蘇我氏の血脈に縛られて、実質蘇我氏に取り込まれてしまった。上宮王家もそうなりつつあったから、宝皇女は大海人皇子をホアカリ系の世界に送り込んだ。その大海人皇子は既に宗像氏の妃をもらっている。その内、倭国王家の妃や物部氏の妃を貰うかもしれない。大海人皇子を上宮王家に引き留める婚姻政策が必要、と宝皇女は考えたようだ。中大兄皇子の娘四人を次々に妃として送り込んだ。それが必要な程、倭国内ニニギ系・ホアカリ系の大海人皇子に対する期待が大きかったのだろう。

以上、大海人皇子はホアカリ系養育を受け（大海氏）、ホアカリ系倭国王に近い氏族（宗像氏）の妃を貰い、一方、ニニギ系祭事王族からは生粋の祭事精神を受け、それ故に上宮王家の重なる婚姻政略を受け入れて、ホアカリ系とニニギ系をつなぐ懸け橋として世に乗り出したようだ。記紀への初登場は孝徳紀だ。

孝徳紀六五三年
「太子（中大兄皇子）奏請して曰く、倭京《やまとのみやこ》へ遷らんと欲す、天皇許さず［…］皇太子乃ち皇祖母尊（皇極上皇）、間人皇后を奉り、幷《あわせ》て皇弟等を率い、往きて倭飛鳥河辺行宮《やまとのあすかかわべのかりみや》に居す、公卿大夫百官人等、皆随《したが》って遷《うつ》る」

ここに「皇弟」（太子の弟）として初登場する。推定二六歳。上宮王家と大和王権の合体の仕上げの時期である。前掲文では「（孝徳）天皇（大和王権）の不許可を無視して実質宮を遷す上宮王家系勢力」の主導権確立がうかがえる。蘇我氏の力で「舒明天皇・皇極天皇を出した大和王権内上宮王家」は今や蘇我氏の力なしで「大和王権内主導権を確立」している。そこに大海人皇子が初登場した背景には皇極上皇の次の狙い「大和王権の主導する倭国と大和の合体」があったかもしれない。「倭国と大和王権（上宮王家が合体）をつなぐ懸け橋となり得る大海人皇子」の登場だ。大和王権も「皇弟・大皇弟（天智紀二年条以降）」として持ちあげている。

◉「応神・継体・上宮王の出自」の不思議（まとめ）

応神・継体・上宮王には共通点がある。「大和王統の乱れた時代に登場し、なにかの後ろ盾のような力で大和王権をまとめ切る非大和王統の要素がある。しかし、倭国に吸収される事もなく、さりとてまったく違った王権、例えば騎馬民族征服説や下剋上の新王権説（例えば物部王権説）が説得性を持った訳ではない。大和王権として倭国との関係を継続している。倭国と異なる外交戦略を維持し、大和王権であることを誇りとしている。このような「倭国系の要素を多く持ちながら、そう断定するにはあまりに大和指向が強い」という、両王統の性格を併せ持つ不思議な存在として疑問があった。「どちらか、白か黒か」の発想しかなかったからだ。

これに対する答え、まさかの中間説「これら天皇は、倭国内ニニギ系王族」はそれらの疑問の多くを解消し、決定的な否定論拠も見出せない。「神武系万世一系」とするには馴染まないこれら王統が、「ニニギ系万世一系（同族一系）の大和王権」と観れば素直に納まり整合する。

以上、「倭国内ニニギ系王族」の新解釈により、「大和王統はニニギ系万世一系（同族一系）」と認められる。

第五章［注］

［1］中臣連の祖……天児屋命の孫 天種子命《あまのたねこ》は神武東征に従った。その子宇佐津臣命は筑紫に残り、その子孫が中臣姓を賜った。その関係で、前記三命はいずれも「中臣連の祖」とされる。中臣氏の三代目が倭国ニニギ王族上宮王に従って倭国を出、四代目が中臣鎌足である。いずれも筑紫である。

［2］応神と神功はほぼ同年齢……応神天皇の記崩年三九四年、その時の記崩年年齢一三〇歳を「二倍年暦」で修正すると、六五歳である。従って、生年は三二九年となる。一方、神功皇后の崩年二六九年（修正前）を「干支二巡修正」（神功紀に有効）で修正すると三八九年だ。この時の紀崩年年齢百歳を「二倍年暦修正」で五〇歳崩御とする。その年の応神天皇の年齢は前記から六〇歳だ。二人は親子でない可能性が高い。

［3］欠史八代の系図……佃收説を参照した（「古代史復元　神武・崇神と初期ヤマト王権」一九九九年）。佃收説は「記紀の一書を含む皇后名の解析」、天皇親子・兄弟関係、墓陵、などを基にしているが、更に紀年修正法、一世代平均二三・五年などを加え確認した。確たる否定史料もないから、「当らずとも遠からじ」であろう。要すれば、神武（二七〇年～三〇〇年頃）～第九代開化（三六〇～三八〇年頃）までは約一〇〇年である。

［4］三系の並立……かなり信頼できるとされる記崩年（古事記天皇崩年、崇神三一八年・仲哀三六二年）を重視し、天皇崩年年齢を「二倍年歴説」に従い修正し、父子継承の場合は一世代平均二三年を採用などから、修正在位は「神武～開化は二七〇～三八〇年頃」、「崇神・垂仁は二八八～三四〇年」、「景行～仲哀は三一六～三六二年」である。三系は時代的な重複があり、一系でなく並立していた可能性がある。

［5］大和系物部氏……先代旧事本紀によれば、応神天皇は大和系物部印葉連公（一〇代）の姉物部山無媛連公を妃とし、皇子菟道稚郎子《うじのわきいらつこ》を太子とする。しかし、太子兎道稚郎は天皇即位を辞退し（辞退させられ）仁徳が天皇になっている。この大和物部系統はこの代で消え、以後、九州物部氏の系統、及びこの系統から出た河内物部氏（九州支族、麁鹿火《あらかい》系）の系譜のみが記されている。九州系仁徳天皇に

よって大和系物部氏が滅ぼされ、九州系物部麁鹿火が大連になっている。

［6］川原地区……寒水川《しょうずがわ》中流に川原地区がある。佃收「古代史の復元」（二〇〇四年）。佃は寒水川の支流の山ノ内川を飛鳥川に比定しているが、山ノ内川は矮小な川で、飛鳥岡本宮・飛鳥川原宮・飛鳥板蓋宮などを建てる地相ではない。「寒水川が飛鳥川」と考える。飛鳥のそもそもは漢人入植者が開いた地で、漢人が地名（飛鳥）と共に諸方に移動したようだ。「飛鳥」地名も漢人伝承と共に諸方にある。有名なのは仁徳紀の「近つ飛鳥（河内）・遠つ飛鳥（石上神社近くか）」である。大和飛鳥とは異なる場所である。

［7］天皇……ここで「天皇」とあるが「上宮王家二代目大王」を指す。田村皇子が三代目大王に指名された経緯を示している。田村大王が更に数年後、推古崩御に伴って大和天皇（舒明）に即位したので他も含めて天皇と書き換えた。その為にこの記事は「不審」とされているが、書き換えたおかげで焚書に会わずに生き残っている。佃收「物部氏と蘇我氏と上宮王家」（二〇〇四年）

［8］熊凝寺《くまごり》……『三代実録』八八〇年条に「聖徳太子（肥前）平群郡熊凝道場を創建す。飛鳥の岡本天皇（舒明）、（肥前）十市郡百済川辺に遷し建て、封三百戸を施入し、号して百済大寺と曰う［…］聖武天皇［…］平城に遷し造らしめ、大安寺と号す」

第六章　推古紀の証言「実在の上宮王と聖徳太子」

この章では疑問の多い聖徳太子を検証する。日本書紀では「厩戸皇子（後の聖徳太子）は用明天皇の皇子で推古天皇の摂政皇太子」とされている。しかし、前章で新たに「上宮王の出自は倭国内ニニギ系王族」と論証できたことで解明が進み、この章で「聖徳太子は上宮王の太子」と論証し、更に「なぜ、どのような経緯で日本書紀は異説を記すようになったのか？」の解明を目指す。結論として「推古紀には上宮王と聖徳太子の事績記事が多い」と論証される。これが「法隆寺は上宮王と聖徳太子の合祀寺」という天皇家の暗黙の合意を経て、「上宮王＝聖徳太子」「法隆寺は聖徳太子の寺」とする世上の解釈が定着した。

●聖徳太子は上宮王の太子

聖徳太子は日本書紀では「用明天皇の第二子で用明妹の推古天皇の皇太子」とされている。しかし、これには従来から様々な疑問があり「聖徳太子捏造説」まである。諸説の中に「聖徳太子は上宮王（大王、法皇）の太子である」とする説がある。[1] 筆者もこの説を採り検証してきたが、その論証は十分ではなかった。しかし前章で「上宮王の出自」に納得の解釈が得られたので、それを手掛かりに本章ではこの説の論証を目指す。

その論拠の第一は「伊予風土記逸文」にある。[2] この文は「伊予温泉には天皇の行幸が五度あった」とする風土記の引用文であるが、この中で上宮聖徳皇子[3]（聖徳太子）が碑を建てたことが記されている。その碑文の詞書に「法興六年［…］我が法王大王［…］夷與《いよ》の村に逍遥《しょうよう》し［…］神の井（温泉）を觀て［…］歎《たた》ふ［…］碑文一首を作る［…］（以下法王大王の温泉称揚の碑主文）」とある。この法王大王の伊予温泉訪問（碑文作成）と聖徳太子の訪問（碑の建立）は別年であることが読み取れる。

この中の聖徳太子が書く「我が法王大王」は誰か、が問題である。法王大王が逍遥した法興六年（五九六年）には用明天皇は崩御（五八七年、用明紀）しているから用明天皇ではない。推古紀に従えば「元年（五九三年）に厩戸皇子（聖徳太子）を皇太子として万機を摂行させた」とあるから、伊予碑の「法興六年（五九六年、三年後）に伊予温泉を逍遥した（聖徳太子の）我が法王大王」は「推古」以外にあり得ない。しかし、この解釈はこの風土記と整合しない。なぜなら、風土記が数える「五度の行幸天皇」の中に推古も用明も出てこないから「推古は伊予温泉に行幸していない」と読める。「推古紀と風土記のどちらが正しいか」、以下で検証する。

まず指摘したいのは、伊予風土記もこの逸文しか残っていないし、文中の「碑」は現存していない。しかし、この「碑文」が歴史学の証拠で最上級の「金石文」に近いことが解る。碑文は上宮大王自身の文、詞書は聖徳太子自身の文であり、「両人の温泉訪問と碑文作成の両方に立ち会った証人が二人いる」ことが記され、余人の手が入り難い状況であること、碑そのものが法興六年（五九六年）〜聖徳太子薨去（六二二年）の間に建てられ、その碑は伊予温泉の地震被害[4]（六八四年）まで少なくとも数十年間は伊予温泉現地に存在したはずであり、地元民・訪問者が証人になり得る史実であることである。文人・好事家・史家の作文でない「金石文」といってよい。また、万葉集編纂の立場から引用された注釈であることは、政治的偏りの少ない文としてよい[2]。

では「用明でも推古でもない法王大王」とは誰か。この時代の王権は三つあり、大王クラスは三人、大和推古天皇（大王）・倭国王（天王、雄略紀[5]）・上宮王家上宮大王がいた（根拠は「三年号の並存[6]」、「参考」七節参照）。推古天皇が伊予温泉に行幸していれば、引用の風土記が無視するはずはないが記していないから「我が法王大王」は推古ではないだろう。「倭国王」が行幸した可能性は十分あるが、風土記は日本書紀の「倭国不記載」に合わせて修正されているから、それで消された可能性はある。しかしもし「我が法王大王」が倭国王であり、それが理由で消されたなら「碑文譚」自体も消されたはずである。だからその解釈は取れない。では、法興年号と共に記される法王大王とは誰か。「法隆寺釈迦三尊像光背銘」に「法興三一年［…］上宮法皇［…］法皇登遐《とうか》（崩御）す［…］止利《とり》仏師、造る」と記された「上宮法皇」であろう。上宮法皇とは崩御時（法興三一年）の称号だが（光背銘）、法興六年には「上宮法王大王」と呼ばれたのであろう（伊予碑）。更に六年以上前の倭国から独立する前は「上宮王」と呼ばれたようだ（正倉院御物「法華《ほっけ》義疏《ぎそ》」写本に「大委国上宮王」の筆者名がある）。称号は変化するが同一人物であろう、本書では概ね「上宮王」と記す。ちなみに文中では「法王大王」となっているが、史料的に最も確かな光背銘の「上宮法皇」を使うのが正しい、との見方もあろう。上宮法皇には后がいる（光背銘）。だから上宮法皇は推古天皇（女帝）ではない。上宮法皇の崩御は法興三一年（六二三年）であるから用明天皇ではない（光背銘）。その上宮法皇を上宮聖徳皇子が「我が法王大王」と呼んでいる。「皇子（または太子）」が「我が大王」と言えばそれは父王の可能性が最も高い。ここの「上宮聖徳皇子」（聖徳太子）は上宮法皇の太子・皇太子・継嗣ということになる。

注目すべきは、「伊予温泉に天皇が行幸した回数」を数えているこの文献で、編者は「聖徳太子を天皇並みに数えて一度」とする一方「我が大王」の滞在を行幸に数えていない。これは変だ。「大王」は「行幸」に相応しい一方「太子」に「行幸」は使わない。原風土記では「大王の行幸は五度」とあったものを、「大王→天皇」と書き換えた時点で「上宮王は天皇でない」として「上宮王」をはずし、代わりに不自然だが「聖徳太子を天皇並みに数えて数合わせをした」という可能性がある。その時まで、「大和大王（天皇）と同等の別王権の大王の存在」が公知であったこと、それを聖徳太子が公然と「我が大王」として碑を建立していた時代があったこと、原風土記が「大和大王と別王権大王を同等に数えていた時代」があったことを示している。倭国滅亡後に倭国王の行幸記事は削られたが、上宮王／聖徳太子行幸記事が残った理由は、上宮王家が推古と同じニニギ系であり（前章）、大臣は共に蘇我馬子であり、非常に近い関係で区別が曖昧だったのであろう。その後、大和天皇行幸だけを数える元明風土記の時代となり、上宮王の代わりに聖徳太子に行幸を使う時代となり（天皇扱い）、そして上宮王とは誰か解らなくなる時代を経て、「上宮王＝聖徳太子」の誤解が定着した時代になったと考えられる[7]（後述）。

結論として、「聖徳太子は上宮王の皇太子である」とすることができる。

◉「仏教初伝」

聖徳太子を検証するには「仏教初伝」から始める必要がある。その検証から得られる論証の一つに「物部尾輿の主筋は倭国王」がある。この論証を根拠として第四章で「倭国王はホアカリ系」を論証した（九九頁）。根拠の論証（以下）があとになったから、「循環論法」（証明すべき結論を前提に使う禁じ手論法）とならないよう、論証手順を模式的に示す。

「仏教初伝」→「仏教論争」→
↓
「物部尾輿の主筋は倭国王」（本章）
「物部尾輿の主筋はホアカリ系」（第四章）
→「倭国王はホアカリ系」（第四章）

「仏教初伝」の重要文献の一つは次だ。

元興寺伽藍縁起（要旨、番号は筆者）

「①大倭国仏法、創《はじ》めて、百済から度《わた》り来る（戊午五三八年）、②天皇が群臣に諮ったところ神道派が反対し、独り蘇我稲目が勧めたので、天皇は試みとして稲目にだけ崇仏を許した。③その後、排仏派と崇仏派蘇我稲目の論争が続く。④稲目大臣が死去（五七〇年）

すると、⑤神道派等は天皇の許しを得て堂舎を焼き、仏像・経教を難波江に流した」

この縁起は「仏教初伝は五三八年」とする教科書の根拠とされる文献である。
戦前は記紀至上の立場から欽明紀の「仏教初伝は五五二年」が定説とされていた。

欽明紀五五二年（要旨、番号は縁起の番号と類似内容に対応）
「①百済王から仏像・経典などの近畿への贈り物に天皇がこれほどの妙法は聞いたことがない、と歓喜踊躍した［…］②しかれども朕自ら決めず［…］群臣に歴問す［…］蘇我稲目が受け入れを奏し、物部尾輿・中臣鎌子が反対した［…］天皇情願人（蘇我）稲目に試みに拝ましむべし［…］③後に、国に疫気おこりて［…］⑤物部尾輿ら奏す［…］天皇曰く奏すままに［…］仏像を以て難波の堀江に流し棄つ［…］」

これらの文献から、「仏教初伝」「仏教論争」が次のように読み解ける。

一、縁起①に「大倭国」とある。従来「大倭国《やまと》」と読まれてきた。しかし、縁起⑤と欽明紀⑤には特徴的な記述「仏像を難波の堀江に流す」が共通するから、同じ事件である。その事件に「物部尾輿」が登場する。「物部尾輿は九州物部氏」と第四章で論証したから、この事件は九州の事件である。九州で「大倭国」とあれば「大倭国《たい》」と読む「九州倭国」を指す。（読み方は第七章で論証）。従って、縁起①以下は「倭国の事件」である。
二、九州倭国は宋書「倭の五王」（四一三年～四七八年）につながることを第四章冒頭で確認した。宋は仏教が盛んであったから、倭国には既に仏教が伝わっていた。九州倭国の年号とされる「九州年号」に「僧聴」（五三六年～五四九年）があるから仏教初伝は五三六年以前である。筆者はこれを支持して更に「宋は南朝、宋の仏教は南朝仏教」と考えるから「倭国に南朝仏教が初伝したのは五三六年以前」と考える。
三、縁起①の次に「仏法創《はじ》めて百済から度《わた》り来る」とある。「仏教初伝」とされる所以《ゆえん》である。しかし前項からこれは正しくない。では、これをどう解釈すべきか。百済は四七一年以来、北朝系の北魏に朝貢しているから、その仏教は北朝仏教である。従って、ここの意味は「倭国に創《はじ》めて本当の仏教（北朝仏教）が度《わた》り来た」と元興寺が主張している、と解釈すれば整合する。ちなみに、この文献は倭国事績を記している数少ない文献だ。ただ、恐らく後年修正が入り「倭国不記載」に合わせて「大和事績」と読めるように工夫されている。倭国王は天王と表記されるが、縁起②⑤では天皇と表記されている（後述［一〇］参照）。
四、縁起②に「天皇」「蘇我稲目」とある。前項と合わせると「倭国王を天皇と表記」しているから、「蘇我稲目は倭国大臣」である。
五、欽明紀①に「天皇がこの妙法に歓喜踊躍した」とある。ここの天皇は欽明天皇で、「大和へ仏教初伝」と読める。三、項と同じく「百済から」だから「北朝仏教」である。倭国の北朝仏教初伝より一四年遅いが、「大和へ仏教初伝（公伝）は五五二年」と「大和へ」の限定付きならば正しいと考える。

以上、仏教初伝は「倭国の南朝仏教~五三六年」「倭国の北朝仏教五三八年」「大和の北朝仏教五五二年」の順で、「大和と倭国」「南朝仏教と北朝仏教」の違いを認識すれば、どれも「初伝」として正しい。

◉仏教論争

前節に続けるが、以上の「仏教初伝」譚は幾つかの矛盾を含んでいる。

六、縁起②「天皇が群臣に諮った」「天皇は試みとして稲目にだけ崇仏を許した」とある。既に長年南朝仏教に馴染んできた倭国王ならば、北朝仏教導入には慎重になるのは理解できる。ここの「天皇」とは「倭国王」を意味する(倭国不記載に合わせて「天皇」としたか)。一方、欽明紀①には「(欽明)天皇は歓喜踊躍した」とある。心酔であるから独断・即断であろう。「群臣に諮る」と馴染まない。欽明紀②の「群臣に歴問す」は縁起②の借文であろう。

七、縁起④⑤に「(北朝仏教を崇仏した)稲目大臣が死去(五七〇年)すると天皇の許しを得て仏像を難波江に流した」とある。五七〇年の大和天皇は欽明天皇である。「北朝仏教に歓喜踊躍した欽明天皇」が「(北朝仏教の)仏像を難波江に流す」とは普通考えられない。ここの「天皇」とは「南朝仏教派の倭国王」であろう。「稲目は倭国大臣だが北朝仏教派」である。

八、縁起②の「仏教論争」（五三八年）は倭国の事件である。なぜなら、大和の事件とすると「大和への仏教初伝（欽明紀②五五二年）の前に仏教論争があった」となり矛盾する。欽明紀②の記述は縁起②とそっくりで、縁起②の借文と思われる。

九、欽明紀五五二年前掲部の大和の事件は「①欽明天皇の歓喜踊躍」だけである。縁起が五三八年と明記する「②群臣に歴問」（北朝仏教初伝）や、縁起が「稲目薨去（五七〇年）後の事件と明記する「難波の堀江事件」（北朝仏教流棄）など、ずいぶん離れた年の仏教関連事件の時系列を無視して混在させている。欽明紀②〜⑤は縁起からの借文であろう。以上から、欽明紀五五二年の①以外、②と⑤の「物部尾輿」と「天皇」は、前項二〜四と合わせると「五五二年（を含む五三八年〜五七〇年の間）の九州の物部尾輿とその主筋の倭国王」である。

一〇、この縁起の原文（漢文）では「天皇」と「天王」が不規則に混用されている。例えば「他《おさ》田《だ》天皇（敏達）」と「他田《おさだ》天王」の混在など。前掲文の縁起②・④の「天皇」の原文は「天王」であった可能性がある。もしそうなら、その「天王」は「倭国王」の意味である。その根拠は、紀では「天王」の使用例として雄略紀に「大倭の天王」とあり「日本の天皇」と対で並記され、「倭国の倭国王」の意味である。[5] 縁起では後年の「倭国不記載」に合わせて、「天王」を一部「天皇」と書き換えたと思われる。ここに大和天皇敏達が出てくるのは、大和王権の一時的九州遷都があったからである（「参考」六節参照）。

結論として、ここの縁起の「天皇」（二一か所）は「倭国王」を指す、とするのが妥当である。

従って、ここの「蘇我稲目は倭国大臣」、論争の相手である「物部尾輿」も倭国の大臣（大連）である。両者の活動の場は九州倭国である。仏像を流した難波江は「博多湾の難波江」である。

倭国内には南朝仏教派（倭国王）・神道派（物部尾輿ら、守旧派）・北朝仏教導入派（蘇我稲目、新興）があったと考えられる。それら三つ巴の「仏教論争」である。大和王権には南朝仏教はなく、北朝仏教導入を欽明天皇が即決しているから「仏教論争」は起きていない。

ここまでに「五五二年、物部尾輿の主筋は倭国王」と論証された（「参考」六節参照）。

この論証と、第四章（九九頁）で論証した「物部尾輿を含む九州物部氏の主筋はホアカリ系」と合わせると「五五二年時点で、倭国王はホアカリ系」が論証された、と確認できる。

このような論証を、定説も九州王朝説もしてこなかった。その為に日本史の「倭国」も「物部氏」「蘇我氏」も、そして「聖徳太子」も認識は大幅に再検証されなければならない。

◉物部守屋討伐と倭国王権の復活

前節の仏教論争で物部氏が蘇我氏に勝ち、倭国王家を凌《しの》ぐ程の専横が続いた。これに対して、倭国王家と諸豪族による「物部守屋討伐事件」が発生する（五八七年、筑紫）。倭国王族系では「上宮王継嗣聖徳太子」が参加し、戦勝祈願に「四天王寺建立」を誓約した。倭国朝廷に参画していた大和王権からは敏達天皇継嗣竹田皇子が参加した。参加した理由は仏教ではないだろう。父敏達は「仏法を信ぜず」（敏達紀）とあるからだ。大和王権の外戚となった蘇我氏と共に反物部だからであろう。主力軍の蘇我馬子は戦勝祈願に「法興寺建立」を誓約した。「物部守屋討伐譚」

は「倭国内の事件」ではあるが、敏達継嗣や後に大和王統の外戚にもなった蘇我氏が関係したから「倭国不記載方針」にも関わらず敏達紀に詳述されている。ただ、倭国王を「天皇」と記述している。「大王クラスが二人いたので、両方天皇と記した。不実記載ではない」と言い訳を用意したと思われる。

この討伐は成功し、戦勝できたので、蘇我馬子は飛鳥真神原《まがみはら》に「法興寺」を作り始める（崇峻紀元年、五八八年）。飛鳥は肥前三養基《みやき》郡川原地区付近である（第五章）。物部氏宗家は討伐されたが、主流が蘇我氏に代わった訳ではない。倭国王が権力を回復したのだ。その表れが遣隋使を送った阿毎多利思北孤王である。

◉上宮王の独立と法興思想

物部氏の力は削《そ》がれたが、蘇我氏に代わった訳ではなく倭国王が力を持ったから、倭国内で北朝仏教が公認されることはなかった。それを信奉する上宮王と蘇我氏はついに倭国からの独立を決意する。独立の背景には中国南朝（宋）の滅亡に始まる「倭国の南朝冊封体制離脱、宗主国体制の崩壊、王権の自由化」があった。そこに「北朝仏教・北朝文化の導入」が倭国王に拒否されたことが直接の動機となったと考えられる。

法興寺が完成（五九六年）する前、五九一年に上宮王は倭国から独立し、大王を自称し、独自年号「法興」（五九一～六二二年）を建元した（法隆寺釈迦三尊像光背銘）。この両者の関係と時間的一致から、「法興年号」は「法興寺」と関係が強いようだ。法興寺は蘇我氏の私願による私寺で、その寺名を年号に使うのは逆の感じだから、物部守屋討伐時には既に両者は「法興思想」（北朝仏法を興す）を共有していたのであろう。法興寺は後述するように北朝仏教系である。一方、上宮王は倭国時代には南朝仏教だった。その根拠は、南朝仏教系の「正倉院御物法華義疏写本」に「大委国上宮王」と所有者名（自署？）がある。しかし上宮王はその後、北朝仏教に転じ、倭国の南朝仏教固執を見限って独立した、と考えられる。

法興寺は五九六年に完成する。「是の日、高麗僧彗慈《えじ》、彗聡《えそう》の二僧が法興寺に住み始めた」（推古紀、五九六年）とある。高麗僧とあるから北朝仏教である。この年が前出「法興六年」で、上宮王と彗慈《えじ》等は伊予温泉に行っている（伊予碑）。そしてこの僧彗慈は二年前から聖徳太子の師である（推古紀五九四年）。この事も、上宮王／聖徳太子と蘇我馬子の関係が近いこと、上宮王の「法興年号」と「法興寺」の関係が近いことを示唆している。この時期、敏達の未亡人でもある推古は敏達に倣《なら》ってまだ「仏法を信ぜず」（敏達紀）だったと思われる。

◉独立のもう一つの動機　大和王統継承問題

しかし、前章の「倭国内ニニギ系王族」の新解釈から、別の大きな動機が考えられる。それは「物部氏と蘇我氏の政争の具にされた大和王統継承問題」だ。「磐井の乱」を制圧した継体／物部麁鹿火《あらかい》は磐井遺領の一部を手に入れると次の安閑が「大倭国の勾金橋《まがりのかなはし》に遷都」（安閑紀五三四年）し、倭国朝廷（筑紫）に参画した。守屋（九州物部宗家）は物部麁鹿火《あらかい》（九州物部の河内支族）を抱き込んで大和王権の後見役として影響下に置いた。一方蘇我氏は豊国の大和王統に近づいて外戚となり、蘇我馬子は次第に大和天皇継承問題を独断し（用明紀）、これに干渉する物部守屋と対立した。

上宮王は「倭国内ニニギ系王族」としてこの大和王統問題に対し「大和王統は群臣争乱に弄ばれ、最早正統とは言い難く、王権は物部・蘇我に専横されている。応神と同族である自分が即位して、第二の応神天皇として大和王権を再興したい」と倭国王に自分の大和天皇即位を迫ったのであろう。かつての応神も継体も倭国王の後押しで即位した、と筆者は考えている。ニニギ系の大和王統が乱れた時に、それを正せるのは分家である「倭国内ニニギ系王族」とその上の「倭国王」しかいない。上宮王の「強訴」に蘇我馬子が二万の軍を筑紫に繰り出して支援し、倭国王に圧力をかけたようだ(崇峻紀五九一年)。この結末は三方一両損の妥協だったと考える。以下筆者推定を記す。

一、倭国王にとって、「上宮王の大和天皇即位」は簡単には認められない。「継体系は確かに倭国の支援で成立したが、倭国王に反乱した磐井の討伐で継体系には借りがある。継体系を簡単には切れない」、又「そこまでの王統の乱れはない。ニニギ系とはいえ分家（上宮王）がニニギ系本家（大和王権）の当主となるだけの大義名分が立たない」と。さりとて「物部守屋討伐に協力した上宮王／聖徳太子にも借りがある。応分の対応が必要」として最終的には「大和王権天皇即位は認めないが、独立は認めた」と解釈できる。

二、上宮王としては「大和王権天皇即位は認められなかったが、独立すれば次は倭国の同意がなくても大和王権と合体したりして、自分が即位することもいずれはできる」として、まずは独立して王権を創立した。以後、倭国と上宮王家は並立したが対立まではしていない。独立過程で蘇我氏が倭国大臣職を捨てて馳せ参じたので、陣営強化が一挙に進んだ。

三、蘇我氏としては「倭国大臣を辞して上宮王の独立に馳せ参じる」にはリスクがある。しかし、「ニニギ系大和王権の外戚の立場」を確かにしつつある今、「独立しつつあるニニギ系上宮王と手を組む」のは必然の流れだったに違いない。もともと倭国内では主（王族）従（大臣）の関係である。「倭国大臣を辞して馳せ参ずれば上宮王に貸しをつくれる。ニニギ系二王権の外戚となって倭国の外戚物部氏のようになりたい」と考えただろう。「自分が強引に押し立てた崇峻は王統に疑義を持たれているから、上宮王の大和天皇即位要求に大義名分を与えかねない」と崇峻を弑《しい》して推古を立てた。そして、大和に造営した新宮（大和小墾田宮）を推古に提供して大和帰還遷都を実現させた。二王権双方の希望を叶えながら、実は蘇我氏の九州・大和同時差配に最大限利用したのだ。

そのようにして独立した上宮王の大和王権再構築がどのような構想だったのか。上宮王が「天子」を自称したことから「対等合併」ではなく「仁徳の河内新王権のような大和王権の間接支配」か、「上宮王家による大和王権の吸収併合」を狙ったようだ。結果的には推古天皇の長寿もあり、上宮王（大王）三一年の長い治世中両者は並立して、上宮王の「大和王権支配」は実現していない。その両方に専横したのは蘇我氏であった。

◉聖徳太子は推古摂政皇太子になったか？

では何故、紀では前述と異なる「聖徳太子は用明天皇の子」（用明紀冒頭）、「推古即位年（五九三年）に厩戸皇子（聖徳太子）を摂政皇太子とす」（推古紀冒頭）とあるのか？　通説では「用明は即位二年で崩御したので、厩戸皇子は未だ太子に立てられていなかった」、「次の推古は竹田皇子が亡くなったので甥の厩戸皇子を皇太子として立てた」と考えられてきた。しかし前節のように、聖徳太子が上宮王の太子であるから、王権が異なる推古の皇太子になることは普通ではあり得ない。この時期上宮王は健在で、上宮王が自分の太子（上宮太子）を推古に譲るはずもない。十八年後の聖徳太子薨去に際しても、高麗僧慧慈の言葉に「上宮太子」と明言されている（推古紀六二一年）。なぜだろうか？

筆者はこれまで次のように考えた。「上宮王家は大和王権と外戚（蘇我氏）や仏教導入（北朝仏教）を共にし、姻戚関係を深めた。後に「乙巳の変」（蘇我氏排除）を機に王権合体（孝徳／中大兄体制）まで進んだが、記紀としては万世一系の建前上「王権合体」とは記載できない。まして上宮王はもと倭国王族で「倭国不記載」から、また推古治世とも重なるから重複記載はできない。この「記紀の上宮王家不記載」には上宮王を先祖の一人とする後世の大和天皇（例えば元明天皇）は大いに不満。代わりに太子ならば時代が重なっても不審とされないからせめて太子の記録を挿入することとし、その出自を紀編纂最終期の『万世一系化』の際に用明天皇の皇子とした」と解釈した。

しかし、このような改編は通常各天皇紀冒頭の系譜記事だけである。推古紀の「皇太子」は冒頭系譜記事だけでなく、本文にもしばしば出て来る。なぜだろうか。ここからが、今回の追加検証である。

日本書紀の不審な問題記述には何種類かの類型があるが[8]、このような重要な本文の不審は多くはない。聖徳太子記事の場合にはなにか特別の事情があったのではないか。筆者は「日本書紀の聖徳太子関連記事には、特殊な政治的な改変動機、段階的な改編があった。歴史に関心が強い天皇例えば元明天皇が編纂中の推古紀に『上宮王／摂政皇太子記事』の追記挿入を命じた」と推測する。元明天皇（天智皇女、在位七〇七～七一五年、七一二年に古事記が献上された）は歴史に関心が強い。風土記編纂令（七一三年）を出している。大和王権敏達天皇から五世代目であると同時に上宮王の五世代目でもあり（一三七頁図）、上宮王ゆかりの法隆寺の移築再建を命じている（七大寺年表七〇八年、豊前[9]から斑鳩へ）。「倭国不記載方針」により、上宮王事績を消去改変した紀草稿に不満を持った可能性は高い。

聖徳太子だけでなく、上宮王記事挿入を命じられた記紀編者はこの方針の下、「上宮大王関連記事」の「大王」を「天皇」と変えて推古紀本文各所に挿入したようだ。敏達紀の仏教論争譚と同じ手法だ[10]。「厩戸皇子は天皇（上宮王）の摂政皇太子」と「上宮王」と出さないで挿入すれば「聖徳太子は天皇（＝推古）の摂政皇太子」と誤読される。発覚しても「別天皇の太子」の言い訳があるから不実記載ではない。結果的に推古紀はそのように誤読されている（第一段階、誤読誘導）。推古紀だから天皇とあれば推古天皇と誤読するのは読者の勝手。記紀としてはそのような不実記載はしていない」としたのだろう。紀以降の読者には「二天皇」の発想がないから当然誤読する。
ひとたび改変されると、後続の編纂継承者は更に忖度による「積極的な挿入追加」と誤読誘導」となり、誤読同士が相互補強となり（第二段階、誤読の連鎖）[11]、更に経緯と歴史を知らない最終編者（例えば、文章を整えた正格漢語学者[12]［漢人］）が「これでは解り難い。言いたい事を明確に」と善意の推敲を加えて主語述語を補った結果、史実と異なる記述「聖徳太子は用明の皇子で推古の摂政皇太子」に変化したことが想像される（第三段階、不実記載）。記紀以後の法隆寺の寺僧による「劇場型聖徳太子称揚」は更に後の話（第四段階、創作捏造、薨去百年後）。

挿入を命じた側（例えば元明天皇）にとって挿入したかったのは上宮王事績であって、聖徳太子事績ではない。彼等は上宮王の子孫ではあっても、聖徳太子の子孫ではないからだ。しかし、上宮王と聖徳太子は共に優れ連携も深かったので、記述の切り分けが難しかったであろう。

そこまで有り得るなら、「推古／聖徳太子の事績・記録」の多くが実は「上宮王／聖徳太子の事績・記録」の挿入だったかもしれない。そうであれば、「冠位」のこと、「憲法一七条」のこと、「天皇記及び国記」なども「上宮王が聖徳太子／蘇我氏にまとめさせていた」という可能性はある。なぜなら、上宮王は天子を自称し、同じく天子を自称した阿毎多利思北孤《タリシホコ》に対抗しようとしていた。冠位制度を持とうとしない訳がない。また、上宮王は倭国から独立する時、「倭国内ニニギ系王族」が保有していたに違いない「大和ニニギ系天皇記・大和国記」を倭国から持ち出すか、少なくも写しを持ち出していておかしくない。いずれ、自ら大和天皇となることを前提とした独立であるからだ。

以上、想像を重ねたが、次節で「推古紀の改変」を仮説として再検証する。

◉推古紀の聖徳太子は上宮王皇太子（検証）

前節の仮説「推古紀の推古／聖徳太子の事績・記録の多くが、実は上宮王／聖徳太子の事績・記録の挿入」を検証する。まず、推古紀には「皇太子」（聖徳太子）が出て来る文章は一三記事ある（以下番号付けして［注13］に示す、①〜⑬）。出てこないが関連有りそうな七記事がある[14]（⑭〜⑳）。

冒頭は、①推古元年「（天皇は）厩戸豊聡耳皇子を立てて、皇太子とされ、国政をすべて任せた。太子は用明天皇の第二子で、母は穴穂部間人皇女（欽明天皇の皇女）である。皇后は御出産予定」とある。この内容を検証するのが目的であるから、これは棚上げして以下を「皇太子の父である天皇は上宮王」の仮定で読み解く。

一、天皇は仏教に熱心であった、と②⑧にある。②「仏教興隆を詔す」・⑧「（六〇五年）天皇は皇太子らに詔され、銅丈六尺の造仏を鞍作鳥に命じた。このとき高麗国の大興王は、日本の天皇が仏像を造ると聞いて、黄金三百両をたてまつった」等の記事がそれを示す。上宮王は倭国から独立する前から仏教に熱心だった（正倉院法華《ほっけ》義疏《ぎしょ》冒頭書き込みに『大委国上宮王私集』の自署?がある）。他方、推古は敏達天皇の皇后であったが、その敏達天皇は「天皇は仏教を信じなかった」（敏達即位前紀）とあり、推古皇后もそれに倣《なら》ったと思われる。推古紀にも、推古天皇自身の仏教信奉主導を示す記事はない。この点からは「皇太子の天皇は上宮王」の可能性がより高い。ただ、上掲⑧の一部「日本の天皇」と呼ばれた天皇は推古天皇であること、丈六仏は上宮王と推古の共同誓願になることを次節で検証する。

二、斑鳩記事④・⑨・⑩・⑬は皇太子関連記事であるが、その天皇が推古であることを示唆する記事はないが、推古でないことを示唆する記事⑩が有る。即ち、⑩六〇六年「是の歳、皇太子又法華経を岡本宮に講ず、天皇大いに喜び、播磨国水田百町を皇太子に施す、よりて斑鳩寺に納む」とある。岡本宮は肥前である。推古は六〇三年に九州豊浦宮から大和小墾田宮に遷っている。従って、岡本宮の天皇は推古ではない。上宮王と考えられる（舒明紀六三〇年に上宮王家舒明の宮として肥前飛鳥岡本宮が出てくる）。⑩は他の斑鳩関連記事④・⑨・⑬と共に「上宮王／聖徳太子事績・記録の挿入」の可能性がある。

三、皇太子の師については③・⑬・⑳に「高麗の僧慧慈を師とした」とある。⑮に「慧慈は法興寺に住む」とあり、法興寺と関係が深いから、この皇太子は「法興年号を建てた上宮王の皇太子」であろう。⑬に「日本国に聖人上宮豊聡耳《とよさとみみ》皇子」とある。斑鳩に住んだ皇太子を「日本国にいる」と呼んでもおかしくない。なぜなら、七〇一年の「日本国建国」以前の「日本・日本国」は「大和王権」のことではなく、近畿一円の諸国連合、もしくはその諸国連合軍を指し、その諸国連合軍の兵站基地が九州肥前にあった時代にはそれを「日本貴国」と称した。だから「日本国に住む聖徳太子」を「大和王権の推古天皇の皇太子」と解釈すべきとは限らない。従って、「これらの項の『天皇』は上宮王」を肯定する項はあっても否定する項はない」として良い。仮説肯定に加えられる。

四、皇太子の他の仏教関係記事⑥・⑫はただの挿話で、天皇の情報はない。⑪は「皇太子と大臣は、百寮を率いて神祇を祀り拝された」とあり、上宮王のニニギ系神祇活動を連想させる。

五、来目皇子関連記事がある。⑯を先に示す。⑯「来目皇子を新羅攻略の将軍とした［…］軍兵二万五千人を授けられた［…］将軍来目皇子は筑紫に赴いた［…］来目皇子は病にかかり、征討の役を果たせなくなった」とある。神功皇后以来、海外征戦軍の多くは東方軍であった。そしてその統括を応神・仁徳など「倭国内ニニギ系王族」が司る伝統があった。その意味で、来目皇子が上宮王（倭国内ニニギ系王族だった）の子ならば征戦将軍となることは伝統に沿った人選、と言える。続いて、⑤六〇三年「十一年春［…］来目皇子、筑紫に薨す［…］天皇聞きて大いに驚きて、皇太子・蘇我大臣（馬子）を召されて云々」とある。紀では、来目皇子は用明の子とされ、聖徳太子の弟であるから（用明紀）、「推古天皇（用明妹）は甥（来目皇子）の死を悲しんでいる」という構図になる（推古紀）。一方、仮説と「来目皇子は聖徳太子の弟」からは「上宮王は実子（来目皇子）の死を悲しんでいる」と解釈できる。この文章は後者に相応しい感触がある。

六、皇太子が出てこないが関連ありそうな記事⑭がある。推古紀五九四年「二年［…］将軍たちが筑紫から引き上げた［…］」とある。関連する記事は、崇峻紀四年五九一年「任那回復軍関連記事」だが、任那に渡った様子がなく「肥前の蘇我軍が上宮王独立支援の為、筑紫に駐留して示威した」と推測した（佃説）。なぜ「上宮王独立関連記事」が推古紀に挿入されているのか。挿入を命じた天皇（元明天皇？）にとって、この記事は天皇（上宮王）称揚に欠かせない画期的記事（祖先の壮挙「独立」関連記事）だったのだろう。

以上で「皇太子」とある推古紀は、一項⑦「十七条憲法」を除き既に検討した。ここまでで判定すれば、仮説は決め手に欠けるものの、七分方正しいと感じられる。逆に、否定的記述はない。即ち仮説「推古紀の推古／聖徳太子の事績と読める記事の多くが、実は上宮王／聖徳太子の事績・記録の挿入」はかなり正しく、否定する根拠が見出せない。最後の一項⑦は次々節で検討する。

◉元興寺

⑧「丈六仏」について追記する。法興寺を造り終わって（五九六年）約一〇年後、新たな計画、銅《あかがね》・繡《ぬいもの》丈六仏像各一軀を鞍作鳥《くらつくりのとり》に造らせる計画が持ち上がった（推古紀六〇五年）。この丈六仏を奉納したのが元興寺である。

⑧推古紀六〇五年
「十三年夏、天皇、皇太子・大臣及び諸王・諸臣に詔して共同誓願をたてて、始めて銅繡丈六尺の仏像各一体を造る［…］すなわち鞍作鳥に命じて造仏の工《たくみ》とす、このとき高麗国の大興王、日本国の天皇が仏像を造りたまふと聞いて、黄金三百両を貢上す」

この文章を解析する。

一、「共同誓願」とある。推古天皇と上宮王（大王）の共同誓願である。従来「推古天皇と聖徳太子の共同誓願」と誤読されているが、「天皇が皇太子に詔して」いるのだから、これは命令であって「共同誓願」の相手は皇太子ではない。では、相手は誰か。対等と言えるのは上宮王（大王）か倭国王である。倭国王は南朝仏教だから共同で寺は造らない。共同誓願の相手は上宮王であろう。

二、そうであれば、この計画は仏教に熱心な上宮王の主導のように見える。上宮王は大和に拠点寺を持ちたかっただろう。何故なら、皇太子は斑鳩に移っているし⑥、北朝仏教は九州には法興寺が既にあるが大和にはまだない。上宮王は大和・大和王権・その再興にも興味がある。そこで推古と共同誓願寺を計画した。即ち「二天皇」の共同誓願である。推古紀は「二天皇」とは書けない。だから、前掲文は「天皇（推古・上宮王の二天皇）は、（上宮王の）皇太子、（二王家の大臣を兼ねる蘇我馬子）大臣及び諸王諸臣に詔して（推古・上宮王の二天皇の）共同誓願を発す［…］」のように、括弧を加えた意味であろうが、紀では括弧を伏せたから「共同誓願」は「推古天皇と皇太子の共同誓願」と誤読されている。紀の読者（昔から現代に至るまで）には「二天皇」の発想は全くないから、誤読も止むを得ない。

三、後半に「日本国天皇」とあるのは「推古天皇」である。「日本国」は近畿を指し（第八章）、大和王権を必ずしも意味しないが、近畿にいる「天皇・大王」は推古しかいない。高麗国の関心は東方軍（近畿軍）であって、推古に「対隋戦に東方軍の支援」あるいは「争っている百済に援軍を出さないように」を期待して黄金で歓心を買おうとしたのであろう。

◉上宮王が「天皇」と記されている例

一年後に丈六仏が完成し、元興寺に安置された。

推古紀六〇六年
「四月〔…〕丈六銅像は元興寺金堂に坐せしむ〔…〕時に仏像、金堂の戸より高くして堂に納（い）れ祀ること得ず〔…〕しかるに鞍作鳥《くらつくりのとり》の秀れたる工《たくみ》なること、戸を破壊《こぼ》たずして堂に入るるを得〔…〕」
「五月〔…〕鞍作鳥に勅《みことのり》して曰く、朕〔…〕はじめて舎利を求むる時、汝（鳥）が祖父司馬達等〔…〕便《たちまち》に舎利を献《たてまつ》れり〔…〕汝が父〔…〕出家して仏法を恭敬す〔…〕今朕、丈六の仏を作りまつらむが為、好（よ）き仏像を求む、汝が献れる仏の本《ためし》、即ち吾心に合《かな》へり〔…〕汝、戸を破《こぼ》たずして入るること得、此《これ》皆汝が功なり、とのたまふ、即ち大仁の位を賜ふ〔…〕」

金堂の戸が小さくて搬入に困難があったが、鞍作鳥《くらつくりのとり》の工夫で無事入れられたという。四月条はこの搬入譚が淡々と記されている。推古紀本来の記述であろう。
問題は五月条である。「鞍作鳥に勅《みことのり》して曰く、朕〔…〕」であるから「天皇の勅」である。「鞍作鳥の祖父・父が造仏に献身したことに天皇が謝し、続いて搬入譚に触れ、その功を称えて大仁の位を賜う」とある。三代にわたる貢献に謝している。

ここで「祖父」とは鞍作鳥の祖父司馬《しば》達等《たつと》で、「造仏」とは「(上宮王と)蘇我馬子が司馬達等に依頼した造仏」(敏達紀五八四年)のことである。敏達紀では上宮王はカットされているが、ここでこのことを謝している「天皇」は上宮王である。仏教を信じなかった敏達天皇とその皇后(推古)でもない。もちろん排仏を命じた倭国王ではない。

上宮王は元興寺建立の共同誓願者である。元興寺丈六仏の工《たくみ》に謝して当然の立場である。そうであれば、鞍作鳥を指名したのも上宮王であろう。なぜなら、上宮王が崩御した時の法隆寺釈迦三尊像を造ったのも鞍首《くらおびと》止利《とり》佛師である(光背銘)。二人の関係は深い。推古紀の五月条の「父祖の代から鳥仏師と付き合い、位を賜った天皇」は上宮王である。「推古紀に上宮王の事績が天皇の事績として挿入されている例」、と言える。

場所は推古のいる大和、現奈良県明日香村「飛鳥寺」のある場所である。「丈六仏」は現「飛鳥大仏」として遺存している。火災などで補修が繰り返され、どこまでが原初のものかは諸説ある。

◉法興寺と元興寺の混同

この元興寺と前出の法興寺は場所も施主も異なるが、定説も諸研究も「法興寺＝元興寺」と混同・迷走して誤解から抜け出せていない。混同の原因は後世(天智以降)にある。①丈六仏を除いて焼失(元興寺)・②九州飛鳥から大和飛鳥への移転(法興寺)・③大和飛鳥から平城京への移転（元興寺）・④寺名の変遷（飛鳥寺）・⑤それぞれの盛衰、など様々な変遷があったからであろう。だが、それは後世のこと、まだこの時代は「法興寺は肥前飛鳥真神原の蘇我氏私寺」であり、一方「元興寺は大和の大和王権・上宮王家共同誓願官寺」である。

丈六仏元興寺と法興寺が同一だとする誤解は次の文からも来ているようだ。

皇極紀六四四年
「剣池の蓮の中に、一茎に二つの花有り、豊浦大臣妄推して曰く、是は蘇我臣の将に栄える瑞なり、即ち金墨書して、献大法興寺丈六仏とした」

「法興寺丈六仏」とあるのはここだけだが、前項「丈六銅像は元興寺金堂に坐す」と合わせて「法興寺＝元興寺」と昔から誤読されている。しかし、この文の前後には「猿」「茸」「生駒山」などが出て、豊浦大臣（蘇我蝦夷、馬子の継嗣）の大和訪問時、即ち「丈六仏の元興寺」訪問時の描写と考えられる。即ち「丈六仏の元興寺は大和」に建てられたことの傍証となっている。これに対して大臣は、「献大法興寺丈六仏」と金墨で大書して元興寺丈六仏に献上したようだ。「元興寺は法興寺」と「妄推」しているのである。それには次の理由があると考えられる。蘇我氏は肥前だけでなく大和にも「私寺法興寺」を持ちたかったのだろう。大和推古王権の大臣であり、大和蘇我領が拡大しつつあったからだ。ところが、その前に「共同誓願寺元興寺」が実現してしまった。この計画に蘇我馬子が相当の寄進を出したに違いないが、それから四〇年も経って子の蝦夷の代から見ると、「第二の蘇我氏私寺、大和法興寺であったら良かったものを」の思いは日頃からあったのであろう。この年は蘇我氏の絶頂期で、蝦夷の子入鹿が山背《やましろ》大兄王一族を生駒山に追い、斑鳩で滅亡させた翌年である。ここで「妄推」という特殊な用語がでてくる意味を理解しなければならない。蘇我氏の専横ぶりを非難した言葉であるが、「花を見て蘇我氏が栄えるだろうと妄推する」などは専横とする程のことではない。「上宮王家と大和王権の共同誓願官寺元興寺（大和）」を「大和の蘇我私寺法興寺」と見做して憚らない、それが専横なのだ。この一年後、乙巳の変が起こり、肥前板蓋宮大極殿の皇極天皇の目前で入鹿は暗殺され、蝦夷も自害する。

「元興寺＝法興寺」の誤認のもう一つの遠因は、紀の「倭国不記載」だ。「崇仏・排仏論争」「難波江に仏像を投棄」「九州飛鳥の法興寺建造」は全て九州での事績だが、「大和の事績」と記されていないにも関わらず「倭国不記載」に依って「大和の事績」と誤認されているからだ。「法興寺は九州」「元興寺は大和」が史実であって、「法興寺＝元興寺」は誰も肯定しなかったが、誰も（特に皇室が）否定しないが故に記紀の定説的解釈となっていった。後世の「法興寺が九州から大和へ移転」で否定の意味も薄くなったが。

◉「憲法十七条」は上宮王／聖徳太子の事績（？）

前々節で触れた最後の一項とは次である。

⑦推古紀六〇四年

「十二年［…］皇太子親《みずか》らはじめて憲法十七条を作りたまふ、一に曰く、和を以て貴しと為す（以下十七条まで）」

十七条の憲法が「推古／聖徳太子の事績」でなく、「上宮王／聖徳太子の事績」の可能性はあるのだろうか。判定する材料が幾つかある。

一条に「和を以て貴しと為す」とある。これは上宮王・推古どちらの意向を反映しているだろうか？　推古の大和王権は歴代、大和の豪族を強権で押さえることをせず、群雄割拠的に共存してきた。大和王権の近畿での権威・指導力は、倭国に寄り添うことで維持され、今更和を強調する必要もない。それに対し、倭国は物部氏と蘇我氏の争いに翻弄され、蘇我氏の力を借りて物部守屋を抑えつけ、蘇我氏の力を借りた上宮王は独立を果たした。上宮王は蘇我氏の力を借りて大和を強引に支配するかもしれない。それでは大和の反発を招くばかりだ。皇太子としては「上宮王／皇太子は倭国出身だが、倭国のような強圧性向を大和に持ち込まない方針を旨としている（物部流を大和に持ち込まない）」を示さなければならなかったのではないか。

二条に「三宝（仏法僧）を敬え」とある。これは上宮王／皇太子の一致した崇仏思想である。推古が率先して持った思想ではない。

三条以降は王道を説いたもので、上宮王か推古で差があったとは考えられない。以上からすれば、この憲法は上宮王／聖徳太子の組み合わせによって生まれた可能性の方が高い。では、そのようにして草稿された憲法を推古が発布したのか。それはないだろう。「元興寺は共同誓願」と明記しているが「憲法を共同制定」とは記されていない。「推古が制定」とも「天皇が制定」とも記されていない。「皇太子が草案を作った」以上の書き方ではない。これなら「別天皇の」の言い訳があるから不実記載ではない。

「皇太子が策定して上宮王が制定した」という可能性はあるが、「皇太子が策定して推古が制定した」という可能性は殆どない。「皇太子が作り発表した」とあるが、より重要な「制定記事」がない。ないが立派な草稿である。前々節で述べた様に、もし元明天皇ならば「このように立派な先祖の事績を不記載とするのは許せない。推古天皇と並立した上宮王を不記載とするのは（万世一系とする為に）仕方ないとしても、推古天皇と誤読されても良いから天皇／聖徳太子の事績として推古紀に入れよ。上宮王家と推古大和王権はその数代後には合体したのだから、不実記載と云う程の問題ではない」と命じたくなったであろうことは想像できる。

◉冠位の施行　聖徳太子の事績ではない

前節の解釈は「冠位を施行」にも当てはまるだろうか。

推古紀六〇三年

⑱「十一年（六〇三年）［…］はじめて冠位を施行した。大徳、小徳、大仁、小仁、大礼、小礼、大信、小信、大義、小義、大智、小智、全部で十二階である［…］」

これに先行する隋書俀《たい》国伝六〇〇年に、「俀国（倭国）に官（位）制度がある」としている。

隋書俀国伝六〇〇年
「内官十二等有り、一に曰く、大徳、次小徳、次大仁、次小仁、次大義、次小義、次大禮、次小禮、次大智、次小智、次大信、次小信［…］頭に亦た冠無し、但し両耳の上に髪を垂らす、隋に至りて、其の王、冠制を始める［…］」

とある。要約すれば「俀《たい》は六〇〇年に遣隋使を送った時は官（位）制十二階を既に持っていた。しかし、冠制は持っていなかったが、隋に来て冠制を始めた」とある。冠の色・冠位毎の飾り・作法などの指導を隋宮廷で受けたのであろう。遣隋使の帰国後、俀国は宗主国として倭諸国に冠制制定を通達したようだ。推古紀六〇三年の「冠制と位制を施行した」とはその実施であろう。大和王権は「制度では倭国の従属国」を受け入れている。この文に皇太子の文字がないのは元々の推古紀だからであろう。憲法十七条とは対照的である。他方、上宮王家が倭国の冠位制を受け入れたか独自に制定したかは不明である。

従来、「隋書での官位順」と「推古紀の冠位順」が似ていながら異なることが議論されて来た。儒教・漢文慣用では隋書が正しいが、推古紀はそれと異なるから「順を間違っている」とも「聖徳太子の創作順位」とも言われている。しかし、筆者は「隋書官位と推古紀の冠位は同じ内容。推古紀編者は、同じ順位内容では『倭国の制度（隋書記載）を大和が実施』と隋書（六五六年）

から読まれてしまうから倭国不記載の方針に触れる、と順序を変えて記述した。しかし、それでは不実記載になるから『次』字を削って順は示さず、という口実を用意した」と考える。

以上、冠位制定は聖徳太子の制定とは必ずしも言えない。大和王権を筆頭に倭諸国は年号・制度・外交を大きく宗主国倭国に依存してきた。しかし、それも徐々に変わり始めたようだ。制度では前述のように未だ倭国に依存していたが、年号は「法興」や「始哭」（襲国《そのくに》偽《ぎ》僭考《せんこう》、推古年号）が始まり、外交も「俀国遣隋使へ推古が派遣した随行使小野妹子」（隋書・推古紀、「参考」七節参照）をきっかけに推古の自主外交試行が始まった。前節の「十七条憲法草案」はそのような流れを主導した上宮王／聖徳太子の象徴的な事績であろう。

◉聖徳太子と遣隋使

推古紀に「遣隋使派遣譚」がある（推古紀六〇七年・六〇八年）

推古紀一五年（六〇七年）

「大礼小野臣妹子を大唐に遣わす」

推古紀一六年（六〇八年）

「四月、小野妹子、大唐より帰る［…］大唐使人裴世清［…］使主裴世清、みづから書を持ちて両度再拝して、使いの旨を言上して立つ、その書に曰く、『皇帝、倭皇に問う［…］

遠く朝貢をおさむるを知る［…］朕嘉（よみ）するあり［…］故に鴻臚寺の掌客裴世清を遣わして［…］』［…］と」

これに対応する隋書の記事がある。

隋書俀《たい》国伝
「大業三年（六〇七年）、其王多利思比孤、使いを遣わして朝貢す［…］その国書に曰く、『日出ずる処の天子、日没する処の天子に書を致す、恙無きや云々』帝は覧て悦ばず［…］『蛮夷の書、無礼有るは、復《また》以って聞《ぶん》するなかれ』と。
明年（大業四年　六〇八年）、文林郎《ぶんりんろう》（役職、文書係？）裴清を使いとして俀（倭）国に遣わす」

この王「多利思北孤《たりしほこ》」は同書六〇〇年条から男王であることが記されているから、推古ではなく、恐らく聖徳太子だとするのが定説である。「推古の摂政皇太子である聖徳太子が大国隋に堂々と対等外交を行い、『日出ずる処の天子、日没する処の天子に書を致す、恙無きや云々』という国書を送った」とされている。

しかし、推古紀の「遣隋使譚」には聖徳太子は全く登場しない。また、皇太子が王・天子を名乗って国書を送るはずがない。

筆者は隋書と推古紀とがぴたりと整合する次の解釈を論証した（『参考』七節参照）。「六〇七年、俀（俀）国（倭国の自称和名）は遣隋使を送った。その国書は『日出ずる国の天子［…］』で始まる『対等外交』だった。この遣隋使に、大和推古天皇は小野妹子を随行させた。最先端の文化・文明を得る目的で倭国王の同意の下に、推古天皇の信書と献上品を携えて小野妹子は参加した」と。[15] 主使である俀（俀）国使が対等外交で煬帝を怒らせた結果、煬帝は俀（俀）国に断交を突きつける一方、随行した大和使小野妹子に倭国代表権（朝貢権）の誘いをかけた。煬帝の「遠交近攻策」だ。隋書の内容は複雑だが、この解釈で両書を検証すると、すべてが整合する。六〇七年は俀（倭国）が隋に対等外交を試みるのであるから、ここに「朝貢」が出るはずがないが、隋の厳しい反応に一年でそれを取り下げ、国名も「倭国」に戻した。六〇八年には使者に「六〇七年の『日出ずる云々』、あれは朝貢でした」と言わされたので、隋書は六〇七年も「朝貢」としている。対等外交は失敗したのだ。

聖徳太子が仮に推古天皇の摂政皇太子だったとしたら、聖徳太子が幾度も登場する推古紀の主要政事「遣隋使譚」に登場しないはずはない。登場しない「遣隋使譚」（推古紀）は「聖徳太子は推古の摂政皇太子」が史実でないことの強力な証拠の一つである。

◉用明紀の改変

以下、用明紀冒頭の改変を検証する。用明紀には次のようにある（番号は筆者）。

用明紀元年（五八六年）

「元年春正月壬子朔、①穴穂部間人《あなほべのはしひと》皇女を立てて皇后と為す、是れ四男を生む、②其の一に曰く廐戸《うまやど》皇子、是の皇子初め上宮に居す、後移りて斑鳩、豊御食炊屋姫天皇（推古天皇）の世に於いて、東宮に位し、万機に総摂し、天皇の事を行う、と豊御食炊屋姫天皇紀（推古紀）に語るを見る、③其二は来目皇子と曰ふ、其三は曰殖栗皇子と曰ふ、其四は茨田皇子といふ、④蘇我大臣稲目宿禰の女《むすめ》石寸名《いしきな》を嬪と為す、是れ田目皇子（更の名を豊浦皇子）を生めり、葛城直磐村の女《むすめ》広子は一男一女を生めり［…］」

これを検証すると、改変の流れが読めてくる。

一、廐戸皇子の父は上宮王である。その論証は前述した。

二、廐戸皇子の母は穴穂部間人である（②、用明紀通り）。その根拠は「聖徳太子とその母を偲ぶ妃（橘大郎女《たちばなのおおいらつめ》）の願いにより作られた天寿国繍帳《てんじゅこくしゅうちょう》」に「(孔) 部間人公」が視認されることから、太子の母が「間人《はしひと》」と確認される（皇極の皇女間人（孝徳妃）とは別人）。その銘文の写しとされる四〇〇字刺繍の大半は後世の「聖徳太子＝上宮法皇」の誤解（後述）が定まった以降の伝作文のようだが、僅かに残存する原刺繍四ヶ所各四文字の一つ「部間人公」の部分は原史料として信頼性が高い、とされている。

三、来目皇子は間人の第二皇子であるが、上宮王の第二皇子と推測される（③）。その根拠は前述「仮説検証」五、の⑯である。六〇三年に病死している。

四、以上から、間人皇后と四兄弟皇子は上宮王の皇后と皇子と考えられる（①～③）。間人が妃として聖徳太子を生んだのは五七四年以前で、上宮王が独立（五九一年）して大王を称した時妃から上宮王家皇后に立てられたのであろう。この時、用明天皇はすでに崩御している（五八七年）。

上宮王家の系譜は次のように考えられる（第五章「大安寺伽藍縁起」参照）。

上宮王（第一代大王）六二二年崩御
├聖徳太子　六二一年薨去
├来目皇子　六〇三年没（推古紀）
├殖栗皇子（第二代）――宝皇女（第四代、のち皇極、のち斉明）
└茨田皇子
穴穂部間人
田村皇子（第三代、敏達天皇孫、のち舒明）

五、前掲の用明紀冒頭の系譜文①～③は本来上宮王の記録からの切り取り挿入であろう。それを感じさせる箇所がある。②「[…]」と推古紀にある」という引用である。②の内容は推古時代であり、推古紀に記されているから引用する必要もない。この異例の引用は②だけで、①・③は引用ではないが、①を用明紀に挿入する時、言い訳に②を連記して、「①～③も推古紀からの引用」の形に見せたのだろう。不実記載の責任を推古紀に転嫁しているように見える。

六、もし「不実記載」を責められたら、編纂者は「①は『用明天皇が立后す』とは書いていない。上宮王の立后を記したのだ」と言い訳できる。かなり苦しい言い訳だが、主語が書いていないから厳密に言えば「不実記載」ではない。また、②も「推古が東宮にした」とは記していない。「推古の世に於いて」と記している。『推古の世において、上宮王が東宮にした』の意である」と言い訳できる。

七、①について。「間人皇后」を挿入する前の用明紀には妃は「④嬪石寸名《みめいしきな》」だけだった可能性がある。天皇に即位した時点で皇女の妃がいれば元年に皇后にできるが、非皇女の妃・賓だけであれば、皇女妃を探すまで立后できない。即位後立后まで四年の例（敏達）、五年間立后がないまま崩御した例（崇峻）もある。用明も在位が二年しかなく崩御時点で皇后が空位だった可能性がある。だから紀編者は用明紀元年に「間人立后」の記事を挿入できたのであろう。

以上、用明紀は「間人皇后・聖徳太子ら四皇子の系譜先」を提供し、推古紀に「上宮王と聖徳太子の事績記事挿入の根拠」を提供し、「上宮王不記載に不満を持つ天皇を黙らせる」道を付けた、と解釈することができる。

◉蘇我氏の外戚策

蘇我稲目の外戚策は二系統に分かれる。その第一は「大和王権」への接近である。蘇我稲目の娘堅塩媛《きたしひめ》は「欽明」の妃となり用明天皇を生んでいる。同じく娘小姉君も「欽明」の妃となり穴穂部間人皇女・穴穂部皇子・崇峻天皇を生んでいる。末娘石寸名《いしきな》は「用明」の賓となって田目皇子を生んでいる（用明紀）。第二の外戚策は「上宮王家」への接近である。孫娘穴穂部間人皇女は「上宮王」に妃として嫁いでいる（筆者解釈）。その第一皇子が聖徳太子。

稲目はその先に「二系統の融合策」を進めた。「推古の孫娘（橘大郎女《たちばなのおおいらつめ》、大和系・蘇我系）を聖徳太子（上宮系）の妃に」（上宮王家と大和王家の姻戚化）とか「大和系舒明を上宮系宝皇女（聖徳太子姪）の婿へ（後に上宮王家大王）」がある。更に融合策は王権の融合に進んだ。「上宮王家舒明大王の大和天皇即位」であり「上宮王家皇極大王の大和天皇兼務」である。「天皇兼務」や「王権合体」があり得たのは「二王権の実質的な権力者は二天皇でなく一人の蘇我氏」だったからである。最終的には「皇極（上宮系）から孝徳（大和系）／中大兄皇太子（上宮系と大和系の両血筋を引く）への譲位」と「中大兄の即位（天智）」となって二王権合体が実現したがそれは後の話。「間人皇后と四兄弟皇子（上宮系）を用明（大和系）系譜記事への挿入」が許容された背景にはこの「後《のち》に二王権は合体したのであるから、多少のことには目をつぶれ」と編纂者に指示した（合体王権の）天皇がいた可能性が高い。

◉「上宮王＝聖徳太子」の誤解

上宮王／聖徳太子の事績が天皇／聖徳太子記事として推古紀に挿入されている、と述べた。これによって、日本書紀に上宮王の名は出せなかったが、上宮王／聖徳太子の事績を記録に残すことはできた。挿入を命じた天皇はそれで妥協したのだろう。

書はそれで良いが、物はどう残すか。元明天皇は九州豊前の法隆寺を聖徳太子の斑鳩若草伽藍の焼失跡地に移築させた。跡地に父上宮王を祀る法隆寺を移築することは相応《ふさわ》しい。しかしこの法隆寺に「倭国から独立して大王を称した別王権の上宮法皇を祀る」とは表記出来ない。倭国不記載の日本書紀と矛盾するからだ。法隆寺・上宮王の不説明によって、日本書紀の読者は光背銘を「上宮法皇＝聖徳太子」と誤読し、「法隆寺は聖徳太子の寺」とする誤解をした。そんな誤解を避けたいなら光背銘を外せばよいが天皇家は外さなかった。その結果、誤解が生じ、それを天皇家が黙認したようだ。聖徳太子を祀る夢殿も隣に出来た。天皇家の黙認によって、「聖徳太子を祀る法隆寺」「聖徳太子＝上宮法皇」の誤解は定着した（定説化）。二つの記録（推古紀と法隆寺釈迦三尊像光背銘）が記す二人の命日は異なるので混乱があり、一部の史家（古田武彦ら）が「二人は別人」と解釈したのは卓見であるが、本章のような論証ができずに定説を覆すに至っていない。「推古天皇の摂政皇太子」（推古紀）という誤読と、「上宮法皇は聖徳太子」（法隆寺釈迦三尊像光背銘）という誤解によって、上宮王は「他王権の大王」として排除されることなく、連綿と天皇家によって祀られてきた。元明天皇ならそれを「意図した通り」として喜んだであろう。

◉聖徳太子の墓

聖徳太子は六二一年に薨去し、磯長陵《しなが》に葬られた、と推古紀にある（⑬）。磯長陵は大阪府太子町の叡福寺境内の北側にある円墳に宮内庁によって治定されている。この円墳は親鸞聖人も聖徳太子廟として詣でて内部を礼拝して三つの棺の合葬墓であることを確認したと言われている。恐らく平安時代から聖徳太子墓所と認識されていたようだ。明治期の内部調査で、三棺合葬墓であることが再確認され、法隆寺の釈迦三尊像光背銘にある上宮法皇・母太后・王后（法皇崩御の前日に亡くなる）の記録とよく整合することから、この墓が「聖徳太子＝上宮法皇」の墓であることが確認された、とされている。「法隆寺は聖徳太子の寺」「そこの釈迦三尊像光背銘にある上宮法皇は聖徳太子」が既に定説になっていたからだ。

しかし、前述したように聖徳太子は上宮法皇ではない。聖徳太子の妃は長寿して天寿国繡帳を残した橘大郎女であるから、光背銘の「上宮王の崩御前日に没した王后」ではない。従って、太子の墓は「光背銘と整合よい三棺合葬墓」ではない。この墓は上宮法皇・母太后・王后の墓であろう。その根拠となるか、この墓は円墳である。筆者は次のように推測する。「上宮王の墓は恐らく倭国王族伝統の円墳で、最初九州の上宮王家領、豊前時代の法隆寺の近くに造られたが、法隆寺の斑鳩移築（七〇八年開始）に合わせ、聖徳太子の墓（恐らく蘇我系の方墳、太子町）近くに改葬された。当時の斑鳩の人々はそれが三棺合葬墓であることは移設築造過程を見て知っていた。しかし、日本書紀に聖徳太子の記載はあるが上宮法皇は出ず、天皇家が『法隆寺は聖徳太子を祀る』という解釈を主張はしないが否定もしないことを知るに至り、『聖徳太子＝上宮法皇』『三棺合葬墓＝聖徳太子墓』が定説となった」と考える。

では、本当の聖徳太子の墓はどこか？　斑鳩か太子町と思われるが、太子町付近には候補になりそうな不明墳墓は方墳を含め多数ある。不明とするしかない。「太子信仰」が高まったのは太子没

（六二二年）後一〇〇年近く、法隆寺が斑鳩に移築して数十年経ち、日本書紀の完成（七二〇年）以降である。「太子信仰」は、誤解「聖徳太子＝上宮法皇」と誤読「推古の摂政皇太子」が定着した以降と考えられる。本当の墓に伝承があっても、「聖徳太子の磯長陵は叡福寺の三棺合葬墓」の噂を天皇家がたとえ肯定しなくても、否定しなければ、それで定説となることは間違いない。

◉「聖徳太子称揚」の目的は「上宮王称揚」

天皇家の例えば元明天皇が称揚したかった先祖は上宮法皇であって、厩戸皇子（後に聖徳太子と呼ばれた）ではなかった可能性が高い。なぜなら、元明天皇は上宮王の子孫であるが、聖徳太子の子孫ではない。上宮王ゆかりの法隆寺を移築再建させた理由はあるが、それを聖徳太子の寺として称揚する動機は弱い。焼失した斑鳩寺を再建していないことがその傍証となる。

上宮王を称揚したかった天皇、例えば元明天皇も、日本書紀に表立って上宮王を記載することは諦めたが、推古紀に上宮王／聖徳太子の記録を挿入することが出来（誤読誘導）、上宮王の法隆寺も聖徳太子の寺として称揚されるなら（誤解）、「誤読・誤解であったとしても、父子が融合して一人の偉人として尊崇されるなら、それはそれで良し」としたのではないか、と想像される。例え先祖の偉業譚にその先代や次代の成果を含んだりする例は歴史伝承ではしばしば見られる。例えば、神武東征譚にニニギ南征譚が混入したりしている（第三章）。

複数の対象を合祀することは多い。それを決めるのは家の当主である。当主とは、例えば「この子は（本当は養子であるが）当家の実子であり継嗣である」と内外に宣言すれば、それで決まり、とするのが当時の法であり、当主の役割である。「それは事実と違う」と糾弾することが歴史学の目的でも役割でもない。「なぜそうされたのか?」とその背景を解明することが役割なのだ。「聖徳太子の墓と信仰されたのも千年の史実の一つ」と認め、その背景を黙々と解明するのが役割である。

◉不比等の関わり

関係王族以外に「上宮王を称揚する理由を持つ一族」がいる。藤原鎌足・不比等父子である。その祖は「天孫ニニギに供奉して天降りした五部神筆頭天児屋命《アマノコヤネ》(中臣連等祖)」である。倭国内ニニギ系王族は代々の主筋である(第四章)。鎌足の父中臣彌氣《みけ》は上宮王が倭国から独立した際、供奉して倭国を離脱したと考えられる。彌氣《みけ》は上宮王家と大和王権の融合に尽力している。「中臣彌氣は推古崩御(六二八年)の折に田村皇子(既に上宮王家大王であったと考えられる)を次の大和天皇に推挙した」(舒明紀)とある。推挙の相手先は上宮王家の大臣蘇我蝦夷であるが、蝦夷は大和王権の大臣でもあり「大和王権天皇を決め得る実力者」であるからだ(舒明紀)。「大和天皇舒明の次は后の皇極(上宮王孫)を立てる構想」を持った上での推挙だったかもしれない。なぜなら中臣の主筋上宮王(六二三年崩御)の遺志は「倭国内ニニギ系王族である自分が大和天皇となって(応神のように)大和王権を再興したい」であった。それは叶わなかったが、「舒明の次に皇極(上宮王孫)即位」が実現した。大和王権も「中大兄皇子(六二六年生)までの中継ぎなら」と受け入れたのだろう。

不比等は持統・文武《もんむ》・元明・元正の筆頭重臣になり、日本書紀編纂や元明の法隆寺移築に裏で深く関わったと考えられる。不比等にとって「大和王権の仏教を興隆した上宮王（元興寺建立共同誓願者）を称揚すること、上宮王を表に出せないなら（倭国不記載）、その化身としての聖徳太子（父子の融合像）を称揚することは臣下の子孫として当然」であると同時に、それは「上宮王家の筆頭重臣であった中臣（藤原）の称揚につながる」と考えたに違いない。元明／不比等の時代までの「誤読誘導」「誤解放置」によって、「上宮王＝聖徳太子＝推古摂政皇太子称揚」の下地は出来た。しかし、後世の「聖徳太子」の壮大な虚像は二人の意図の外であろう。法隆寺に関わる僧達の創作とそれに応えた朝廷・貴族等の寄進であろうが、聖徳太子の実像解明を困難にし、上宮王忘却を加速させている。

第六章［注］

［1］「聖徳太子は上宮王の太子」説……佃収『物部氏と蘇我氏と上宮王家』（二〇〇四年）など。

［2］伊予風土記逸文……釋日本紀　巻十四・萬葉集註釋　巻第三　伊予風土記逸文　（括弧は筆者）
「伊予国風土記に曰はく、湯の郡［…］天皇等の湯に幸行降りまししこと、五度なり、（景行）天皇［…］（仲哀天皇と神功皇后）天皇［…］上宮聖徳皇子を以ちて（皇子なので天皇でないが）一度と為す、（聖徳太子に）侍するは高麗《こま》の惠慈《ゑじ》の僧・葛城《かつらぎ》臣等なり。時に、湯の岡の側に（聖徳太子は）碑文《いしぶみ》を立つ［…］記して云へらく、（以下、碑文詞書）法興六年［…］我が法王大王と恵慈法師及び葛城臣と、夷與《いよ》の村に逍遙し、正《まさ》しく神の井を觀て、世の妙《くす》しき驗を歎《たた》ふ、意《おもひ》を敍《の》べ欲《ま》くして、（法王大王は）聊《いささ》か碑文一首を作る、（改行、法王大王の一首主文）惟《おも》ふに、夫れ、日月《ひつき》は上に照りて私

せず。神の井は下に出でて給へずといふことなし。萬機《まつりごと》はこの所以《ゆゑ》に妙に應《あた》り［…］（以下、何人に偏ることない湯浴・薬効を称賛する一首文）［…］（舒明）天皇［…］（斉明）天皇［…］此れを行幸五度と謂ふなり」とある。

［3］上宮聖徳皇子……伊予国風土記のこの「上宮聖徳皇子」とは「初め上宮に居り、後に斑鳩に移った厩戸皇子」（用明紀元年条）、「厩戸豊聡耳皇子を皇太子に立てる」（推古紀元年条）、「高麗の僧、慧慈［…］すなわち皇太子は師としたまふ」（推古紀二年条）とある後世「聖徳太子」と呼ばれた厩戸皇子であろう。

［4］伊予温泉……この伊予温泉は四国の温泉ではない。関門海峡彦島（古名「伊予二名島」）の温泉である（古事記島生み神話第二段、第一章）。今でも小門《おど》海峡の下関側に温泉（ほとんど鉱泉だが）がある。元明天皇の風土記編纂令で「四国伊予風土記」が編纂された時に「古伊予（彦島）温泉譚」が取り込まれたのであろう。この古伊予温泉は天武期の地震で枯れてしまった「大いに地震い［…］伊予温泉没して出ず［…］」（天武紀六八四年）とある。天武紀編纂終期（七二〇年頃、即ち数十年後）にも温泉が復活していないからこの記事が否定されていない。枯れたまま碑も失われたのであろう。四国伊予温泉が枯れたという伝承はない。四国の伊予温泉に天皇の御幸が五度もあった、とするのには疑問があるが、関門海峡の温泉にあった可能性は高い。なぜなら、御幸したとされる景行・仲哀・神功にはその近辺の御幸記事があり、聖徳太子・斉明に九州～大和の往還事績があり、関門海峡滞在の可能性が高い。舒明には「神武の蜻蛉島《あきつしま》（＝彦島）を歌った歌」の引用歌（万葉集二番歌）がある（「補論」参照）。

［5］天王の例……雄略紀五年条、百済新撰引用部、前田本・宮内庁本、「四天王」の用例は除く、「倭国不記載」の例外の一例、前著「倭国通史」一四五頁）

［6］三王権並立……五九五年当時、王権が九州に三つ並立したことは王権の象徴である年号から確認できる。倭国年号は九州年号「吉貴」（五九四～六〇〇年）が該当すると考えられる。次に、襲国偽僭考

に「三年（五九五年）を始哭と為す」とあり、推古三年（豊前豊浦宮）に該当するから大和王権の年号と考えられる。大和王権の数少ない年号例だ。三つ目の年号は五九五年を含む上宮王家の法興年号（五九一～六二三年）で、王権存在の証拠とされる（法隆寺釈迦三尊像光背銘、伊予温泉碑）。

［7］元明風土記……元明天皇七一三年に令制国毎の風土記編纂令が出された。令制国は恐らく大宝律令（七〇一年）で改定された（仮に新令制国とする）。その前は倭国の令制があったと考えられる（仮に古令制国とする）。伊予は新令制では四国だが、古事記のイザナギ譚に出てくる「伊予」「粟《あわ》」「土左」は関門海峡域と考えられる（第一章）。それらの名が古令制で四国に移されたか、新令制で移されたか、移されたにしても古名として旧地（関門海峡域）で使われた続けた可能性があり、伊予風土記逸文の「夷與《いよ》村」「伊予郡温泉」は旧地（仮に古伊予とする）と考える。これらの古記録（仮に古伊予風土記とする）が元明風土記（編纂開始は七一三年だが、奈良時代以降も改定が続いたと考えられている）に含まれたようだ。少なくも、前掲文は日本書紀を参考にした修正のようだ。四国現地では「二王権」の時代があった知識がなく、法王大王を天皇と区別している碑文を、書写してはいるがそれが誰か分かっている節はない。ただ、「聖徳太子は天皇ではないが、天皇と見做して一度に数えよう」とした背景には「法隆寺の釈迦三尊像光背銘にある上宮法皇は聖徳太子」という後世の解釈（誤解）も影響した可能性はあるだろう。

［8］日本書紀の史書としての問題記述の種類

一、最大の問題は「倭国不記載」である。史書は通常隣国までは触れるものだ。少なくも国交があり、まして友好国については中国史書も別項を立てて詳述する。記紀も初稿ではある程度触れていただろう。しかし、「倭国不記載」には特別の理由、外交的配慮があったと思われる。日本建国直後の遣唐使が唐に「日本は倭国の同種か？　同種なら倭国同様に唐に弓引いた罰を受けるべき」と脅された、と推測された（祢軍《でいぐん》（人名）墓誌、第八章「天武は日本の残党」参照）。この時唐は「日本国は倭国の別種（別国）であり（旧唐書）、倭国に強いられた白村江戦参戦を不問とする」と認定した（推定)。それを受け入れた以上、日本国は紀の編纂過程で「唐に弓引いた倭国については触れない、倭国不記載、倭国物部氏・倭国内ニニギ系王族であった上宮王、天子を自称した上宮王を不記載」とせざるを得なかった、と解釈した。ここまでは、「不記載・不説明」で納得できる(第一段階、不記載)。不実記載ではない。

二、第二に「誤読誘導」がある。「倭国不記載」の方針のもと、記紀には倭国王は原則記載されない。だが、天皇紀に倭国王を記載せざるを得ない時に「倭国王」とせずに「天皇」とすれば、当該天皇と誤読してもらえる。そうすることで「記して記さない形にする」という方法である。敏達紀の「仏教論争の天皇」は殆ど倭国王である。敏達紀は「蘇我馬子と物部守屋の対立」を記す必要から「仏教論争の倭国王」を「天皇」と記している。「敏達紀だから天皇とあれば敏達天皇、と誤読するのは読者の勝手、不実記載はしていない」との言い訳が用意されている。

三、第三は各天皇紀冒頭の系譜記事の「万世一系化」による「不実記載」がある。これには勿論従来説の「万世一系化は記紀編纂の最終段階の意図的改変」との考え方もあるが、「中国周辺諸国の史書の普遍的形式」との見方と考える。中国史書は王統の交代は国名変更に繋がる大事件として明記するが、王統内の同族内主流傍流の交代などあまり詮索されない。周辺諸国では、王統の交代があっても国名も変えず万世一系の形で中国に対し続ける例が多い様だ。冊封体制の認証の取り消しに繋がりかねないからだろう。百済の王統交代(武寧王の南北百済統一時)も中国に対しては万世一系の形を取った様だ(前著第四章)。「記紀の万世一系」については更に細かく次章で検証する。

[9] 法隆寺の元の場所……移築再建については前著末尾で詳述した。法隆寺が斑鳩に移築する前の場所として、筆者はこれまで上宮王の宮の在った肥前飛鳥岡本と推測した。しかし、この宮は蘇我氏が肥前蘇我領に提供した宮であろう。病気治癒祈願寺は自領本拠に建てるであろうから、上宮王家の本領、恐らく豊前京《みやこ》(福岡県京都郡)付近であろう。根拠は「上宮王が倭国を出る前の自領は倭国内ニニギ王族が長年託された豊前であろう」「乙巳の変後の中大兄は肥前飛鳥板蓋宮(蘇我領)を避け、豊前

京を拠点としたようだ（孝徳紀）」などの推測である。「法隆寺の元の場所は比前飛鳥でなく、豊前京の近く」と筆者推測を変更する。

[10] 誤読誘導の前例……欽明記五五二年の「天皇、物部尾輿等の排仏奏上を許す」の天皇は倭国王だ、と前著第六章で論証した。編者は「欽明紀に天皇とあれば欽明天皇だ、と誤読するのは読者の勝手、そのような不実記載はしていない」としたのだろう。そうすることで、倭国王のことを記述しながら、倭国不記載の方針を守る、という苦肉の策だったようだ。

[11] 誤読誘導の他の例……推古紀六〇六年に「天皇、皇太子に請い勝鬘経を講ぜ令む[…]皇太子また法華経を岡本宮に於いて講ず、天皇これを大いに喜ぶ、播磨国水田百町を皇太子に施す、よって斑鳩寺に納める」とある。斑鳩寺と関係がある皇太子とは聖徳太子だ。聖徳太子の天皇は岡本宮にいる。岡本宮は肥前飛鳥岡本であろう（舒明紀六三〇年参照）。推古天皇は六〇三年に大和小墾田宮に遷っているから、岡本宮の天皇は推古ではない。聖徳太子の父上宮王であろう。「上宮王／聖徳太子」の記事を推古紀に挿入した、と考えられる。これが「推古／聖徳太子」と誤読されている。「誤読させること」が目的ではない。「上宮王事績を紀に記述すること」が目的なのだ。「天皇（推古）は岡本の宮にいなかった、不実記載だ」と糾弾された時に「天皇（上宮王）を推古と読むのは読者の勝手な誤読だ、不実記載ではない」という言い訳を用意したところが編者の工夫なのである。

[12] 最後の編者……「日本書紀の謎を解く」森博達、中公新書、一九九九年。森は最後の編者の一人として中国人続守言を挙げ、正格漢文に改める為の作業に当たったとしている。

[13] 推古紀の「皇太子」記載記事

①推古元年五九三年「（天皇は）厩戸豊聡耳皇子を立てて、皇太子とす。よりて録《まつりごと》摂政とし、萬機を以て悉《ことごと》く委ねる、（太子は）橘豊日（用明）天皇の第二子なり、母は皇后穴穂部間人皇女（欽明天皇の皇女）である。皇后は懐妊開胎の日[…]（以下誕生伝承）」

②五九四年「二年春[…]皇太子及び大臣（蘇我馬子）に詔して、三宝（仏教）興隆さす[…]」

③五九四年「二年［…］高麗の僧、慧慈が帰化す、すなわち皇太子は師としたまふ［…］」
④六〇一年「九年春二月、皇太子初めて宮室を斑鳩（奈良県生駒郡）に興す」
⑤六〇三年「十一年春［…］来目皇子、筑紫に薨す［…］天皇聞きて大いに驚きて、皇太子・蘇我大臣（馬子）を召されて云々」
⑥六〇三年「皇太子は［…］我、尊き仏像を有す、誰か［…］秦造河勝進みて曰く、臣拝み祀らむ［…］」
⑦六〇四年「十二年［…］皇太子親《みずか》らはじめて憲法十七条を作りたまふ、一に曰く［…］」
⑧六〇五年「十三年夏、天皇、皇太子・大臣及び諸王・諸臣に詔して共同誓願をたてて、始めて銅縫物丈六尺の仏像各一体を造る［…］すなわち鞍作鳥に命じて造仏の工とす、このとき高麗国の大興王、日本国の天皇が仏像を造りたまふと聞いて、黄金三百両を貢上す」
⑨六〇五年「冬十月、皇太子斑鳩宮に居す」
⑩六〇六年「是の歳、皇太子又法華経を岡本宮に講ず、天皇大いに喜び、播磨国水田百町を皇太子に施す、よりて斑鳩寺に納む」
⑪六〇七年「十五年春［…］皇太子と大臣は、百寮を率いて神祇を祭り拝された」
⑫六一三年「二十一年冬［…］皇太子は飢えた者が道のほとりに倒れていた［…］皇太子は飲食を与え、すなはち衣裳を脱ぎて飢えた者に覆《おほ》ひて、安らかに眠れといわれた」
⑬六二一年（要旨）「二十九年春二月五日、夜半、聖徳太子は斑鳩宮に薨去す［…］上宮太子を磯長《しなが》陵に葬《はぶ》る［…］このとき高麗の僧慧慈は帰還していたが、太子の薨去を聞き［…］誓願して曰く、日本国に聖人有り、上宮豊聡耳皇子と申す［…］来年の二月五日には、自分もきっと死ぬだろう、と［…］そして慧慈は定めた日に正しく死んだ［…］時の人たちは誰もが、上宮太子だけでなく、慧慈もまた聖人である、といった」している。
［14］推古紀の、「皇太子なし」だが関連ありそうな記事

⑭五九四年「二年［…］秋七月、将軍たちが筑紫から引き上げた［…］」
⑮五九六年「四年冬十一月、法興寺が落成した［…］慧慈、慧聡、法興寺に住み始む」
⑯六〇二年「十年春［…］来日皇子を新羅攻略の将軍とした［…］多くの神職および国造・伴造らと軍兵二万五千人を授けられた［…］夏四月一日、将軍来目皇子は筑紫に赴いた［…］六月［…］来目皇子は病にかかり、征討の役を果たせなくなった」
⑰六〇二年「夏四月一日、さらに来目皇子の兄、当摩皇子を新羅を討つ将軍とした［…］秋七月二日、当摩皇子は難波から船出した［…］播磨についた、そのとき従っていた妻が薨じ［…］当摩皇子はそこから引返し、ついに征討はやめになった」
⑱六〇三年「十一年［…］はじめて冠位を施行した。大徳・小徳・大仁・小仁・大礼・小礼・大信・小信・大義・小義・大智・小、全部で十二階である［…］」
⑲六〇六年「十四年夏四月［…］丈六の仏像がそれぞれ完成した［…］元興寺の金堂の戸より高くて、堂に入れることができなかった［…］（戸を壊さずに入れた、という挿話）［…］五月、鞍作鳥に詔して［…］おまえの祖父の司馬達等が、即座に仏合利を献上してくれた［…］また国内に僧尼がなかったとき、おまえの父多須奈が用明天皇のために出家して仏教を信じ敬った［…］仏像が完成し、堂に入れるのが難しく、多くの工人は戸をこわして入れようかというとき、おまえはよく戸をこわさず入れることができた。これらはみなおまえの手柄である、といわれた」
⑳六一四年「二十二年十一月［…］高麗の僧慧慈が本国に帰った」

［15］小野妹子……遣隋使の随行使として推古紀に登場するが、娘が（倭国時代の）聖徳太子の乳母の一人だったと伝えられるから、上宮王が推古天皇に小野妹子を随行使として推薦したのではないだろうか。

第七章　「倭」を「やまと」と読む由来

「倭」をなぜ「やまと」と読むか、については議論が多い。「中国がやまとを倭国と呼んだからだ」「九州の倭国がやまとに移ったからだ」「倭国は九州の国だから、やまとは九州の地名だ」など諸説ある。しかし、「倭をなぜやまとと読むか？」をいきなり解明しようとしても答えは出ない。「倭《ゐ》（漢語）」が先で、どのような変遷を経て「倭《やまと》（和語）」にたどりついたか、複雑だが解明できる面白さは格別だ。

◉「倭《わ》」と「やまと」の違い

「倭《わ》国」は一世紀に北九州と朝鮮半島南に跨る海峡国家として中国に認識され、筑紫が宗主国として列島倭諸国を総国「倭国」として束ねてきた。

一方、「やまと」は大和盆地の地名であり、神武が三世紀に建国した王朝名でもあり、倭諸国の筆頭として、また宗主国の筑紫国の兄弟的友好国として倭国を支えてきた。「倭《わ》国」と「やまと国」は本拠地も建国時期も格も異なる別の国である。

だが、記紀は「やまと」を「倭」と記し、「倭」を「やまと」と読ませている（やまと＝倭）。それ以来現代まで、二つの別国が同一であると誤解され、同一のその国の所在地が筑紫なのか大和なのか、の択一論争になってきた。二つの別国を混同させるような「倭《やまと》」表記にどんな由来があるのか、諸説あるが明確ではなかった。[1] 本書では特別な場面以外は「大和」を使ってきたが（養老令七五七年による改字）、ここでは読み方がテーマであるから「やまと」から始める。その経緯の全体「倭」の読み方・使われ方には倭国〜日本の外交に根差した複雑な経緯がある。その経緯の全体に今回初めて光を当て、章題の疑問がほぼ解消すると考える。

◉漢語他称から漢語自称へ　「倭《ゐ》」→「大倭《たいゐ》」

原初の「倭国」は中国が極東の倭人の国に名付けた他称である。[2]「倭」の発音は漢語では漢音も呉音も「ゐ」だから原初の読みは「倭国《ゐ》」であろう。我が国では次第に和語化されて「わ」とも読まれた。[3] 歴史書では通例「倭国《わこく》」と読む（和読）。元は「委」と書いたから「い」だ、とする議論もある。意味としては「倭＝矮、小さい人」だから卑字とする解釈もある。

それを嫌ったか、倭国はある時期（三七〇年頃か）から外交自称として漢語「大倭国」を使おうとした。[4] 中国はこれを倭国の尊大として嫌ったようで結局中国に対しては「大倭」を使わなかったが、[5] 百済・新羅に対しては自尊称として「大倭国」を使い、相手国にも使わせたようだ。外交漢語なので、その読みは「大倭国《たいゐ》」であろう。後述するように、倭国はこの漢語国名を滅亡（六八〇年頃）まで使った。

◉和語化　「大倭《たいゐ》（漢語）」→「大倭《たい》（和語読み）」→「俀《たい》（和語）」

前節の「大倭《たいい》」は百済・新羅向けの漢語国名だが、征戦が続いたこともあり（三六〇～五三〇年頃まで二〇〇年近く）、国内でもしばしば使われた様で「大倭」が和語化してゆく（古来の和語国名（つくしなど）については［注6］）。その根拠は「隋書俀国伝」の遣隋使記事である（隋書六〇〇・六〇七年）。倭国が「俀《たい》国」として隋煬帝に国書を送ったことが記されている。記事には「阿毎多利思北孤《あまのたりしほこ》（あめのたらしひこ?）・我輩雞弥《あはきみ》（おおきみ?）など和語を外交公式名として多用している。これは宋書倭の五王時代の漢風姓名（倭讃など）と大違いだ。この変化は王統が交代したからではなく、同一国の南朝（宋）に対する「朝貢外交」と新参北朝（隋）に対して自国語を前面に出す「対等外交」の違いだろう。従って、国名「俀《たい》」も和語であろう。元の漢語国名からの和語化プロセス「大倭（たいゐ→たいい→たい）→俀《たい》」があったと筆者は指摘してきた。

このような和語を前面に押し出した対等外交は隋の煬帝を怒らせ、一年後には俀は国名を倭国に戻し、朝貢外交に転じた（六一〇年）。しかし、まもなく隋が唐に代わると（六一八年）、倭国は再び対等外交に戻り、唐に対しては「倭国」を使ったが、「遣使はしても朝貢せず」を貫いた。[7] 一方、百済・新羅に対しては大倭（たいゐ、漢語）を、また国内では「大倭《たい》（和語）」を使わせたと考えられる。

◉通称化　「大倭《たい》（和語）」→「大倭《つくし》（和語通称、推定）」

「大倭《たいゐ》（漢語）・大倭《たい》（和語）」は通称として「大倭《つくし》」と訓読された可能性がある。その理由の一つは、元来「大倭」は「総国」の意味であって、国内（非外交）では殆ど使われなかったと思われる。だから、国内で使われたであろう「大倭」は「宗主国＝つくし国」の意味で使われ、その読みも官用訓読「大倭《たい》」でなく通称として「大倭《つくし》」と読まれた可能性が高いだろう[8]（「ちくし」読みについては［9］）。漢語の読み方は時代変化・地域変化・公私での使い分けなど変化が多く、断定は難しい問題である。[10]

理由の二つ目を挙げるなら、注目すべき事例として「斉明朝の人々が唐帝の『倭』に言及したことを噂して『大倭』と使っている。筑紫の意味で使われている例」である[11]（斉明紀六五九年）。大和の人々が噂話で「大倭」といえば「大倭《つくし》」であろう。「大倭《つくし》」があったと推定される。

根拠の第三は天武の「大倭《おおやまと》（総国）」「倭《やまと》（国都）」の読み方の制定である。総国・国都に「大倭《つくし》」の前例読み方があったからこそ、天武が無理なく「大倭《おおやまと》（後にやまと）」を模倣できた、と考えられる。それまでの「やまと」には総国・総国国都の意味合いはなかった。[12]

◉天武の外交漢語国名は「大倭《たいゐ》国」を踏襲

新羅の半島統一で筑紫の進駐唐軍も撤退し、傀儡《かいらい》倭国が消滅し（六八〇年頃）、天武は次第に列島唯一の権力者として外交を司る様になる。天武は新羅との外交で自国の国名に「大倭《たいゐ》国」を使用し続けたと思われる。その推定根拠は、

一、天武紀に外交記事として「新羅使を饗《あえ》す」(六回)とある。
二、滅亡した倭国は半島外交で、漢語国名「大倭国」を使い続けていたようだ。滅亡直前の斉明朝の人々が「倭」を指して「大倭」と言っている(前節)。
三、天武は倭国滅亡後に大和主導で倭国を再興する構想を持っていた程、親倭国・反唐派である。倭国大海氏の養育を受けているからだ(第五章で検証した)。
四、天武の古事記には「倭」「大倭」が多出している。外交で漢語国号「大倭」を使い続けた可能性が高い。新羅に対して「九州大倭国は滅亡したが、やまとが「大倭国」を継承した、だから漢語国号は変えない」と主張したかもしれない。
七、しかし、肝心の唐との外交はなく、唐から戦争責任者の一人と見られていたようで、大和に引っ込んだ(百済人祢軍墓誌[13])。当時の新羅は唐を半島から排斥した立場で反唐派である。天武は倭国と同じ反唐派で、同じ路線である。唐と反目した新羅に近づいたこと、唐の好まない「大倭」を総国名としたこと(古事記)、飛鳥に「大極殿」(天子の政所)の名称を復活させたこと(天武紀)などからそれがうかがえる。

以上から、天武は漢語国号「大倭《たいゐ》」を踏襲したと考えられる。

◉天武の和語国名改号　「大倭《つくし》(推定)」→「大倭《おおやまと》」

ここから天武の和語国名を検証する。天武が漢語国名を「大倭《たいゐ》」と変えなかったから、和語国名は「大倭《たい》」が第一候補だが、天武はその読みを「おおやまと」とした（前々節）。

一、古事記は「大倭」を何と読むか、明示していないが、古事記の「大倭豊秋津島」（島生み譚）と日本書紀の「大日本豊秋津洲」及びこれの読み方注「日本、此れを耶麻騰《やまと》と云う」（紀神代三段一書一）の対応から、古事記の「大倭」を紀が「大日本」に改字したこと、しかし読み方は踏襲して「おおやまと」としたことが分かっている。

二、前項の紀の「日本《やまと》」が紀の「日本」初出である。そこに読み方の注が必要だということは「日本《やまと》は新しい読み方」であることがわかる。そのことが「倭《やまと》も新しい読み方」であることを示している。なぜなら、もし「倭《やまと》」の読み方が広く通用していたら「日本、此れを耶麻騰《やまと》と云う」とする代わりに「日本、此れを倭と云ふ」として「やまと」と読ませたであろう。そう出来なかった事が「倭《やまと》の読み方も一般的でなかった」ことを示唆している。「倭《やまと》」は古来からの常識的な和語読み（訓読）ではない。

三、天武の古事記が「大倭《おおやまと》」を使っているのは新たな表記、ということになる。即ち「やまと（和語名）」の表記を「山跡、夜麻登、野麻登など（表音表記、万葉仮名）」から「倭《やまと》（和語名、表意表記、当て字）」に変えたのは天武、と解釈することができる。その時期は倭国が滅亡した六八〇年頃以降であろう。なぜなら、倭国滅亡前に「倭《やまと》」に改字することは「倭《わ》・倭《つくし》」と混同するからあり得ない。

四、古事記では「大倭《おおやまと》」は総国の意と天皇和名の冒頭数例しか使われていない。「倭《やまと》」はその下の国都国であろう。

五、宗国であった倭国が滅亡したばかりの時代に、天武が自国に漢語国名「大倭国」を継続的に使用しようとすることはそれなりに理解できる。中国の周辺国は王統が代わっても冊封国名を変えないことはある（百済の例がある）。

六、それに対し「大倭《つくし》」が長年使われていたとすれば、これを「大倭《おおやまと》」とか「倭《やまと》」と読みを変えたり、当て字を変えたりするのは混乱を招き、大胆ではあり、ある意味では剽窃ですらある。しかし、「漢語国名（総国）は変えないが、宗主国は『つくし』から『やまと』に代わったのだから、『大倭《つくし》』から『大倭《おおやまと》』に変えることは当然だ」と主張することは大義名分もあり、権力が確立されていれば強行できる。確かに「やまと」は「つくし」に代わって宗主国・総国国都になり、権力が確立していたようだ。[12] 総国・国都に「大倭《つくし》」の前例訓読があったからこそ、天武が無理なく「大倭《おおやまと》」と模倣できた、と考えられる。

以上まとめると、天武は漢語国号「大倭」によって外交的に「倭国を継承」すると同時に、国内的には「筑紫に代わって大和主導」を宣言する和語国号「おおやまと」を結合する両面作戦だったようだ。この両面作戦は次章の国号「日本《やまと》」へ引き継がれる。

◉紀の誤読誘導　「大倭（つくし・おおやまと・やまと）」

やや寄り道であるが、紀の姑息とも読める誤読誘導を指摘したい。天武の訓読変更（六八三年頃）より十年も前の天武紀三年〜四年にその遡及表記「倭《やまと》」「大倭《やまと》」「大倭《おおやまと》」と読めるような、読ませるような記述がある（三例を示す）。読み方の指定がある訳ではないから、「倭《つくし》」かもしれないが、それでは倭国不記載と矛盾する。「遡及表記」かもしれないが、まだ倭国が存続している時代の記録だから読む方は「倭《つくし》」の意味か「倭《やまと》」の意味か混乱する。訓読変更をぼかして前からそうであったように示唆する誤読誘導であろう。

一、倭国→大和王権への権力移行の先取り（誤読誘導）とも読める記事がある。

天武紀三年六七四年
「対馬国司守忍海《おしぬみの》造《みやつこ》大国《おおくに》言ふ、銀始めて当国に出でたり、即ち貢上す［…］凡そ銀の倭国に有ることは此時が初出」

ここの「倭国」は対馬を含むから「総国」である。この年の倭国は唐軍管理下の傀儡ではあるが、消滅した訳ではないから本来は紀の「倭国不記載」の対象であるはずだ。この原則を超えた「総国倭国の数少ない記載例」と云ってよい。原則を破る時には何らかの言い訳が用意されていることが多いから、何らかの理由「貢上先に大和王権も含まれていた」とか「倭国から大和王権へ分配があった」などがあったのかもしれない。しかし言い訳はあるにしても原則を破った意図は次項以下から明らかである。単純な「倭国《やまと》」の遡及表現ではない、確信犯的誤読誘導例である。

二、紛らわしい「大倭国」

天武紀四年六七五年正月

「大倭国瑞鶏を貢す、東国白鷹を貢す、近江国白鵄を貢す」

ここの「大倭国」は従来「大倭国《やまと》」と読まれて来た。次の「東国の貢」には壬申の乱の恩賞に対する礼もあろう。その次の「近江」は廃都の始末の意味もあろう、天武の足元のやまと国が年賀に珍物を貢ぐのは自然である、そう誤読できるように書いてある。しかし、「大倭《やまと》」の訓読初出は六八三〜六八五年であるから、六七五年のここは「大倭《やまと》」ではない[14]。では、古事記記載の「大倭《おおやまと》」であろうか[15](遡及表記については[16])。古事記の「大倭国《おおやまと》」は総国の意味で、「総国が貢ぐ」はあり得ない。だからここの「大倭国」は「やまと」でもなく「おおやまと」でもない。年代から「大倭国《たい》」か「大倭国《つくし》」しかあり得ない。しかし、「総国」「宗主国」が分国(やまと国)に貢ぐ」もまた論理上あり得ない。この六七五年はまだ「唐軍の筑紫撤退・略奪・破壊・倭国滅亡」の始まりに過ぎない時期だが、「天武やまと国」へ倭国救援要請や貴族等の亡命が始まった可能性はある。そのような「大倭国《つくし》の個人の貢ぎ」を天武側が「大倭国(筑紫国)がやまと国に貢いだ」と誇大に表現したかもしれない。つまり、この「大倭国」はささいな非公式事例を針小棒大に「長年倭国(総国)の中の宗主国であった筑紫国が、宗主国でない筑紫国に変わったのはこの頃からだ」と読めるように誤読誘導している、と解釈する他ない。

似たような「国内倭諸国から天武への貢」初出はこれに先立つ「天武二年、備後国司白雉を亀石郡に獲り貢ぐ」がある。西日本から天武への貢ぎが始まっている。備後（広島県辺り）からの「貢」は天武紀にとって特記事項だったのだろう。

三、前項は天武改号「倭《やまと》」の動機になったか。天武紀四年の「大倭国《つくし》が貢ぐ」を受けた天武は「貢ぐ筑紫はもはや大倭国（＝宗主国）ではない。大倭国はやまと国である」として「大倭《つくし》」を「大倭《やまと》」へ改訓し、「やまと」の当て字を「夜麻登」等から「倭」へ変更する意思を固めたきっかけになったかもしれない（実行はもう少し後年）。

ここで、「訓読変更、改訓」と「当て字変更、改字」は表裏一体であるが、同一ではない場合もあり、組み合わせる場合もあり複雑である。「大倭《つくし》（訓読）」を「倭《やまと》（当て字）」に変更するのは「訓読変更（大倭［つくし→やまと］）と当て字変更（やまと［大倭→倭］）の複雑な変更」を含むことになる。

四、遡及表現も混在しているようだ。同じ年に「大倭＝やまと」と思われる記事が出てくる。

天武紀四年六七五年

「大倭、河内、摂津、山背、播磨、淡路、丹波、但馬、近江、若狭、伊勢、美濃、尾張等国に勅して曰く、所部《くにのうち》の百姓《おおみたから》の能く歌ふ男女、及ぶ侏儒・伎人を選びて貢上せよ」

ここの「大倭」は大和近隣諸国名に混じっている。近くの諸国に芸人を出せ、という軽い命令である。ここは元々「やまと（夜麻登など）」だった表記が後世の改字令に従って「大倭《やまと》」に遡及表記した可能性の方が高いと考える。なぜなら、大倭《つくし》（この頃の宗主国）に向かって「貢上せよ」はあり得ない。同じく「大倭《おおやまと》（後の総国）」に向かってもあり得ない。「大倭《やまと》改名六八三〜六八五年説」に従えば六七五年記事では未だ「大倭《やまと》」はないはずだ。従ってこの「大倭《やまと》」は遡及表記と思われる。

前項と同じ年、同じ「大倭」に別の解釈を当てる根拠は十分でないように見えるが、前項が「大倭《つくし》しか考えられない」のに対し、本項が「大倭《つくし》はあり得ない」から、前述のような別の解釈（遡及表現）とすることも検討の余地あり、という提案である。

このように、この数年間の記述にはそれまでの「明確な倭国《わこく》不記載」とそれ以後の「明確な倭国《やまと》記載」の間に「あいまいな倭国の混入、端境期」のような「倭国」が紀に顔を出す期間である。いずれも紀の細工であろう。

◉国都国冠字「倭《やまと》」から「大倭《やまと》」へ

倭国は漢と外交する時は国名「倭国」を使い、百済・新羅に対する国名は「大倭国」を使ったと前述した。[4] 天武は外交を継承したが、新羅としか外交しなかったので、自国名は「大倭国」である。それを国内で使う時は「大倭国《おおやまと》＝総国」、「倭国《やまと》＝国都国」と区別して読ませた。古事記には両方出てくる。「大倭」は総国（一回）と天皇名冠字（おおやまと、五例）のみ出てくる。

しかし、国内では総国が話題になることはほとんどなく、和語「大倭国《おおやまと》」は死語同然になったようだ。そこで、せめて「倭国《やまと》」を国都国として際立たせるべく、改めて当て字にして「大倭国《やまと》」とした。この実施を明記した記録はないが、それを前提とした記事から推測される（倭直氏を大倭直氏に改姓した記事が六八三年〜六八五年の間に始まる。当て字変更で、読みは変わっていないだろう[17]）。天武崩御の直前である。従って、この事績が天武であることは確かなので、遡って「やまと→倭《やまと》」の国号変更（当て字変更）も天武であり、その時期は「倭国滅亡（六八〇年頃）以後、大倭《やまと》改号（六八三〜六八五年）以前」、従って六八〇〜六八三年頃である。

◉国都国改号　「大倭《やまと》」から「大和《やまと》」へ

文武《もんむ》の時代となり、総国は「日本国」となり（七〇一年）、都も飛鳥から平城京に移った（七一〇年）。「大倭《やまと》」は最早国都国でなく、一令制国となり、「大養徳《やまと》」と改定された（続日本紀七三七年）。更に、「大倭《やまと》」に戻され（続日本紀七四七年）、「大和《やまと》」に改定された（養老令七五七年）。この表記が現在まで続いている。

以上、「やまと」の表記の変遷を見て来た。複雑に変化しているが、それぞれに根拠と納得性がある。決して古代から「倭《やまと》」であった訳ではないし、それが「大和《やまと》」に変わる由来に「大倭」があったこと、「倭《ゐ》」から「倭《やまと》」への和語化過程には複雑な途中経緯があったことがおおむね解明できたと考える。

◉「日本《やまと》」

日本建国後、天武の総国「大倭」・国名地名「倭」・天皇名の「倭」（古事記）の多くが「大日本」「日本」などに改字された。改字の原則は様々ある様だが次章に譲り、ここでは「倭《やまと》」が関係する事項だけをまとめる。

一、天武の和語国名「大倭《おおやまと》」は文武建国によって「大日本《おおやまと》」へ改号された（次章）。

二、古事記は正式には発行されずに封印された。従って「古事記にあるからそう使われた時期があった」とは必ずしも言えない。例えば、「天皇名の冠字、倭《やまと》・倭建命《やまとたけるのみこと》など」は古事記にあるが封印されたから、公式には「やまと（夜麻登など）」からいきなり日本書紀の改字「天皇名の冠字日本《やまと》・日本武尊など」になった可能性が高い。

三、「人名・地名の倭《やまと》」は残された。これらを天武は通達や政令で改字させたようで、古事記の封印に関係なく実行され、以後も地名・人名が「倭《やまと》」のまま残った例は多いようだ（倭《やまと》馬飼造（天武紀六八三年）、大倭《やまと》連（天武紀六八五年）など）。

四、九州倭国由来の「倭《わ》」「倭《つくし》」が人名などに読みもそのまま残ったもの、元は「倭《つくし》」であったものをやまとへの移住などで「倭《やまと》」と読み変えたもの、改名した人名などがあった可能性もあるだろう。

などの原則があったと想像される。これについては次章も参照されたい。

以上、「倭」を「やまと」と読み、「やまと」を「倭」と記したのは天武以降である。

第七章［注］

［1］「やまと」の表記……「やまと」には「夜麻登・山跡・倭・日本」など様々な表記があり、時代により、文書（記紀）により、文体（本文・歌）により使い分けられてきた。筆者はこれまで「大和地方にあった国」として後世の「大和」を敢えて標準的に採用し、特に意味のある時だけ「やまと」とした。

しかし、ここでは表記そのものを課題とするので、「大和地方にあった国」を「やまと」から始める。

［2］「倭国」の初出……後漢書五七年に「倭奴国、貢を奉りて朝賀し、使人は自ら大夫と称す、倭国の極南海也、光武は賜うに印綬を以ってす」とある。

［3］倭《わ》……読み方の例、「倭我伊能致《わがいのち》」（雄略紀十二年条）のように万葉仮名として「わ」と読まれていた例がある。

［4］「大倭《たいゐ》（漢語名）」は百済・新羅に対して使った……紀に百済記・百済新撰の引用文としての使用例が出てくる。「百済記に云はく［…］加羅国の王の妹既殿至《けでんち》（名）大倭に向《まうで》きて啓《まう》して云ふ云々」（神功紀六十二年条四二〇年頃か）とある。また、「百済新撰に云う［…］蓋鹵王《がいろおう》、弟の昆支君《こんしくん》を遣わし、大倭に向かわせ天王（前田本に依る。卜部《うらべ》本以降は天皇と写すが誤り）に侍らし、以って先王の好を脩《おさ》むる也」（雄略紀五年条四六一年）とある。紀には「海外史書の原文尊重方針」があり、ここの大倭・天王は当時の使用例と解釈される（「日本書紀の謎を解く」森博達、中公新書、一九九九年）。しかもこれらの前後に近畿を意味する「日本」が書き分けられているから、ここの「大倭」は「倭国」を指す。紀にはこれとは別に後年の「大倭《やまと》（六八三年頃の新当て字）」の遡及表記がある。例えば垂

仁紀二五年条であるが、こちらは直後に「箸墓」が出てくるから「やまと」である。この混在を弁別しないと惑わされる。

[5]「大倭国」は中国に対しては使わなかった……宋に対しては倭国・倭国王を自称している（宋書夷蛮伝四五一年など）。隋に対しては「大倭」は使っていないが、それは更に好字を選んで「俀《たい》」と自称しているからだ。これが隋帝に嫌われ「俀」も「倭国」に戻している（隋書六〇八年）。唐に対しては「大倭」を使った情報がない。斉明紀六五九年に唐から帰った伊吉連博徳関連記事に「大倭」が出てくるが、これは斉明関係者の噂話（和語）であって、倭国が中国に対して漢語「大倭」を使った、とは解釈できない。

[6]古来の国名……古来は漢字も「総国」の概念もなかったから、筑紫の人は「つくし」「つくしのくに」と口語自称し、大和の人は「やまと」「やまとのくに」と口語自称したであろう。つくしはやまとなどを「ひもと（東方）」と他称したようだ（次章）。「筑紫」「筑紫国」「夜麻登」「日本《ひもと》」などの漢字当て字表記（表音当て字・一部表意当て字）は国内では四世紀後半（半島征戦）以降か（外交はもっと早い）。表音当て字はもちろん中国史書が先で魏志倭人伝（三世紀）に「伊都《いと》国」などが出てくる。総国の概念も中国がもたらした他称「倭」「倭国」（一～三世紀）が先で、自称「大倭」が四～五世紀である。

[7]朝貢せず……例外は、白村江敗戦後の「傀儡倭国」は朝貢した。唐会要倭国伝に「咸亨元年（六七〇年）三月、使いを遣《つかわ》し高麗を平らぐを賀す。爾後、継《つづけ》て来りて朝貢す」とある。

[8]「倭《つくし》（＝九州）」……古田武彦は「古代は輝いていたⅢ」（ミネルヴァ書房）の「あとがき」で、「史料に『倭』とあれば、それは『チクシの倭』か、『ヤマトの倭』か、これを判定しなければならぬ」と、問題提起している。更に「記紀は倭《やまと》と読ませているが、倭国＝九州である以上『やまと＝九州』である。あるいは『やまと＝倭《チクシ》』が正しい」としている。これに対し、坂田隆は「日本の国号」（一九九三年、一四七頁）でこれに逐一反論し、「倭《やまと》＝大和」が正しい、としている。筆者は「ある時代までは

古田説が正しく、有る時代以降は坂田説が正しい」と考える。「倭国滅亡（六八〇年頃）」までは「倭の本拠は筑紫」だから、漢語の「倭」を訓読（同意和語読み）すれば「倭《つくし》」として良い。同じ理由でその時代までは「倭《やまと》」の訓読は成り立たない。なぜなら、この頃までの大和は倭国《つくし》を宗主国とする倭諸国の一つ「やまと国」だから、「倭」と「やまと」は同意語ではない。従って「倭《やまと》」は訓読（同意和語読み）としては成り立たない。しかし、時代が進み「倭国滅亡」によって事態は逆転する。「倭（国）」の実体がなくなったのだから「倭」字を別の意味に使っても「倭国」の権威侵害には当たらない。天武は「自分は倭国（総国）を継承し、宗主国を筑紫から大和に移したのだから『倭《つくし》』を『倭《やまと》』と改訓した」としたのだろう。

［9］「ちくし」読み……古田武彦は「筑紫」を「つくし」でなく「ちくし」と読むべき、と主張するが根拠は十分でない。漢音・呉音とも「ちく」であることは間違いないが、漢字のない時代から「つくし（和語）」が先にあり、漢字表記の必要性から、「筑紫《つくし》（表音当て字）」が当てられた、と考える。その後、筑前《ちくぜん》などの造語・漢語読みが加わり現在は「築《つく》」「築《ちく》」両方ある。即ち、「つくし（和語）→筑紫《つくし》（表音当て字）→筑前《ちくぜん》（漢風名造語と漢音読み）」の順であろう。古来「筑紫《つくし》」が慣用されていた、とするのが正しいだろう。ただ現在の現地読みは筑紫《ちくし》が多い。筑前が長かったからではないだろうか。引用は、古田武彦「古代史再発見（第二回）」（王朝多元―歴史像、一九九八年）「倭」を筑紫と読むか大和と読むか、の議論の一部。http://www.furutasigaku.jp/jfuruta/kouen2/j2kouen4.html

［10］大倭《たい》……安閑紀五三四年（六世紀）に「大倭国《たいの》　勾　金橋《まがりのかねはし》に遷都す」とある。記紀編纂時の「倭国不記載」の方針があり、通常は当時の倭国の自称名「大倭国」は記さないが、大和王権領勾金橋を含む「大倭国《つくし》（通称）」なら倭国記載ではない。更に、天武の時代に「大倭国」の改訓「大倭国《おおやまと》」が既にあったから、紀の読者は「やまとの勾金橋」と誤読してくれるから使ったのだろう。

［11］「大倭《つくし》」の別例……斉明紀六五九年に「（遣唐使に対して唐の）天子相見て問訊《い》し、日本国の天皇、平安なりや、と［…］勅旨す、国家来年必ず海東の政あらむ（戦争となるだろう）、汝ら倭の客東に帰

ること得ざる（抑留する）」。同六六一年に「（伊吉博徳は許されて困苦の末帰国し）朝倉の朝庭の帝（斉明天皇）に送られた［…］時の人称して曰く、大倭の天の報い、近きかな」とある。

この遣唐使は「倭国（九州）」の派遣であるが、唐に対して再度「対等外交」を主張していて「遣使すれども朝貢せず」の方針を取っていた。倭国は対応を和らげる為、自称国号「大倭」を唐には使わず「倭国」を使ったが、更に親唐派の斉明の使い伊吉連の随行を許した。これは孝徳時代からの同じ「大和の随行使」形式であるが、唐は「遠交近攻策」を取り、伊吉連に「唐帝から斉明天皇宛ての親書」を託した。曰く「日本国の天皇、平安なりや」と。「遠交策」である。逆に「倭」に対しては「来年は必ず戦争になるだろう」と脅している。「近攻策」である。「大倭に天罰が下るだろう」と噂したのは大倭《つくし》の人ではない。他人事のような口調だから斉明朝の人である。大和の人だ。「大倭《たい》」などと言っても大和の人々には通じないから、「大倭《つくし》」と言い慣わしただろう。日本は形式的には大倭の一分国（近畿）である。しかし、唐は意図的に独立国扱いしている。唐の斉明宛てには「やまと」より広い見做し国号「日本国」を使っている。しかし、これは裏外交であって、公式中国史書の「日本」初出は「日本建国、遣唐使」以後の旧唐書日本伝からである。

［12］国名と国都名……議論がある三例を挙げる。魏志倭人伝の「邪馬台国」は「女王の都する所」だから国都名であり、その場所は不詳だが大和とする解釈がある。また、隋書に「俀国（倭国）は魏の時、邪靡堆（やまと？）に都す」とある。これも国都である。しかし、誤解もありいずれも一説に留まる。舒明は万葉集二番歌で国都「山常《やまと》」と豊国を含む拡大国名「八間跡《やまと》」を書き分けている。天智は傀儡倭国からの独立を宣言し「日本国」と称した（三国史記六七〇年）。しかし、その国都は「近江」であって国都「やまと」の例ではない。天武は国都「倭《やまと》」・総国「大倭国《おおやまと》」を制定した。後者はほとんど使われなかったようで、後に国都「倭国《やまと》」が「大倭国《やまと》」と表記され、更に「大和国《やまと》」に至る。

［13］百済人祢軍墓誌……二〇一一年に中国で見つかった百済人祢軍《でいぐん》（人名）墓誌拓本である。祢軍は中国系百済人で百済朝廷高級官僚、対唐戦で捕虜となったが抜擢されて傀儡百済政権の高級官僚となり、

唐の対倭国交渉にも加わった。六七八年頃没し、墓誌の拓本のみが二〇一一年に中国で見つかった（その後墓標もみつかった）。全文八八四字、注目ヶ所は「［…］去る顕慶五年（六六〇年）、官軍（唐軍）本藩（百済）を平らげる日［…］于時（ときに）日本の餘噍《よしょう》（残党）は扶桑（近畿）に拠りて以って誅（罰）を逋《のがれ》る」（百済人祢軍墓誌六七八年頃）。六七八年とは壬申の乱（六七二年）後、天武の時代である。「日本の残党」の代表は天武である。倭国は罰せられた（消滅した）が、天武は「近畿に拠りて罰をのがれる」と唐が見ている。白村江戦の戦犯と見られているのだ。

［14］「大倭《やまと》国」改号の時期……天武の古事記は「大倭《おおやまと》」と読ませていたことが、日本書紀との比較から解っている。同じ天武が「倭《やまと》」の一部である国都「倭《やまと》」を「大倭《やまと》」と改号（改字）した。坂田隆は「日本の国号」青弓社、一九九三年の中（一二七頁）で、国名変更に由来する役職氏名変更記事（倭直氏→大倭直氏など）の解析から「倭国《やまと》」から「大倭国《やまと》」への改号は六八三〜六八五年の間に成立した、と結論している。これは天武の崩御近くであるが、天武の事績である。

［15］古事記の大倭《おおやまと》……古事記は「大倭《おおやまと》」を総国・列島の意味で一回（大倭豊秋津島《おおやまとひこすきとものみこと》を生む）、他には「天皇和名の頭に冠している例」がある（二代・四代懿徳（大倭《おおたまと》日《ひ》子《こ》鉏友命《すきとものみこと》）・孝安・孝霊・孝元・清寧）。極めて少ない。それに比べて、「倭《やまと》」は国都「倭国《やまと》」・地名・地名からくる姓名など多様に多量に出てくるが、大半が大和と思われる。「夜麻登」などから改字で「倭」となったもの、筑紫の「倭」姓の移住なども含まれる様で一様ではない。

［16］遡及表記……「やまと」の表記が万葉仮名から「倭」の字に変わったのはある時点だが、記紀が神話にまで遡って「倭」と記したり、古代天皇名を「大倭《おおやまと》云々」と記すのは遡及表現である。

［17］大倭《やまと》……坂田隆は「日本の国号」青弓社、一九九三年の中（一二八頁）で、倭直氏《やまとのあたい》・倭国造《やまとのくにのみやつこ》氏の氏名変化（大倭直氏・大倭国造）の記事年代分析から、倭国《やまと》→大倭国《やまと》の国号変更を六八三年〜六八五年の間、変更理由は「国都冠字『大』の追加」と推定した。天武崩御（六八六年）の直前である。

第八章　国号「日本」の二つの源流とその合体

国号「日本」には二つの源流があった。その一は、大和地方の和語国名「やまと」の流れである。「夜麻登《やまと》」「山常《やまと》」などが長らく使われてきたが、天武によって「倭《やまと》」（六八〇年頃〜）に改字（当て字）された（古事記など）。その二は、漢語地方名「日本」の流れである。元語は和語地方名「ひもと（列島東方、神武紀）」だったが、漢語化されて「日本（列島東方、四世紀〜）」となり、倭人が半島で使ったので、半島諸国が国名ではないが「日本国」と呼び習わした（見做し国名）。

　倭国滅亡後、文武が建国して、漢語国名を「日本《じつほん》」としたが、後に国内向けに「日本、これをやまとと読め」と和語国名にしたことにより、二つの流れが合体した。これは「外交向け中国朝貢姿勢」と「国内向け大和王権主導姿勢」を内外で使い分ける両面作戦とも言える苦心の国号であった。

●国号「日本」　はじめに

日本国は七〇一年に建国された。その後の日本書紀の注に「日本、これをやまとと読め」とあり、「読み方を説明する必要がある新しい国号」のように見える。しかし、紀には古代からポツポツと「日本」の文字が出てくる。神代紀に「大日本《おおやまと》豊秋津島を生む」とある。応神紀に「高麗王、日本国に教う」とあり、欽明紀に「任那日本府」が多出している。どこまでが、当時の文でどこまでが後世の表記（遡及表記）なのか、議論が多い。

当時の国際正式国号は共通語の漢語国号である。更に概《おおむ》ね中国が認めた漢語国号である。その意味では、日本列島の正式国号は有史以来七〇一年までが「倭《ゐ》」、以後が「日本《じっぽん》」である。ただ、本章では多い議論を整理する為に、正式以外に使われた国名も扱う。自称・他称・ローカルな用法・見做し国名（国名でないが、国名風に呼ぶ）・和語など様々なレベルがある。以下、国号・国名を特別以外は国名と記す。

◉国名「日本」の二つの流れ　その一　和語「やまと」の流れ

これまで殆ど指摘されていないが、国名「日本」には神代《かみよ》から二つの流れがあった。その一は和語国名「やまと」の流れ、その二はのちの漢語国名「日本」の流れである。その二つが合体したのは「日本建国」よりも後、日本書紀から後である。

その一、「やまと」の流れの概念ははっきりしているし、流れはすっきりしている。「やまと」は大和地方の地方名・国名として古来からあった。神代紀に「大日本《おおやまと》豊秋津島を生む」とあると前節で触れたが、「豊秋津島は神武の命名」であるし（神武紀、次節）、「日本」の表記はまだ字のない神代から使われたはずもなく遡及表記である。元の口語「やまと」だけが元語であろう。ここでの注目点はその「やまと」が神代の時代から使われていたことが神代紀に示唆されている点である。字が伝わってからは「夜麻登《やまと》」「山常《やまと》」など多様な当て字（表音漢字表記）が永らく使われた。大和盆地は山々に囲まれ、領域境界も比較的明確である。大和王権が時代と共にその内のどこまで支配したかは別として、言葉としての「やまと」は明確である。

　時代は下って、天武は「やまと」に新当て字「倭《やまと》」（六八〇年以降）を定め、日本書紀は新々当て字「日本《やまと》」（七二〇年以降）を指定した。[1] これらは和語「やまと」を主体に、漢字「倭」や「日本」を当てた「新規な当て字」、政治的な意味合いが強い「改字」である。これらを新訓読（改訓）とするのは正しくない。「訓読とは漢語の意味を維持した同意和語読み」と理解すれば、漢語の「倭」と漢語の「日本」とは意味が異なるから改訓ではない。

　以上、和語国名「やまと」の表記法変遷の流れを概観した。即ち、
「やまと」→「夜麻登《やまと》」など→「倭《やまと》」→「日本《やまと》」
である。その政治的意味は後述する。

◉その二　漢語「日本」の流れ

「日本」の流れは古い。その最古の用例はイザナギの言葉「日本は浦安の国」として残っている。

　神武紀三十一年条（末尾近く）

「（神武天皇）巡幸す［…］丘に登りて、国の状を廻《めぐ》らし望みて曰く、あなにや（あゝ）、国を獲《え》つること［…］うつゆうのまさき（せまい）国と雖《いえど》も蜻蛉《あきづ》（とんぼ）のとなめ（交尾）の如くにあるかな、とのたまふ、是に由《よ》りて、始めて秋津洲の号有り、

昔、伊奘諾尊《いざなぎ》、この国を目《なづ》けて曰く、日本は浦安の国、細戈《くはしほこ》（銅矛か）の千足《ちだ》る（千もある）国云々、とのたまいき」

神武は「日向」を出て大和に東征し、国見をしてこの国を「秋津洲《あきづしま》」と名付けた、とある。紀はこの記事に続いて、先人達が「この国」をなんと呼んだか数例を記している。[2] その一つがこれだ。定説はここも「日本《やまと》」と読ませている（紀岩波版など）。しかし、イザナギが「日本は浦安」と名付けた（表現した）「この国」とは神武が国見をした「やまと」だろうか。否、「やまと」に「浦」はないから「やまと」ではない[3]（「日本≠やまと」）。しかし「やまと」に続く記述だから、「やまとを含む地」の名付け譚であろう。ではイザナギの「日本」は何処か、そして何と読むか？

これを検証する。

一、イザナギ一族は「交易を生業とする対馬海人であった」と検証した（第一章）。「浦安」も「細戈《ほそほこ》」も交易海人イザナギらしい言葉である。「イザナギ時代の言葉」と言った方が正確であろう。[4] 日本書紀は原則的には漢文で、特記がなければ「日本」は漢語である。ただこの時代、文字も漢語もない時代だから、口語和語に後世当て字表記したのであろう。

二、「日本」は何の口語の「後世の当て字」か？「日本」と類似の「日向《ひむか》」が参考になる。なぜなら、神武紀では出発地が「日向」で、終着地が「日本」である。二つの地名は対で使われている。その内「日向」はニニギの詔で「（海から）朝日の直《ただ》刺す地」と褒め称えられた地、この時代には漢字も漢語もないから「日向」は後世の当て字であろう。その原語は「朝日に向かう」の口語の「ひにむかう」「ひむか」であろう。「讐武伽《ひむか》」とも記されている（推古紀二十年条）。それに適合する北九州唯一の地は「門司」である（第一・二章）。その「ひむか」にいるイザナギが東の瀬戸内海（浦安）を「日本」と呼んだとすれば、漢字も漢語もない時代であるから原語は「朝日の出るもとの地」の口語の「ひのもと」「ひもと」であろう。「ひむか」と対ならば「ひもと」とするのが妥当だ。[5]

三、地図を見れば明らかだが、門司から大阪への最短航路は、最初の一〇〇キロメートルは島に遮られることもなく真東に直航、その後は島々を避けてジグザグだが、概ね東北東である。「日向（門司）」にいるイザナギには「浦安の国」は視界の果てまで真東《ひもと》の先にある。「日《ひ》本《もと》」は文字通り「真東の地」の意味で使われている。九州視点の他称である。[6]

以上から、イザナギの「日本」は「ひもと（東方、和語）の地」を指す北九州視点の地域名で、他称である。国号・国名ではない。

◉和語「ひもと」はその後漢語化された→漢語「日本《じっぽん》」

「ひもと（東方・近畿）」と同じ概念の漢語「日本」が垂仁紀（四世紀）以降の半島関連記事に現れる。[7]九州の人々が半島と交易などをする時に物産産地など列島東方を指す「ひもと」を「表意漢字表記」して漢語「日本」を造語したと考えられる（共通の表記言語は漢語）。「やまと」「きび」など細かい地名を言っても半島の人々は解らず興味がない。「列島の東方」のような概括的地名が必要だったのだろう。新羅から見ても北陸・近畿地方は「東方」で、「日の出る本《もと》の地」は理解され易い。当時の列島は呉音主流で漢語としては「日本《にちほん》」と発音したであろうが、半島では北からの漢音が主流だから「日本《じつほん》」と読まれたと考えられる。四世紀前半から半島諸国の王族が「日本国」と呼び、認識している記録が複数ある。更に、半島征戦（四世紀後半）で倭国軍が東軍（東方連合軍／神功軍）を神功・応神・仁徳に任せ「日本軍」と地元軍に紹介し、そう呼ばせたようで、東軍も自分たちを「日本」と自称した（神功紀、日本貴国）。[8]東軍が大和軍だけでなく、近畿・北陸・東国等の広域軍だったからだ。その結果、半島人にはあたかも一つの国のように見做され、次第に「日本国」と認識されたようだ（見做し国名）。必ずしも大和王権が広域「日本」を支配していた訳ではない。

◉和語「ひもと」は使われなくなった

口語和語「ひもと」はイザナギの時代から使われ、その漢語化「日本《じつほん》」は四世紀からあったと前述した。「ひもと」は神武紀に二回出てくるだけなので、「その解釈は想像に過ぎない」との批判があろう。しかし、同じ概念の漢語「日本」が後述するように繰り返し、根強く現れることから「列島の西の人々が半島で長年使った呼称」と解釈でき、「その和語も相当使われた」と推定されるのである。

和語「日本《ひもと》」も五世紀頃まで使われたはずだが次第に使われなくなり、漢語化された「日本」が海外のみで使われたようだ。なぜなら、海外の「日本（漢語）」関連記事は多数有るが、国内の「ひもと」と同じ概念の「日本《ひもと》（東方、和語）」関連記事は神武紀以降ないからだ。九州の人々も「ひもと（東方）」でなく、「やまと」とか「きび」とか具体的に呼ぶようになり概括的呼称の「ひもと」が使われなくなったのではないか。しかし、海外では逆に細かい地名は覚えられず、「列島東方」の意味で漢語「日本」が使われ続けたのだろう。

◉漢語「日本」は半島で（のみ）使われ続けた

半島では「日本」は使われ続けた。倭国・日本連合軍が半島で新羅征戦を続けたからだ（三六〇年頃から一〇〇年以上）。これを検証できる資料は殆ど日本書紀だけである。その理由は「中国の列島公式認定国は倭国のみ」であって、裏外交で日本と接触しても中国は公式史書に載せないからだ。また百済三書は紀に引用されている文に「日本」が出てくるが（逸文）、本体は失われている（逸書）。また、新羅史は高麗時代（日本建国以後）の三国史記に再編されているので、倭国は出てくるが、日本建国以前の「日本」については殆どない。

そこで日本書紀の「日本」を漢語系（その二の流れ）を中心に検証する。

一、神武紀以降～神功紀以前の「日本」

垂仁紀に半島王族の言葉として漢語系「日本」が出ることは前述した[7]（前々節）。和語系「日本《やまと》」は多出するが後世の遡及表記なので除いた（例、日本《やまと》根子□□天皇・日本武《やまとたける》尊など）。

二、神功紀の「日本」

神功紀には漢語系「日本」が何度も出てくる。新羅王の降伏譚に「日本」「日本国」が、また百済王の言及に「日本貴国」がある。越（近畿）を出た仲哀・神功軍（近畿・東国軍＝日本軍）は倭国軍と共に熊襲征伐に成功した（仲哀紀）。そこで神功は次の倭国王の提案「新羅征戦」に備えて北肥前に「日本貴国」（日本軍兵站基地）を建てた。神功紀では「日本」「日本国」の使用者は殆ど百済王・新羅王であるから漢語系である。

三、応神紀・仁徳紀の「日本」

応神紀二八年条に「高麗王が遣使上表し、日本国に教える、とあり、けしからんと表を破った」とある。応神紀・仁徳紀の「日本」はこの漢語一例のみである。

応神時代は「倭の新羅・百済の制圧（三九一年）」（広開土王碑）のような海外征戦で大戦果のあった時代である。また、仁徳時代は新羅を制圧して倭国と日本が新羅の王子ら二人を人質にとって分け取りした時代である（三国史記四〇二年・神功紀）。当然これらに「日本」「日本貴国」が多出するはずである。しかし、この戦勝譚・人質譚は神功紀にまとめて記載されているので、応神紀・仁徳紀には前記一例以外の「日本」が出て来ない。

四、雄略紀の「日本」

雄略紀に「日本」は一五回程現れるが、その内一二回は百済王の兄弟の訪倭・訪日譚である。「百済王が弟を倭国に（人質として）送り、その弟が末弟を日本に送った」（雄略紀五年条、「参考」五節参照）とある。半島では倭国と日本の存在は拮抗していたようだ。だから、海外文献にも倭国と日本は対で出てくる傾向にある。[9] いずれも漢語系「日本」である。

その他天皇名が一回（白髪武広国押稚日本根子天皇＝雄略天皇）、書籍名二回（日本旧記）である。いずれも後世の用字（遡及表記）である。

五、継体紀の「日本」

継体紀に漢語系「日本」は一一回出るが、大半が百済・任那関係である。倭国に要請されて東国倭諸国が「日本軍」として参加したと考えられる。

例外は継体紀七年「詔して曰く［…］日本邕邕《ようよう》、名《な》天下にほしいまま、秋津赫赫。誉《ほまれ》王畿に重なる」である。この頃の継体は大和豪族から「出自不祥」と思われたか即位二十年も「やまと」に入れず近畿周辺の宮で過ごした（この年は近畿の京都付近）。その意味で「王畿」と威張っているが内容は「日本《やまと》」ではなく「日本《ひもと》（東方＝近畿倭諸国、和語）」に近い。即ちその二（漢語系）の流れに近い。また、この文が漢詩風だから、この「日本」も漢語系だ、と解釈しても良いだろう。

六、欽明紀の「日本」

欽明紀は「日本府」が三四回現れる。既に任那は新羅と百済に分割支配されていたが、倭国軍の代役である日本軍（東方諸国軍）中心の「日本府＝任那復興交渉代表組織」の交渉譚だ。漢語系であるが、自称である。

七、安閑紀〜推古紀前期の「日本」

この期間、紀に「日本」は現れない。その理由は、この期間の大和王権は九州豊国〜肥前に遷都していた（筆者指摘）。この時期、大和王権自身に「日本《やまと》」「日本（東方＝近畿倭諸国）」どちらの意識もないし、諸外国も「倭国訪問のついでに（九州内）大和王権訪問」があっても「日本（東方諸国）」とは呼ばなかったのだろう。

八、推古紀後期の「日本」

推古は豊国豊浦《とゆら》宮から大和小墾田《おはりだ》宮に遷都した（六〇三年、筆者説）。とたんに「高麗王が日本の天皇（推古）が仏像（丈六仏）を造ると聞き、黄金三百両を貢上した」（推古紀六〇五年）が現れる。以降、聖徳太子と半島仏教の関連事績として「日本」が三回現れる。いずれも半島関係者の使用語で漢語系である。

九、舒明紀・皇極紀の「日本」

この期間に「日本」は現れない。その理由は両天皇は再び九州（肥前、蘇我氏提供の宮）に遷都したからだ。この期間、倭国を訪問した唐使高表仁が倭国と争い（旧唐書六三一年）、遠交近攻策で大和王権の舒明の歓待を博多難波津で受けている（舒明紀六三二年、「天皇」は現れるが「日本」は現れない）。

●孝徳紀の「日本」

「日本」は四回現れる。

①大化元年（六四五年）「高麗使に詔して曰く、明神御宇日本天皇云々」

②大化元年（六四五年）「百済使に詔して曰く、明神御宇日本天皇云々」

③大化二年（六四六年）「（諸卿に）詔して曰く、明神御宇日本倭根子天皇云々」

④白雉五年（六五四年）「（唐役人が遣唐使の随行使（孝徳派遣）に）日本国の地理および国の神の名を問う、みな問いに随い答える」

ここで、①〜③に「御宇」が現れるが「この言葉は八世紀以後だから、これらの文自体が造作」とされる。しかし、文章が造作でも、外国の使①②に「日本天皇」が詔すること自体が捏造、とまで言う根拠はない。外国使が漢語で「日本国」と敬称し、答えて漢語で「日本天皇」と自称することはあり得る。他方、③は内政だから和語、しかも後世の用字を含む書き換えで、原文は和語「日本倭《やまとやまと》」であろう。

④は重要である。新唐書日本伝六五四年条・唐会要倭国伝六五四年にも同様の記事が現れるから史実である。筆者は④は倭国遣唐使に随行した孝徳の使の記事と検証した。中国が呼び掛けに「日本」を使った初例で、新羅が使う「日本」に倣《なら》ったのであろう。その背景にはこの頃「唐が新羅と連合し始めた」がある。「百済・倭国連合の背後の日本に接近・牽制する」ことが、新羅・唐連合の共通の関心事となったようだ。「日本」には「やまとを含む東国諸国」を総括する見做《みな》し国名の意味合いがあり、「大和王権を広域日本の代表と見做すから、

取り纏《まと》めて倭国に離反してくれ」という中国の狙いがある（「参考」八節参照）。
結論として、孝徳紀の「日本」は③を除いて「漢語」の可能性があり、④は唐が非公式ながら「日本」と使った初例として重要である。もちろん漢語である。

◉斉明紀の「日本」

斉明紀には「日本」が四回現れるが、三回は引用の後世書名「日本世記」であるから史実は一件である。

斉明紀　割注所引伊吉連博徳《いきのむらじはかとこ》の書
六五九年条「（遣唐使、摂津）難波［…］より発す［…］（唐）天子相見て問訊し『日本国の天皇、平安なりや（天子相見問訊之日本国天皇平安以不）』と［…］勅旨す、国家来年必ず海東の政あらむ（戦争となるだろう）、汝ら倭の客東に帰ること得ざる（抑留）、と［…］」
六六一年条「（伊吉博徳は許されて困苦の末帰国し）朝倉の朝庭の帝（斉明天皇）に送られた［…］時の人称して曰く、大倭の天の報い、近きかな」

ここで日本書紀注（注記の時期は不明）は「日本国」と「倭」と「大倭」を書き分けている。[10]「倭国不記載」の方針に拘《かか》わらず「唐帝が大和王権斉明に伝えた言葉」だから例外的にそのまま記している。「勅旨」の相手は正規外交相手（従って主使）の「倭（国）の使い」だろう。皇帝が話しかけているのは「日本国（の客）」だ。正規外交相手でない「日本国の客（従って随行使）」に皇帝自身が会う、ということは異例のことだ。文中の両方（汝ら）を「倭の客」として「留め置く」と言っている。大和の僧や学者らが倭国遣唐使船に便乗していたのであろう。その「両方」を「留め置く」の理由は倭と中国の外交問題と示唆されている。留め置かれた博徳の例外的帰国は唐帝の意向（日本を味方に引き入れる密約）を斉明に伝えさせる為と考えられる。唐から日本に百済復興に協力しないよう何らかの働きかけがあったとしてもおかしくない時代背景である。同じような働きかけは過去孝徳天皇にあった。遣唐使に随行した日本使（孝徳派遣、前述［一〇－④］）に時の唐帝高宗は璽書を賜り「出兵して新羅を援け令《し》む」と百済攻撃を命令している。悩んだ孝徳は病にかかって崩御してしまう。崩御偽装で難題から逃げた可能性もある。斉明天皇は孝徳天皇の後継者である。唐帝は同じ命令を繰り返したかもしれない。それを斉明天皇が受け取ったのが前述の博徳書である。「斉明天皇が朝倉宮で急に崩御される直前、伊吉博徳が唐から帰国して朝倉宮で斉明天皇に唐の強硬姿勢を報告している」（斉明紀六六一年）。崩御偽装の可能性もある。

唐の天子が「日本国の天皇」と呼びかける文章は紀の造作ではない。唐の常套「裏外交」である。反抗的な倭国に「来年戦争になる」と脅し、随行使に裏外交で「日本国の斉明天皇によろしく」と伝えたのである。孝徳紀にも出て来た「唐の日本国号使用例」と同じである（前述）。唐は公式には「やまと」を相手にしていないが、この頃から半島に倣《なら》って見做《みな》し国号「日本国」を使って孝徳・斉明に裏外交で呼び掛け始めている。

では「なぜ、大和（斉明）は参戦したか？」。斉明の大和王権は「推古以来、倭国遣唐使に随行使を出し、密かに朝貢請願をしている」(孝徳紀)。本来は「唐と戦うはずがない」。前天皇孝徳は朝貢を願いつづけたが、唐は「それを願うなら、まず(倭国と手を切り、唐側について)百済を攻めよ」と命じた(孝徳紀)。百済は倭国の友好国である。孝徳は窮して病になって崩じてしまう。大和王権の「朝貢請願戦略」は破綻したのだ。斉明もできれば唐と戦いたくなかった。

しかし一方で斉明は「倭国内ニニギ系王族」だった上宮王の孫であり、「倭国内ニニギ系王族は、応神と同様倭国軍と大和・東方軍をつなぐ将軍として陣頭指揮する伝統的役割がある」という強い意識が残っている。最後はそれに従って、倭国の決断に従った。もう一つの理由が考えられる。皇極/斉明は元は上宮王家系でニニギ系ではあるが、大和諸豪族にとってはよそ者である。大和系舒明の皇后として大和天皇に即位したとは言え、謂わば「中継ぎ天皇」でしかない。畿内で求心力を示すには外征が一番だ。外征となれば近畿諸国も兵を出す風土が定着していた。見返りもあったからだ。応神も継体もそれを利用して大和をまとめた。斉明も又それを利用しようとして参戦を決めた。

参戦を決めて九州に出兵してから、斉明は唐帝の「日本の天皇平安なりや」(伊吉連博徳書)の伝言を九州朝倉宮で受け取った。だがもう遅い。斉明は急に崩御した。残された天智は葬礼を理由に日本軍の主力の出陣を遅らせたり、半減させた。崩御偽装が囁かれる理由である。

◉天智の「日本」

天智の時代に「日本」が現れる妙な記事がある。

三国史記新羅本紀六七〇年

「倭国、更《か》えて日本と号す、自ら言う、日の出ずる所に近し、と、以って名と為す」

倭国はこの後も旧唐書に現れるから「倭国が日本に改号」はあり得ない。しかし「倭国の一部が日本に改号」ならあり得ないことではない。「日本」は近畿地方の地方名だが、日本軍司令として実効支配していたのは天智である（即位六六八年）。六七〇年は唐軍（二〇〇〇人）が九州に進駐し、倭国を傀儡化した年である。大和・東国の傀儡化を避けたい天智は「今まで大和や東国は倭国の分国であったが、今後独立して日本と号す」と宣言した可能性はある。なぜなら、白村江戦の直前に、唐帝が斉明に「倭国とは戦うが、日本国とは仲良くやりたい」と伝えて来たからだ。この伝言を盾にして「唐皇帝が戦わないといった『日本国』になった」と宣言したのだろう。

天智が病に倒れ、壬申の乱があり、天武がこの改号を破棄して新羅に対しては「大倭」を号したので、この改号は新羅には伝わったが内外で無視されたようだ。

◉天武は「日本の残党」

唐が筑紫に進駐し、倭国を傀儡化したから、反唐の天武は大和に引き籠った。それを示す金石文がある。祢軍《でいぐん》（人名）墓誌[11]（六七八年頃）だ。墓誌には「日本の餘噍《よしょう》（残党＝天武）は扶桑（近畿）に拠りて以って誅（罰）を逋《のが》れる」とある。祢軍《でいぐん》は唐側の百済高級官僚だから唐を代弁している。唐は「白村江戦に参戦した日本軍の大和現天皇天武」に罰を与えようとしている。金石文だから、文武日本建国（七〇一年）以前に海外で「日本」が認識されていた重要証拠でもある。唐は「日本」を公式には認めていないが倭国（九州）に匹敵する近畿の勢力として、裏外交ではしばしば「日本」と接触している（孝徳紀六五四年、斉明紀六五九年、前）。孝徳・斉明は倭国遣唐使に随行使を出しているが、倭国主使に対しては「やまと国（分国）」の立場をとりながら、唐との裏外交では相手の他称に合わせて「日本国」を自称した可能性もある（斉明紀の唐帝の「日本の天皇平安なりや」の発言）。「日本国」はこれまで国号だったことはない。

◉文武《もんむ》の「日本建国」

天武を継いだ持統・文武は天武路線（対唐対等外交）を継がず、天智の親唐路線を取った。天武の路線は白村江敗戦の延長線で危険、また高度な唐文化に背を向けた非現実路線だったからだ。文武は六九七年に即位したが、七〇一年に改めて「建元して大宝元年とした」（続日本紀、「建元」は新国家建国の意味）。この時の建国国名が注目点である。国名はもちろん唐と戦った「倭国」でなく、まして唐の嫌う「大倭国」でなく、唐が受け入れるであろう漢語「日本国《じっぽん》」である。改号でなく、そのような新国名で新建国することが唐との関係を新構築する上で欠かせないと判断されたのであろう。

文武建国の漢語国号が「日本」に決まる過程は、以上見て来た様に唐の「遠交近攻策」に始まる。唐は「日本国とは友好、倭国とは戦う」と斉明に伝えて来た。「日本」という「列島東方地方名」を「斉明の国」と見做して「やまとだけでなく、東方諸国がまとまって倭国から離れろ」と促したのだ。その誘いに窮した孝徳（崩御）、乗り損ねた斉明（崩御）、乗った天智（改号）、反発した天武（改号破棄）、乗り遅れたかと危惧した持統・文武（遣唐使）など紆余曲折はあったが、七〇一年文武は国名を「日本」として建国した。ただし、その日本国は「日本国の建国は神武による」としているので（日本書紀）、七〇一年は建前上建国ではなく、それ以前から日本国が存在しなければならない。そこで文武は六九八年に即位の挨拶使を新羅に送る時、日本国の国号を使った。「日本国の使、至る」（三国史記六九八年）とある。文武はこう言いたかったのだろう。「国号『日本』は中国がそう呼びかけてきたからそれに靡《なび》いて選んだのではない。イザナギの時代から使われた『日本《ひもと》』からだ」と（神武紀末尾）。

唐への建国の挨拶が第一回日本国遣唐使（七〇二年、粟田真人）である。天武の「大倭国継承」と異なり、文武の「日本国」には「地方王権」の臭いがあったが、むしろそれが「唐に盾突いた倭国ではない、推古以来朝貢を願い続けた日本」を唐に印象付ける狙いも含まれていただろう。唐では遣唐使に対して「日本と倭国の関係」について厳しい査問があったようであるが（旧唐書）、これも紆余曲折の後、最終的に「唐が新国号日本国と朝貢を受け入れたこと」、「国際的な状況から、唐の姿勢が外攻方針から内政重視に変わったこと」を情報として持ち帰ることができた。唐は旧唐書の倭国伝に続けて初めて「日本伝」を追加した。[12] 遣唐使出発までは唐の反応に深刻な懸念を抱いていたようだが、帰国使は日本国号と朝貢路線が唐に受け入れられた報告を持ち帰った。

◉日本書紀の「日本《やまと》」 漢語系と和語系の合体

最早唐から攻められる恐れはなくなった。それが日本書紀に反映されている。「古事記編纂の中止（天武の大倭路線の封印）」と日本書紀の「倭国不記載」だ。「倭国との決別」と「唐文化の受け入れ」で外交をまとめ切り、日本書紀の最終草稿が外交上問題ないことを次の遣唐使（七一七年、阿倍仲麻呂ら）は確認したに違いない。帰国を待って日本書紀は完成した（七二〇年）。唐の嫌倭国を慮《おもんばか》って「倭国不記載・不説明・誤読誘導はあっても、不実記載は少ない」という方針で一貫していた。国際社会では「倭国はなかった」などは通用しないからだ。

このようにして漢語国号「日本」がまず決まった。しかし、国号「日本」には別の問題があった。馴染みの少ない漢語であることは仕方がないとしても、漢文の読めない国内人に国号「日本」をどう説明するか。訓読はどうするか、である。普通なら「日本」の訓読有力候補は「イザナギの日本《ひもと》（神武紀）」であろう。しかし、これには大和人にとって好ましくない語感「九州人が大和を低く見る視点（田舎・他称の臭い）」があった可能性がある。それが、イザナギの「ひもと」も、漢語化された「日本」も大和では使われなくなった理由ではなかろうか。そこで、日本書紀は漢語国号「日本」に和語読み「やまと」を当てた。また、それに整合させるため、国号以外の「やまと」に「日本」を当て字した（日本《やまと》武尊など）。

「日本《やまと》」は正しくは訓読ではない。なぜなら「訓読とは漢語の同意和語読み」と理解すれば、漢語の「日本」と和語の「やまと」は「同意」ではなかったからだ。それを再度整理してみよう。

一、建国前は、漢語「日本」は「やまとを含む東方諸国」、「やまとより広域で国境も定かでない地域名」である。「見做し国名・他称（外国からの呼び名）」であった。それに対して、「やまと」は「倭諸国の一つ、国境も明確なやまと国（自称国名）」である。

二、文武建国後は、漢語「日本」は「総国」である。それに対して「やまと」は「宗主国」に近い。国内では「総国」の意識は依然として薄かった。

三、では、「日本」と「やまと」を合体させた意図は何であったのか。主権者・宗主国がだれか、に狙いを込めた読み方指定である。例えてみれば、「鎖国中の『日本』では『総国』の意識はその機会も必要性もなかったから、『日本』と書いて『日本《とくがわ》』と読め、と立て札するようなもの」であろう。主権者・宗主国がだれか、に狙いを込めた多分に政治的な読み方指定である。

紀公定の一年後に開始された国内貴族向けの紀解説講座「日本紀講筵《にほんぎこうえん》」では「日本、これをやまとと読む、以下これにならえ」との読み方注が加えられたと考えられている（後代注）。ある意味では「和語国号の初制定」である。

以上、漢語「日本」と和語「やまと」の二つの源流を統合した国号「日本《じっぽん》（漢語読み）、やまと（和語読み）」は「中国の許容する国号日本（中国対策）」と「やまと主導を宣言する国号やまと

（国内対策）」という二つの流れを統合・両立させた両面戦略であった。このような「漢語国名と、異なる意味の和語国名の合体」の発想者は「大倭《おおやまと》」の天武であろう。以後、国内では「日本」は専《もっぱ》ら「やまと」とのみ読まれた。更に国内政策は平安期以降、明確に「倭国の否定と隠蔽」に変わった。「倭国の封印、九州文化の大和移転（寺院の大量移築）」などが次第に徹底して行われた。大和の地名・人名の「やまと」が「倭」字に当て字されたこともあり、「倭」字は国号から一地方名「倭《やまと》」に矮小化された。逆に「日本《やまと》＝総国」がくり返し教宣されてきた。

◉「倭国不記載」は日本国の「自立宣言」

日本書紀は「倭国不記載」を方針としている、と繰り返し述べた。その解釈は様々にあった。

一、筆者はこれまで「記紀の『倭国不記載』の方針は唐への外交的配慮」と解釈した。日本国遣唐使の持ちかえった唐側の反応「倭国は唐の対戦国」「日本は倭国と別の国」（旧唐書）から、それは避けることのできない配慮だっただろう。

二、一方、九州王朝説は「大和王権は滅亡した倭国を競争的・敵対的存在として徹底的に抹殺した」と激しく大和王権を攻撃している。それは「徹底的に隠蔽され、抹殺された倭国を再発見した九州王朝説」の称揚・自画自賛と表裏一体であるが、妥当な解釈ではない。紀記は「倭国不記載」だが、「倭国否定・不存在」とはしていない。

三、大和王権は過去も当時も倭国を兄王権として、また宗主国として立て、決して争い打倒しようと敵視したことはない。倭国の兄弟国として、倭国に寄り添い、宗主国を代弁し、近畿地方（＝日本）の取りまとめ役として、特に外征日本軍を率いて成果を挙げてきた。一方で、倭国の頑なな「唐に対する対等外交姿勢」を批判し続け、推古以来遣唐使の随行使として裏外交で「朝貢」を請願し続けた。それが唐の「遠交近攻策」を誘い、「やまとは近畿・東国をまとめ切って倭国を離れ、倭国に代わる親唐日本国（見倣し国）になれ」と期待されたのだ。そして大和王権は倭国滅亡を機にそうした。

四、筆者は前項から次の解釈もあると考える。「『倭国不記載』は隠蔽の為ではない。新生日本国の『自立宣言』だ」と。

この（四）項「自立宣言」について説明する。大和王権は倭国を「内部にニニギ系王族王統の存続を許し、大和王権を再興した保護者的存在」と敬していた可能性がある。大和王権が倭国を倒した訳ではないし、日本書紀編纂当時、倭国は既に滅亡し、既に王統はニニギ系で固められており、それを今更強調したり自慢する時代ではない。日本書紀には新しい時代を目標にした「新規範」が求められたであろう。その新規範とは「倭国を超える国造り」ではないか。「倭国に支えられてきた王統の正統性」はむしろ負い目になる。負い目を持ち続けては倭国を超えることは難しい。例えば画家は最も多くを学んだ師の画風から遠ざかる傾向が多いという。「模倣から脱せよ」が師の教えであり「対唐対等外交」にこだわった倭国から学んだことだからだ。

「倭国不記載」の本意はただの受動的な「不記載」（外交上の配慮）だけではなく、「これからの建国の決意」「超える為の不記載」、「もう先生は要らない」という「自立宣言」ではなかろうか。「大宝律令」「日本国遣唐使」「平城京」はその表現であろう。いずれも結果として「倭国を超える」を実現している。

日本書紀は倭国の存在を明記していないが否定もしていない。そのような「自立宣言」そのものが「日本国は倭国の権威を借りてきたことを認めつつ、それを超えようとしている」ことの証《あかし》だ、と筆者は解釈する。日本書紀は過去を振り返る書ではない。史書でも史実の書を目指したものでもない。だからといって、不実記載に満ちた書でもない。これからの「新日本国を方向づける規範の書」として編纂された、と思い至るのである。

問題は、そのような日本書紀の意図を曲解した後世にある。「不記載」を「無視」とし、「不存在（存在否定）」とし、あろうことか「日本国＝やまと《やまと》＝倭国＝卑弥呼以来の倭国《わこく》」といった「日本書紀にない教宣」をした後世（平安時代）にある。曲解したのは記紀ではなく、後世の藤原政治であり、天皇家に対する官僚の忖度であろう。

日本書紀の「倭国不記載」を「倭国に頼らない、という大和の自立宣言」と読解することが、それまでの長年誤認されてきた「倭国と日本の関係」を妥当に理解する鍵であろう。

第八章［注］

［1］当て字……「夜麻登」は単純な表音漢字表記であるが、「山常《やまと》」は正確にはそうでない。「山《やま》」が既に

訓読（漢語同意和語読み）であるから、「山常《やまと》」は訓読由来の当て字と表音当て字の混合である。このように、八世紀までにはそれぞれの時代の、それぞれの地域の、それぞれの分野によって、より高度化した訓読が当て字として混用されたと考えられる。「日本《やまと》」も正確には訓読ではないのでここでは「当て字」とした。「訓読＝漢語の同意和語読み」とすれば、「日本」は「やまと」を含む広域の、国境もあいまいな地方名であるから「同意」ではない。従って訓読でもない。

［2］「この国」の複数の表現……神武紀三十一年条には次の表現が紹介されている。

一、イザナギが「日本《ひもと》と名付けた」、とある（本文）。岩波版は「日本《やまと》」と読ませているが、九州視点から「瀬戸内海を『東の地、日の出のもと、ひもと』と名付けた」の意である。従って、この用字は本文で「その二」と名付けた漢語の流れであって、古代には和語としてあったことが、次項から解る。

二、大己貴《おおあなのむちの》大神、目《なず》けて曰く「玉牆《たまがき》の内つ国」とのたまいき、とある。これは「やまと」の意味である。

三、「ニギハヤヒは天磐船に乗りて、虚空《そら》見つ日本《ひもと》の国、と曰ふ」とある。ニギハヤヒ一族の落ち着き先「河内」を含むから「日本＝大和」ではなく、「日本＝東方＝近畿方面」（九州視点の表現）であろう。

［3］「浦」を含む「やまと」の例……万葉集二番歌（舒明）には「山常《やまと》」の歌に「かもめ」が出てくる。これは後世の「豊国」を「国都やまと」とした舒明が香山《かぐやま》から瀬戸内海を遠望した歌で、唯一の特殊例である。本補論の一節で論証したので参照されたい。

［4］イザナギ自身の言葉……「記紀のイザナギ像」は「特定のあるいは複数の先祖像」に「神話のイザナギ」を当てた表現であろうから、「神武の先祖達が『日本』と名付けた地方」が妥当な解釈であろう。

［5］「日向《ひむか》」と「日本《ひもと》」……イザナギは対馬から「筑紫の日向の小戸（関門海峡彦島）」に進出した（記紀、第一章）。子孫のニニギはその「日向」（関門海峡）を「海から出る朝日を拝める地」として褒め称えた（記、第二章）。「日向《ひむか》」の読みは「宇摩奈羅腰、讐武伽能古摩、うまならばひむかのこま」（推

古紀二十年条）で確認できる。神武紀三十一年条は神武が大和盆地を「蜻蛉《あきつ》のトナメ（交尾、二匹が組んで飛ぶ形（ハート型））」から山々に囲まれた大和盆地の表現として「秋津洲《あきづしま》」と命名したことを紹介している。紀は続いて「イザナギが日本と名付けて褒め称えた地である」と述べている（神武紀末尾）。即ち「昔、伊奘諾尊《イザナギ》、この国を目《なづ》けて曰く、日本は浦安の国、細戈《くはしほこ》の千足《ちだ》る国（云々）、とのたまいき」（神武紀三十一年条）。ここで「浦安」とは日向（関門海峡）から見た朝日の出る海のその先（瀬戸内海）に穏やかな浦（入り江）が多いこと（換言すれば自分達海人族の進出に適した地であること）、銅戈の多い国であること（換言すれば自分達が韓国《からくに》から輸入交易している鉄剣が多く売れる、或いは鉄剣で征服できる地であること）、を高く評価している。

　上記では「日本《ひもと》」とした。「ひのもと」の可能性もあるが、ここでは「ひむか」との対比から「ひもと」を採る。

[6]「日本《ひもと》」は他称……西の人々が朝日の東方を「ひもと」と呼んだが、その人々が東征で住み着いた「やまと」を「日本」と呼んだとは思われない。そこから朝日が出る訳ではないからだ。

　坂田隆は著書「日本の国号」（青弓社一九九三年）の中で、記紀及び内外史料の「日本」と表現している人物をすべて検証し、例外なく「日本外」の要素を持っている人々、としている。即ち「『日本』は他称」を意味している、としている。

[7]半島諸国の「日本」認識……例えば「意富加羅《おほから》国の王子都怒我阿羅斯等《つぬがあらしと》、日本国に聖皇ありと聞きて[…]」（垂仁紀二年条、三四〇年頃）・「天日槍《あめのひぼこ》（新羅王子）、日本国に聖皇ありと聞きて[…]」（垂仁紀三年条）・「新羅王、東に神国あり、日本と謂う」（神功摂政前紀）など。

[8]日本貴国……神功皇后が肥前に日本貴国という国を建国する。神功軍は熊襲征伐に続いて倭国の新羅征戦に協力しようとしている。「火前国松浦県（佐賀県唐津市か）に到る[…]躬《みずから》西征することを欲し、神田を定め、儺河（福岡県那珂川）の水を引き、神田を潤さんと欲して溝を掘る」（神功紀、仲哀九年三六二年）とある。神功軍は西征する為に肥前で食料を自給しようとしている。遠方から来て

いる大和軍の兵站基地と思われる。これが「日本貴国」として整備されたようだ。「日本貴国」は百済王の言葉に出てくるから漢語であろう。

［9］雄略紀五年条……雄略紀五年条（四六一年）に「百済の加須利君［…］其の弟の軍君に告げて曰く、汝宜しく日本に往き、天皇に仕えよ［…］百済新撰に云う［…］蓋鹵王《がいろおう》、弟の昆支君《こんしくん》を遣わし、大倭に向かわせ天王に侍らし、以って先王の好を脩《おさ》むる也」とある。要旨は「百済の君が弟を日本の天皇に仕えさせた。百済新撰には『百済王が弟を大倭の天王に仕えさせた』とある」と二文が並記されている。これは百済王の二人の弟（別人）についての別の記事（二文）である。詳細は前著第五章に譲るが、「百済王は三兄弟だった。兄蓋鹵王は弟の昆支君を大倭の天王に仕えさせ、この昆支君（＝加須利君）は末弟の軍君を日本の天皇に仕えさせた」と言う、極めて明快な記述である。すなわち、「大倭≠日本」であり、「天王≠天皇」だ。これは、日本書紀（引用の百済新撰を含む）だけで読み取れる論理であって「推測」ではない。定説は「この文章は『倭国＝大倭＝日本＝大和朝廷』、従って『倭の五王＝大和天皇』を証している」としているが、誤りである。

［10］大倭と日本の書き分け例……斉明紀割注所引伊吉連博徳書六五九年条「（遣唐使に対して唐の）天子相見て問訊し、日本国の天皇、平安なりや、と［…］勅旨す、国家来年必ず海東の政あらむ（戦争となるだろう）、汝ら倭《ゐ》の客東に帰ること得ざる（抑留する）」。同六六一年条「（伊吉博徳は許されて困苦の末帰国し）朝倉の朝庭の帝（斉明天皇）に送られた［…］時の人称して曰く、大倭の天の報い、近きかな」とある。

この遣唐使は「倭」の派遣であるが、倭国は唐に対して再度「対等外交」を主張していて「遣使すれども朝貢せず」の方針を取った。倭国は総国であることを示す為、大和王権斉明の随行使伊吉連の随行を許した。これは孝徳時代からの同じ「大和の随行使」形式であるが、唐は「遠交近攻策」を取り、伊吉連に「唐帝から斉明天皇宛ての親書」を託した。曰く「日本国の天皇、平安なりや」と。「遠交策」である。逆に「倭」に対しては「来年は必ず戦争になるだろう」と脅している。「近攻策」である。斉明朝の時の人（評論家）は「大倭に天罰が下るだろう」と噂した、という。この「大倭」は漢語ならば「百済新羅向けの倭国の自称名」であるが、国内で和語として使われる時は「大倭《つくし》」と言ったであろう。「大倭《たいい》」などと言っても大和の人々には通じないからだ。日本は形式的には倭国の一分国（近畿）である。しかし、唐は意図的に独立国扱いしている。大和をより広い「日本国」と見做して抱き込もうとしている。これは裏外交で、公式中国史書の「日本」は「日本建国、遣唐使」を記した旧唐書日本伝が初出である。

［11］百済人祢軍墓誌……百済人祢軍《でいぐん》（人名）墓誌拓本である。祢軍は中国系百済人で百済朝廷高級官僚、対唐戦で捕虜となったが抜擢されて傀儡百済政権の高級官僚となり、唐の対倭国交渉にも加わった。六七八年ごろ没した。墓誌の拓本のみが二〇一一年に中国で見つかり、その後墓石も見つかった。注目ヶ所は、「（白村江で百済敗戦後）［…］于時（ときに）日本の餘噍《よしょう》（残党）は扶桑《ふそう》（近畿）に拠りて以って誅《ちゅう》（罰）を逋《のがれ》る［…］」、当時の唐の倭国滅亡前後の対日本政策が示唆されている。

［12］旧唐書……「倭国は［…］」で始まる旧唐書倭国伝には「献方物」しか現れず「朝貢した」とは一度も現れない。「太宗その道の遠きを矜《あわれ》み、所司に勅して歳ごとに貢せしむるなし」と「朝貢免除」とある。しかし実態は倭国が朝貢を拒否していたのだ。一方、日本の遣唐使を受けて旧唐書は初めて日本国伝を立て「日本国は、倭国の別種也［…］朝臣真人来りて方物を貢す［…］又遣使朝貢す」と最初から「朝貢」の文字が繰り返されている。

「高天原と日本の源流」了

補論

多くの先達の説から多くの示唆・教示を受けている。参考にはなるが、賛同出来ないものも少なくない。それらについて筆者愚考を示すことも敬意の表し方の一つと考える。ここでは、それらや各章に入りきれない幾つかの考察（次の九つの小論）を示したい。

◉半島倭国の消失要因　再検討
◉「神武東征九州内説」批判
◉「豊前王朝説」批判
◉万葉集二番歌　香具山から鷗は見える
◉「柿本人麻呂は天武の孫」説
◉柿本人麻呂の「遠の朝廷」はここだ
◉天香具山　持統の場合
◉倭国と物部氏　日本国と中臣氏
◉天児屋命から現代までの系図一例

◉半島倭国の消失要因再検討

後漢書が「半島倭国」の存在を記し、三国史記がその位置を詳記しているが、その近くを魏使（訪倭使）が通過しているのに魏志倭人伝は「半島倭国」について何も記していない。このことが、魏使が通過した時点（二四〇年）には「半島倭国は消失していた」と考えられる。従来「文中に出てくる狗邪韓国が半島倭国だ」とする説があるが、筆者は「目的地倭国の各地には対馬も含めて『至る』と表記し、狗邪韓国には『到る』と表記して通過点扱いしているから『狗邪韓国は倭国ではない』と読解すべき」と考えた。

「半島倭国消失」の原因として「（魏が）倭と韓を帯方に帰属させた」（魏志韓伝）とあるから「魏が三韓を圧迫し、韓人らの南下で圧迫された倭人は列島へ移住し、半島倭国は消失した」と前著で解釈した。これを再検討した。

結論を先に記せばここの魏志韓伝の「倭と韓」は「半島南端の倭国でもなく、三韓でもない。半島中部の倭人郷であり、半島中部の「韓」（衛氏朝鮮の王準の最後の小国）」である。従って、半島倭国の消失原因は受動的な「韓人の南下圧力」ではなく、能動的な「半島より豊かな北九州移住地開拓の成功と大挙の渡海移民」であった。以下に再検証する。検討対象は次の史料である。

魏志韓伝

「建安年間、公孫康、屯有県の南荒を分けて帯方郡とし、公孫摸や張敞などを派遣して後漢の遺民を集めるため、兵を挙げて韓と濊を討伐したが、旧民は少ししか見出せなかった。
この後、倭と韓を帯方に帰属させた」

この文の主要語を検討する。

一、建安年間（一九六年～二二〇年）は後漢最後の年号で、列島では倭国大乱（一六〇～一八〇年頃）が既に収拾し（国譲り）、「半島からニニギが天降りした」と推定される年代だ（第二章）。「帰属させた（消失した）」は「この後」とあるから「半島倭の消失」と時期的に対応する。

二、公孫康　公孫度の子で、後漢の遼東太守として楽浪郡（治所は遼東（遼東半島北側））を半独立的に支配していた。

三、屯有県　公孫康が「帯方郡」とした地。楽浪郡から分けたのだから屯有県は元は楽浪郡であった。通説は黄海道（平壌とソウルの中間）とするが、根拠に決め手がないことから諸説ある。筆者は「鴨緑江南」（平壌の北）とする。根拠は「南荒（荒服）」にある（次項）。

四、「南荒」　従来これを「南の荒地」と解釈してきた。「無人の荒れ地」のイメージだ。しかし、ここは中国と高句麗が取ったり取られたりする魅力的な地、良田適地だ（良畑適地）。流民が多数流入して人口も多くなりつつある。荒れ地ではない。これは「南荒《なんこう》（南の『荒服』）」と読むべきだろう。「荒服」とは都市郊外区分法で「治所の二千里以遠の地」を言う。帯方郡治所がまだ遼東であったから（次項）、そこから二千里とは「鴨緑江南」である。

ちなみに「荒服」とは、都市計画法にある区分で、王畿（王都）外の五〇〇里毎の区画「五服（甸《でん》服・侯服・綏《すい》服・要服・荒服）」の一つで二千里以遠を「荒服」とした。楽浪郡・帯方郡の治所と考えられている遼東からは、荒服（二千里以遠）といえば鴨緑江以南と考えられる。根拠はこの頃の朝鮮半島（東西三〇〇キロメートル）を東西四千里としていること（魏志韓伝）、帯方郡境から北九州まで（八〇〇キロメートル）を一万里としていること（魏志倭人伝）などからである。高句麗討伐によって拡大した楽浪郡の鴨緑江以南（東南）の地を帯方郡としたと考えられる。

五、「派遣」　帯方郡に派遣したのは公孫康だから、この時の帯方郡の治所は未だ楽浪郡と同じ遼東（楽浪郡治所）であろう。

六、「遺民を集めるため」　同様の例として、同書別文に「辰韓に奴隷化された漢人を楽浪郡が救出する話」がある。「地皇年間（二〇年〜二三年、新代）、辰韓のある役人が、辰韓によって奴隷化された漢人を連れて楽浪郡に亡命しようとした。辰韓を出て楽浪郡出先に詣でると、（楽浪）郡は大船を出して男の仲間漢人千人を奪還した」（魏志馬韓伝）とある。楽浪郡は治所である遼東（渤海の奥）から船を出して遼東半島を回って黄海西沿岸の朝鮮半島馬韓（ソウル付近）で上陸し、半島中部の辰韓を襲ったと解釈できる。馬韓とは楽浪郡治所（遼東）から見て船で回った方が近い「楽浪海中」なのである。ここから「楽浪海中」の意味が解る。「楽浪海中倭人あり」（漢書地理誌）は「馬韓辺りの倭人」である。漢書には「海中の列島倭人」の認識は未だない。

七、「韓と濊《わい》」　後漢が「帰属させた韓」は箕子《きし》朝鮮の最後の王準が国を燕に簒奪された後に馬韓の一部（ソウル付近）を奪って韓王と名乗った小国「韓」である。後年「三韓」を「韓」と総称するようになるがこれとは違う。三韓は魏志韓伝冒頭文「韓は帯方の南、韓に三種あり、馬韓・弁韓・辰韓云々」とある。三韓は後漢にも魏にも「帰属」させられたことはない。帰属を避ける為に、半島を南へ南へ逃げている。一度だけ魏が三韓を帯方郡に帰属させようと試みたが失敗している。余談であるが、この経緯を紹介しよう。

魏志韓伝に「景初年間（二三七年〜二三九年）、魏［…］海を越えて二郡を定め、諸々の韓国の臣智（大臣）らに［…］印綬を加賜し［…］印綬［…］千余人［…］楽浪を以て元の韓国（馬韓か）を統治し（分割統治）、辰韓を八国に分割して楽浪に与えたが（直轄化）、約定が異なり、臣智は激昂、韓（王準）は憤怒し、帯方郡［…］を攻撃した［…］二郡は遂に韓（王準）を滅ぼした［…］」とある。ここで、「諸々の韓国の臣智（大臣）千余人」とあるからこの「韓国」は王準（箕子朝鮮末裔）の小国「韓」でも大国「三韓」そのものでもない。「三韓に属する数十の諸韓国」であろう。後漢が帯方郡の外とした三韓を、魏が帰属させようと、三韓を相手にせず属国の大臣を一本釣りで籠絡しようとしたと考えられる。結局「三韓」の帰属は成らず、「韓（王準）を滅ぼした」にとどまった。そもそもこの小国「韓」は既に帯方郡に帰属させていたから大きな変化ではない。「由緒ある箕子《きし》朝鮮の流れを汲む韓の滅亡」に特別の意味があったのだろう。

八、「討伐」　それまで後漢は「半島計略を実施していた楽浪郡の治所」を遼東に置いた為、高句麗の進出や遠いこともあって、鴨緑江以南が放置に近かった。その高句麗を公孫氏は（北東へ）後退させた。そこで改めて「帯方郡」を置いて支配強化を宣言した。帯方郡内に支配を拒否する国・部族がいれば討伐されたであろう。韓と濊は討伐された。しかし、後年も存続しているから、滅ぼされたのではない。小国「韓」は「その後帰属させた」とあるから結局帯方郡の支配を認め郡内で存続した。濊《わい》（半島東部）は異を唱えて争い、国境を確定したのであろう。南方の三韓は討伐されていない。魏も魏志韓伝冒頭で「韓（三韓）は帯方の南にあり」と帯方郡外であることを認めている。

九、「その後」「その」がどれを意味するのか、「建安年間内の討伐後」であれば「帰属させた」のは後漢であるが、「建安年間の後」であれば「帰属させた」のは魏となる。どちらかは構文上からは判断できない。

一〇、「倭」　この「倭」は「半島南の倭」ではない。後漢は「韓」を帰属させたが「三韓」ではない、王凖の小国「韓」である、と前述した（七）。「三韓」を帰属させていないから、「三韓」を飛び越えて半島南の倭を帰属」はあり得ない。「半島南の倭」ではなく、「半島中部の倭」であろう。「楽浪海中倭人あり、分かれて百余国をなす」（漢書地理志）の「倭」であろう。その理由は、「楽浪海中」とは「ソウル付近」と魏志韓伝から読める（六）。古来からいた半島西沿岸の倭人であろう。半島南の「倭国」の倭ではないようだ。

以上から前掲魏志韓伝を解釈しなおすと「後漢末、公孫康は、楽浪郡の鴨緑江以南を分けて帯方郡とした、この後、帯方郡内を討伐し『ソウル付近の倭と韓』を帯方に帰属させた」となる。倭人は帯方郡にも韓にも馬韓にも少しずついたようだが、ここで帰属の対象となった倭はソウル付近の倭人のようだ。半島の人種の坩堝の中で、同化して消えたり、混血して変化した倭人の小グループは無数にあったと観るべきであろう。しかし、「注目する半島南の倭国が帰属された訳ではなかった」と考えられる。

結論として「この『倭』は半島中部の倭人であって半島南端の倭国ではない」「この『韓』は半島中部の韓であって半島南部の三韓ではない」、従って「半島南の倭国の消失」とはこの記事とは直接関係はない。

この頃の中国魏は、半島中部までを帯方郡として支配するのに手一杯で、その南の三韓を手なずけようとはしても、三韓を圧迫する余力はない。韓人は三韓として落ち着き始めている。馬韓は広大な良畑適地を得、辰韓・弁韓は製鉄で富を得ている。南の倭国域は山がちで、圧迫する程の魅力はない。

半島倭国の消失要因は、韓人の南下圧力という受動的動機よりは、倭国の列島移住が順調に進み(倭国大乱の終結、国譲りなど)、能動的適地移住が主たる動機と考えられる(第二章)。

◉「神武東征九州内説」批判

九州内に神武東征譚に近い伝承が多いことはよく知られている。例えば明治期の『福岡県鞍手郡誌』（鞍手郡教育会編）「神武東征と九州内伝承」に「射手引神社社伝」などを参照して「記紀と九州内伝承との関係」に関する考察がある。これら文献等に基づき大胆な仮説「神武東征譚は九州東部征服説」、「神武は大和などに行っていない」とする説がある。例えば前原浩二「神武東征は九州内」説、「http://koji-mhr.sakura.ne.jp/PDF-1/1-3-4.pdf」がある。「神武東征譚」の多くが「九州内に遺存する伝承と類似」していることを根拠にしている。これらの説は「大和王権と言われるものは、神武から天武まで一貫して九州にあった」とする「豊前王朝説」（次節）に連なる説でもある。

しかし、「神武大和東征」の史実性を立証している論拠は少なくない。例えば「神武子孫と南大和三輪一族の姻戚関係」や「先代旧事本紀のニギハヤヒ近畿東征譚と神武大和東征譚の関連記述」の具体性が挙げられる。一方、この「説」が論拠として挙げる「九州に遺存する伝承の類似性」はある意味で「神武大和東征譚」として当然かつ自然であり、これを否定する論拠には必ずしもならない。なぜなら、神武東征隊の多くが九州出身者で、九州の伝承を伝え聞いて育っている。東征中の出来事をそれら伝承に倣《なら》って、あるいは擬《なぞら》えて表現することは十分あり得るし、故郷の地名を大和に移植したことも多くの例が示している。それに伴って伝承も移植されたであろう。

そのような伝承の中には「ニニギ南征譚」もあり、「神武大和東征」中の似た事件にそれが思い出され、南征譚と併せ語られた可能性もある。更に記紀編纂過程で「ニニギ〜神武の武功を神武の武功として併せ語りしている」と第三章で分析した。即ち「記紀編纂時に、ニニギ南征譚や更に先行する九州伝承が神武東征譚に取り込まれた」と論証した。例えば、神武東征譚に「天孫」と出てくる四例を検証して、「天孫ニニギの南征譚が取り込まれている可能性」を指摘した。一方、「失敗に終わったニニギ南征」を「成功した神武東征の一部」として併せ語り、名誉回復を図っている、とも解釈した。

この「説」の論拠に多くの寺社の縁起・伝承が挙げられている。しかし、寺社縁起は史的論拠とするには問題が多い。時代を超えた継続性が見られる一方、追加（合祀）されたり削除された歴史も多く聞く。景行～仲哀の西方討伐、応神・仁徳の東征、継体～推古の九州移居など東西の交流は多く、宮や宮名を移したり、あるいは近畿の父祖の宮を神社名として九州に祀り、縁起を残した場合もあるだろう。その逆も多い。地名・寺社名や寺社縁起は貴重なヒントにはなるが、史的証拠能力は場合による。逆の例では、紀が公《おおやけ》になって以来、九州地名・宮名を大和であると誤読して大和に比定地を探したり、類似地名に比定して寺社を建てたり、伝承を合わせ込んだと思われる例は大和・近畿には枚挙に暇がない。

以上、この「説」は従来説の「神武大和東征の史実論拠」をきちんと否定論証しない限り、又筆者の指摘する「九州伝承の影響を受けた描写」や「天孫ニニギの南征譚の併せ語りの可能性」、他の予想される多くの反論に備えた論証をきちんと示さない限り、仮定と想像で積み上げた仮説の域を出ていないないし、今後も出ないだろう。

◉「豊前王朝説」批判

同じように「豊前王朝説」（大芝英雄「豊前王朝」同時代社、二〇〇四年）がある。

これは大和天皇がしばしば豊前に登場することをつなげて「大和王権と言われる神武〜天武まですべては、豊前にあった継続的王権だった」とする説だ。ここに着目した論者大芝英雄の卓見である。確かに第六章で検証した様に、関門海峡〜豊前にはニニギ系勢力がニニギ〜天武の四〇〇年間途切れることなく存在した。

しかし、これを「倭国と並存した継続的豊前王朝」とすることは出来ない。それは「①倭国内ニニギ系王族」であったり、「②倭国下の日本貴国（東方軍兵站基地）」であったり、「③倭国の承認の下で遷都した大和王権」であったり、「④倭国が不承不承独立を認めた上宮王家」であったりした。大和王権が豊前に遷都した③はたかだか五〇年、範囲を広げて②や、豊前でなく肥前も加えれば断続的に九〇年くらいとなるが、「神武〜天武（四〇〇年間）の王権が継続して九州にあった」とするには甚だ短い。

即ち、大和王権の九州遷都期間は、安閑豊国遷都（五三四年）〜推古大和遷都（六〇三年）の実質五〇年間（宣化・欽明は宮を置いたが本拠は大和なので除いた）と舒明（六二九年）〜皇極（六四五年）の一六年間（豊前ではなく肥前だが）だけだ。景行〜仲哀・神功の九州遠征（四〇〇年間断続的）は遷都ではない。応神・東征以前の仁徳を大和王権九州と認めて三八〇〜四〇五年頃、二五年位と合わせても九〇年位である。第八章の「紀に漢語日本が出てこない期間」がそれに相当する。

しかもその九〇年間すらも、豊前全域を占めたのではなく、限られた所領であった。豊前には倭国領・倭国系豪族領（筑紫聞物部領《きく》［豊国企救郡］）・大和系倭国豪族領（筑紫君磐井領）も在り、非倭国系王権領（上宮王家領）・非倭国系豪族領（蘇我氏領［豊浦］など）が並存したり、混在したりしている。王朝国家が継続的に豊前を占めた、とはとても言えない。

この期間以外三〇〇年間は、大和王権は大和・近畿を本拠とし、その詳細については前著全体で明らかにした。更に、第六章がそれを補完している。

◉万葉集二番歌　香具山から鷗は見える

本節は第六章「舒明は大和王権天皇になった」の論証の一部を成す。根拠となる文書がある。万葉集二番歌である。この歌の正しい解釈は原文に立ち戻らねばできないので、原文（万葉仮名）とひらがな表記を記す。

万葉集巻一、第二番歌、詞書「舒明天皇が香具山に登りて国見をした歌」
「山常《やまと》には群山《むらやま》あれどとりよろふ天の香具山《かぐやま》登り立ち国見をすれば国原は煙立ち立つ海原は鷗《かまめ》立ち立つうまし国ぞ蜻蛉島《あきづしま》八間跡《やまと》の国は」

同原文
高市岡本宮御宇天皇代［息長足日廣額天皇］天皇登香具山望国之時御製歌
山常庭村山有等取與呂布天乃香具山騰立国見乎為者国原波煙立龍海原波加萬目立多都怜𢙉

国曾蜻蛉島八間跡能国者

同ひらがな表記
やまとにはむらやまあれどとりよろふあまのかぐやまのぼりたちくにみをすればくにはら
はけぶりたちたつうなはらはかまめたちたつうましくにぞあきづしまやまとのくには

従来この歌は史料としての採用が躊躇されてきた。なぜなら、この歌を「大和の香具山で歌われた」と解釈すると「海原・鷗など大和香具山から見えないから馴染まない点がある」、「舒明の宮は大和ではなく九州肥前」などと不整合が多いからだ。しかし今回、以下のように解釈すると史料としても整合性があり、価値評価を見直すべきとの結論に達した。それは「舒明は九州で大和王権天皇に即位した」（六二九年）という解釈に基づく。「大和王権天皇の九州遷都」は初めてではない。「安閑~推古の大和天皇が九州にいた」と同じ統治形態である(五三四年~六〇三年)。

「やまとには」
舒明天皇は大和の推古天皇を継いで大和王権の天皇に即位した、とすれば大和賛歌を歌うのは自然である。上宮王家天皇（大王）を兼ねていようがいまいが関係ない。ただし、原文では「山《やま》常《と》」「八間跡」が使われている。二回も使われているから「舒明は大和の天香具山で国見をした」と解釈されてきた。なぜ、同じ歌に違う表記が出てくるのか議論がある。それはこう解釈できる。

「やまと」には「国名」と「国都名」の使い分けがあったようだ。例えば、魏志倭人伝では「倭国(国名)」と「女王国(国都名)」が使い分けられている。「邪馬台国」も「女王が都したところ」であるから国都である。この歌の最初の「山常《やまと》」は国都名であろう。その理由は、「山常」は「天の香具山がある場所」であり、「国見をした場所」である。国そのものではなく、国の一場所である。一方、この歌の最後の「やまとのくには」は「国名」であって、「八間跡」と表記されている。神武以来の大和に加え、安閑紀の豊国・播磨・尾張・駿河などの屯倉を含む「拡大やまと」の意味が込められている。ただの「神武の大和」「近畿の大和」ではない。そうであれば「舒明が拡大やまと(八間跡、国名)の国都の意味で豊国をやまと(山常、国都)と呼んだ」という使い分けの可能性はある。この歌では「大和王権天皇としての神武と自分」「神武の国都(大和)と自分の国都(豊国)」「大和天香具山と豊国天香山」を対比連想して詠んだと考えられる。「やまと」を「国都豊国」の意味で使われた史料はこれ以外にないだろう。

「国見をすれば」

国見は自国領でするものである。九州時代の大和王権の国都(本領)は安閑天皇以来豊前であろう。推古天皇は宮を肥前(あるいは豊前)の豊浦宮に、舒明も肥前飛鳥岡本宮・肥前百済川宮処に宮を置いたが、これらは臣下である蘇我氏が提供した蘇我領の宮であろう(第四章)。推古は国都を豊国豊浦から大和小墾田宮に遷したが、豊国領は保有し続けたようだ。大和王権を継いだ舒明は「伝来の大和領・豊国領・各地の屯倉を継いで、国都を大和から豊国に戻し、そこで国見をした」と考えられる。遠い奈良の大和（旧国都）で国見をしたのではない。そこの天香具山からは海原は見えないし鷗もいない。

「天香具山」

この山は「大和三山」の一つと考えられている。神武以来の身近な山として多くの歌に歌われてきた。実は、紀記には歌以外では「香山」とあり、紀の注に「香山、これを介遇夜摩《かぐやま》と云う」とある。表記は違っても同じ山と考えられている。

その理由は、紀の「香山」の半分は神武東征譚に出てくるからである。「大和の山が東征譚に出てきておかしくない」と考えられてきた。あとの半分は神代紀である。神話の世界であるから、場所は誰も詮索してこなかった。

しかし、大和に着く前、の「神武東征譚」に大和の山が出てくるのはそもそもおかしい。第四章でみたように、「神代紀の香山《かぐやま》は豊前の香春岳」とする説があり、説得性がある。そうであるなら、神武東征譚の「香山」も豊前かもしれない。「神武が夢で天の香山の社《やしろ》の土を取りお神酒の器をつくれ云々、と神託があって、その通りにしたら勝った」という戦記は夢を通じて神代紀の香山の伝承に通じているかもしれない。神武は東征後に豊前の香山《かぐやま》を大和三山の一つに地名移植したのであろう。

二番歌の用字は「天香具山」であって「天香山」ではないが、「歌の表記は万葉仮名（表音表記）」の原則から、たとえ舒明の二番歌の対象が「香山」であったとしても、「かぐやま」と詠んでいるのだから「香具山《やぐやま》」と万葉仮名表記している。
「神武が豊国の香山《かぐやま》を秀山として東征後大和に山名移植した、その元山の豊前香山で国見をすることに舒明は神武を継ぐ大和王権天皇としての高揚を感じ、二番歌に採用される優れた国見歌となった」と考える。

「鷗立ち立つ」
香春岳からは瀬戸内海が遠望できる。舒明の祖父敏達（大和王権九州遷都時代）の政事活動の場は筑紫（倭国朝廷）だが、本領は安閑以来の豊国（豊前）と考えられる。舒明天皇は幼少を豊国で過ごし、豊前海岸で鷗と遊んだ記憶があるだろう。遠望であっても海をみれば幼いころの鷗が目に浮かぶことは自然である。

「蜻蛉島《あきづしま》」
第一章で検討したが、通常「秋津島」と表記するところ「蜻蛉島」と表記するのは次の神武紀に対応する。

神武紀三十年条
「[…]（天皇）巡幸す[…]丘に登りまして国の状を廻らし望みて曰はく、あなにや（ああ）国を獲《え》つること、うつゆうのまさき（せまい）国と雖も、蜻蛉《あきづ》（とんぼ）のとなめ（交尾）の如くにあるかな、とのたまう、是に由りて始めて秋津洲《あきづしま》の号有り［…］」

二番歌の「蜻蛉」はこの伝承を受けた表記と思われる。神武紀の「蜻蛉のトナメ」については第三章「『蜻蛉のトナメ』は彦島の象徴」で検証した。舒明はこの「神武の伝承」を彦島の（古）伊予温泉訪問などで知っていて（第七章）、「拡大大和国（八間跡）」の象徴として敢えて「蜻蛉島」と用字したのであろう。

◉「柿本人麻呂は天武の孫」説

万葉集四二三番歌の題詞に「［…］作者山前王《やまさき》」とあり、［左注］には「右一首或云柿本朝臣人麻呂作」とある。ここでは歌の内容には触れない。注目点は「柿本朝臣人麻呂は山前王である」と示唆されている点にある。山前王は「天武の子忍壁《おさかべ》皇子（第四皇子）の子」で実在人物である（続日本紀七六一年）。従って、「柿本朝臣人麻呂」は山前王の別名、ペンネームである。

この説は『人麻呂は誰か』坂田隆（新泉社一九九七年）に基づくが、この説は論理・論証が確かで、多くの人麻呂の謎を解決する整合性を持つので、筆者は支持する。一編の歌の左注一つが頼りで、「唯一の解」とするには論拠としては弱い面もある。だが、別説の実名歌人説（例えば古田武彦『人麻呂の運命』原書房、一九九四年）は先入観・想像力は豊かだが論証に欠け、説得力はない。

筆者はこの坂田説を支持して以下に確認する。人麻呂の作歌時期は六八九〜七〇〇年頃の一〇年間で、そこで人麻呂は死んだことになっているが、本人山前王《やまさき》は更に二〇余年生きている。この一〇年間は「天武崩御六八六〜文武即位六九七年の皇位継承で暗闘のあった時期」である。

この説は皇位継承順位と密接に関係するので、いささか細かいが順を追う。持続天皇は天武崩御後、四年の称制期間を経て即位した（六九〇年）。当時の女帝は中継ぎの意味が強いので、次の継承候補者が注目された。高市《たけち》第一皇子（母は豪族出身妃なので継承順位は三位）、草壁第二皇子（母は天皇（持統）なので継承順位一位、六八九年病死）、大津第三皇子（継承順位二位、天武崩御後に謀反容疑で自害六八六年）、忍壁《おさかべ》第四皇子（継承順位四位）がいた。

忍壁《おさかべ》は四位だが→大津薨去（六八六年）で三位→草壁薨去（六八九年）で二位となった。同様に三位から一位となった高市《たけち》皇子は早くから辞退（母親の身分から）を鮮明にしていたから、持統は草壁薨去の前に生まれた草壁の子に継がせようと、忍壁親子を暗殺する可能性があった。この時期から忍壁は隠遁生活に入り、子の山前王は柿本人麻呂の名で草壁挽歌を殯《もがり》で歌っている。人麻呂の作歌活動の始まりである。それは文武天皇（草壁の子）即位（六九七年）まで続いた。

持統は子の草壁に譲ろうと大津を死に追いやったが直後に草壁が病死し、孫の軽皇子の成長するまで自ら即位して隙を見せずに皇位を守った。忍壁皇子はこの期間全く紀に登場せず、暗闘を避けて隠遁生活したらしく、仙人の形を詠んだ歌を献じられている（万葉集一六八二番）。子の山前王もペンネームで歌詠みに没頭して政治に距離を置いたようだ。この期間の最後、文武（軽皇子）即位で継承問題が終了すると、忍壁皇子は政治に復帰し、太政官の統括職などで重んじられている。山前王はペンネーム柿本人麻呂に自分の死没歌複数を書かせて作歌活動を終え（死没地を複数にするなど、整合性をなくして架空人であることを示唆している)、役人になってそれまで止まっていた昇位も従四位下刑部卿に昇進している。

なぜペンネームを使ったか? 皇位争いから父子共に暗殺をされるのは避けたい、だから追従歌でもなんでも厭わないで作歌する。だが、もし仮に父が皇位を継ぐようになれば、自分は太子だ。その時には本名から「御用追従歌詠み」を消し去りたい。だからペンネームだ。ペンネームだから、位が低い「朝臣」でよい。本人は王族だからどんな高位の王族にも同行でき、高位の王族の葬儀にも参加できる(草壁皇子の挽歌を作っている)。だが、挽歌は低位の御用作歌者「柿本朝臣人麻呂」の名で、と考えたのではないだろうか。この解釈は、人麻呂の様々な謎を整合性よく解消する。

山前王の生まれは不祥だが、筆者推論を記す。壬申の乱(六七二年)では天武が約四一歳、高市(第一皇子)一九歳(扶桑略記等から)、忍壁(第四皇子)一七歳(六五五年生)としても大きくははずれていないだろう。忍壁一七歳時の子(六七二年生)が山前王(柿本人麻呂)とすると、その作歌活動期(六八九~七〇〇年頃)は一七~二八歳となる。この作歌年齢は早すぎる感があるが、一六歳以下で忍壁が子を作るのは考えにくいし、これより後年の子では「一六歳以下の子柿本人麻呂が挽歌を作歌依頼された」となり、それも考え難い。この辺の歳回りに絞られる。柿本人麻呂は一七歳で持統最愛の草壁皇子の挽歌を作ったことになる。この作歌年齢からは「草壁皇子の挽歌(最も早い時期)は人麻呂の実人生体験に基づくものではない」ことを示している。生まれつきの感性と、豊かな先行歌知識、そして必死の知恵と努力の結晶だろう。動機としては

「大津皇子の悲劇」(当時、山前王一四歳)、「それに続くかもしれない自分たち父子の皇位継承に絡む危険を如何に避けるか」、その為に「持統・草壁・高市・軽皇子らを神扱いにして忠誠を尽す宮廷歌人一筋のふりを貫くこと」となったのだろう。それを支えた知恵と、それを可能にした「天武一族の限られた一部に与えられた倭国歌集閲覧の機会」(推定)、それを有効活用できた「一〇歳頃(倭国滅亡直後)から、何百編の歌を一度読んだら忘れない程の記憶力」があって、持統から王族への贈歌や王族の挽歌の作歌依頼を受けた、と考える。

従来の「柿本人麻呂論」の多くが実在人物としているから、ペンネームでなら起こり得る数々の不整合(例えば複数の辞世の句の地名が異なる)に分析者は翻弄されて、仮定と想像を重ねた空論に終わっている。それに対し、ある歌の一片の左注から整合性の極めて高い人麻呂の全体像を引き出す坂田の解析・論証力に筆者は深い敬意を覚える。

◉柿本人麻呂の「遠の朝廷」はここだ

万葉集では柿本人麻呂が第一の歌人と言われている。彼は謎が多く、倭国との関係もある様な示唆が多い。彼の人となりは前節で分析したが、彼の歌にある「遠《とほ》の朝廷《みかど》」について「倭国内ニニギ系王族」の観点から検討して、筆者解釈を以下に示す。

この語「遠の朝廷」を万葉集で人麻呂は一回だけ使っている。古事記・日本書紀には出てこない。

万葉集三〇四番歌詞書柿本朝臣人麿の筑紫国《つくしのくに》に下りし時に、海路《うなぢ》にして作れる歌二首(の

二首目）
「大君《おほきみ》の遠《とほ》の朝廷《みかど》とあり通《がよ》ふ島門《しまと》を見れば神代《かみよ》し思ほゆ」

定説解釈は「大君＝持統の遠方の朝廷＝遠い大和朝廷出先の中心＝筑紫大宰府に皆が通う島門＝山門《やまと》（根拠不明）を見ると神代の昔のことが思われるなあ」とされてきた。一方、九州王朝説は「遠い朝廷＝倭国」と決めつけているから、「大君は倭国王」、場所は「白村江以降の倭国朝廷＝太宰府」、として疑わない（古田武彦）。

しかし、人麻呂の場合、どちらの解釈も正しくない。以下に根拠を示す。

一、人麻呂は天武・持統の関係者である（前節）。天武は大和朝廷の天皇である。根拠は「天武が編纂を命じた古事記は大和王権史」にある。天武・持統の関係者（人麻呂）が「大君」と歌えばそれは「大和王権天皇」である。「倭国王」ではない。「表向きは持統、裏の真意は倭国王朝へ馳せる想い」という解釈（九州王朝説派の一部）は可能だが、以下の項目と整合しない。

二、「大和王権天皇の筑紫（島）にあった朝廷」は「博多」でも「大宰府」でもない。「ニニギ・東征前の神武の門司／彦島」か「応神・仁徳の豊国難波宮」か「安閑〜皇極の肥前／豊国（断続的に七〇年間）」である（第六章・第一章）。この内「神代」を思い出させるのは「門司／彦島」である（第一章）。大和王権関係者が「神代」「島門《しまと》（島が形成する門（＝海峡））」と歌えばそれは「イザナギの小戸《おど》（小門）海峡」か「ニニギの日向（関門海峡）」である（第一章・第二章）。

三、ニニギはしかし「神」とされるから「大君《おほきみ》」ではない。それに対し、神武は東征の後大和諸国を治める大君となった。東征の前にも宮（朝廷、彦島域の吉備・安芸）があった。だから「大君の遠《とほ》の朝廷《みかど》」とは、「神武大君の大和から遠い彦島の朝廷」である。神武が「蜻蛉《あきつ》のトナメ」と歌った彦島であろう（第三章）。そこは神武から高天原につながる神代への入口である。

四、瀬戸内海から海路で筑紫に近づいた人麻呂が見た最初の「島門」は「関門海峡」であろう。関門海峡の向こうには「神武の宮（彦島・吉備）」があり（第三章）、ニニギの高千穂宮（門司）があり（第二章）、その向こうに「島生み六島」があり、「オノゴロシマ」があり、「高天原」がある（古事記、第一章）。「蟻が通う道のように細い関門海峡（速吸戸）」の向こうに「神代」の世界がある、と思われたのである。この解釈は第一章の論証から導かれているが、整合性が良いことで、逆にこの歌が第一章の傍証になっている。

五、「大君は倭国王か？」。日本書紀（漢文）は外交的要請から「倭国不記載」の方針を採った。しかし、万葉集は和語（万葉仮名漢字表記）歌集だから外交とは関係なく「倭国不記載」の必要はない。しかし、編纂時期（八世紀後半以降）には既に日本書紀の国内教宣原則「倭国《やまと》＝日本国《やまと》、九州倭国などない」が徹底していたから、「万葉集も倭国不記載」に近い。人麻呂の作歌時期（六八九～七〇〇年）は日本書紀完成（七二〇年）以前であり、倭国歌集を相当学んだと思われるし、それを活用したとも思われるが、万葉集には「明らかに倭国・倭国王を謳った歌」は殆どないのは選者の選別があったからだろう。選別基準は日本書紀よりは緩かったようだが、人麻呂の「大君」がもし明らかに「倭国王」であれば、それは選別に落ちていただろう。

六、作者柿本人麻呂は非常に若い時から倭国歌集の和歌の指導を受けた可能性もある。なぜなら、歌の先進地倭国に学ばずして歌で先行することはできないと思われるが、人麻呂の宮廷歌人として注目されたのは異常に早い（一七歳頃か、前節）。対唐戦の恐れなどで大和に避難して大海人皇子を頼った「倭国内ニニギ系神祇司」「倭国の式典・祝詞・歴史・祐筆・歌・文書筆写などの担当職」などから、持参の倭国歌集写しで作歌を学んだ可能性はあり、そのような機会を持てた若者は当時稀有だったはずだ。まもなく「(倭国関係の）禁書」が始まるからだ（続日本紀七〇八年条）。

七、人麻呂が実際に九州まで旅したかどうかはわからない。作歌は眼前にしてするものもあるが、宿に帰ってからもあり、行く前に想定して仮作するもあり、古典・記憶・伝聞・想像をない混ぜて創作するものもある。人麻呂程の古歌知識と想像力を以てすれば、九州まで旅しなくも十分作れる歌ではないかと想像する。

結論として「大君の遠《とほ》の朝廷《みかど》」は「神武の彦島の宮」である。

◉天香具山　持統の場合

万葉集には天香具山を歌った有名なもう一首がある。原文とひらがな表記を付す。

万葉集二十八番歌藤原宮御宇天皇（持統天皇）代天皇御製歌

「春過ぎて夏来るらし白栲《しろたへ》の衣干したり天の香具山」

同原文

春過而夏来良戸之白妙能衣乾有天之香来山

同ひらがな

はるすぎてなつきたるらししろたへのころもほしたりあまのかぐやま

持統天皇が大和藤原宮から天香具山を見て作った歌とされている。目前の平凡な丘「大和の香具山」に「庶民が干した衣」、とは天皇の御製歌に相応しいか、などと評価が別れるが、この歌には以下のような解釈が相応しい。

「天香具山《かぐやま》（大和）を眼前にしながら、衣替えに備えて白妙の衣を乾そうという女官達の話などを聞くと、ああもうすぐ夏だなあ、それにつけても子供の頃に見た、豊国の香山《かぐやま》の夏の白い輝きが思い出されるなあ［…］」

持統は六四五年に生まれた。場所は皇極（祖母）と中大兄皇子（父）の居所であった肥前飛鳥板蓋宮であろう。一三歳（六五七年）で大海人皇子に嫁す。当時、大海人皇子は九州から大和難波宮に移っていた（孝徳紀六五三年）。従って一三歳まで肥前で過ごし、上宮王家の本領豊国への往復途中にある香山《かぐやま》（現香春岳《かわらだけ》、第四章参照）を何度か見ているだろう。少なくも輿入れで大和に移る時は見ているはずである。香山は全山石灰岩で木が生えぬ白い山であった。八〇〇年頃最澄が植林して初めて緑が増えた、と伝わっている。現在もセメント原料として採掘され今は上半分がなくなって、削られた跡は真っ白である。当時は夏になると「周囲の緑の山に囲まれて、隠れて水浴びした天女の白妙の衣が干されているように目立つ天香山」であった、それが思いだされたのであろう。

持統は「香具山」の三文字に、香山《かぐやま》を自ら見た記憶・祖母皇極（持統一〇歳当時、六五五年は斉明即位年）の話の中に出てくるイザナギの涙・その涙から成った泣沢女神《なきさわめのかみ》がいる所（天香山の畝尾、古事記）・その近くに滞在したことのある神武・それらに感動して大和に三連山の地名移植した神武の話などなどの記憶を込めている、と解釈する。これらの伝承は当時の読み手（大和王家貴族、多くは豊国からの移住者で香山を見ている）の共通常識だった可能性がある。あるいはそれを知らない若者に、「それはあなたにとっての常識であるべきよ」との持統の要求を込めた「香具山」の三文字だった可能性がある。

この歌を「大和の低い香具山に干された白妙の衣を写実的に詠んだ」とする解釈も、「豊国の神秘的な白山香山を眼前にして写実的に詠んだ」とする極端な状況想像も正しくないだろう。持統は天皇としては九州に行っていない。唯一正しい解釈は「眼前の大和香具山を見て、記憶の豊前香山《かぐやま》を思い出しながら詠んだ」であろう。

歌は現実と記憶と知識を複雑に絡み合わせながら、眼前の人にアピールしたり、そこにいない人に向けたり、いくつもの狙いを込めているのが普通ではないだろうか。作歌には様々な形がある。「眼前の景色を素直に詠む」「眼前の景色と過去の記憶が交錯する様を詠む」「古典名歌を下敷きに新たなモディファイ（変形、デフォルメ）を加えてそれをアピールする（密かに自慢する、枕草子「香炉峰の雪」など）」、「眼前の地名と移植前の地名にまつわる伝承を掛けて現状を美化する、茶化す」など、様々な技法がある。当時は壬申の乱後平和になり、朝廷では急速に歌が重要な教養として発達中だったと思われる。

この歌の意味は単純である。それ故に、その裏側を読もうと多くの論者が想像を巡らした。それでも、その多くが眼前の「香具山」と「白栲」に囚われている。しかし「春過ぎて」に「自分の壬申の乱までの翻弄された半生が過ぎた」が込められているようだ。「美しい春が過ぎて惜しい」という感情よりは「夏きたるらし」に期待を込めている。「まだ何も書かれていない白地（未来）に、輝くべき夢を描きたい、その時が来たようだが不確かな未来（白地）」への女帝としての夢と期待と不安の交錯する情感を、眼前の平凡な奈良の香具山が誘発する豊前の特異な白山の記憶に込めている。奥行きの深い歌である。

◉倭国と物部氏　日本国と中臣氏

九州物部氏の祖は「ホアカリの天降りに供奉した五部人筆頭の天津麻良」と検証した（先代旧事本紀、第四章）。即ち、九州物部氏の祖はホアカリの筆頭重臣であった。九州物部氏は倭国王権に后妃を送り込んで外戚となり、権力を維持する戦略をとり続けたようだ。それが結果的に「ホアカリ天降り後の王権三〇〇年の安定継続」（ホアカリ系万世一系（同族一系）、推測）につながったことも理解できる。蘇我氏がそれを真似て九州に遷った大和王権や倭国から独立した上宮王家に妃を送り込み、外戚となり専横した。

一方、中臣氏の祖は「ニニギの天降りに供奉した五部神の筆頭天児屋命」とされる（記・紀九段一書一・二）。即ち、中臣氏の祖はニニギの筆頭重臣であった。倭国に残ったニニギ系王族の末裔である上宮王は独立して上宮王家を建てたが、中臣氏が筆頭重臣となった（皇極紀）。上宮王家と大和王権は同じニニギ系として合体して蘇我氏を倒し、上宮王の孫斉明が新大和王権の天皇、中大兄が皇太子、中臣鎌足が筆頭重臣となった。その後大和王権は日本国となった。その筆頭重臣は中臣改め藤原鎌足の子藤原不比等である。この藤原氏が天皇家の外戚となり、専横することになる。不比等は次のように考えたであろう、「倭国の物部氏に許された地位と特権は倭国三〇〇年の安定王権に寄与した。日本国の藤原氏が同じような特権を持つことも、大和王権の安定の為に許されるべきだ」と。そして七〇一年から平家時代まで三〇〇年以上、それは実現した。そしてその余韻（五摂家）はつい最近まで続いた。

日本国皇室の安定性は「万世一系説」が説得力を持ったからではない。藤原家の力でも必ずしもない。神代と人代の境界を『天降り』で明確に分け、皇室の統治権は神代の決まりごとで人代で変えることが出来ない、とする記紀の構成であり、紀でそれを明確にした藤原不比等の構想力であろう。統治権（皇室）と統治力（藤原〜）の分離により、統治権は倒される対象からはずされて継承された、と考えられる。

◉天児屋命から現代までの系図一例

天児屋命《あまのこやねのみこと》は天孫瓊瓊杵尊《ににぎのみこと》（ニニギ）に供奉《ぐぶ》して天降りし、その子孫に中臣（藤原）鎌足がいて、天皇家の外戚として隆盛した。その結果、多くの藤原一門、その支族武門が家柄・血筋に誇りを持ち、藤原支族を称した。その家系図には造作も多いとも言われるが、その真偽はさて措き「天児屋から現代まで子々孫々の一例」を挙げるので、一興としていただきたい。

私事で恐縮だが、筆者の家（髙橋）は津山藩の藩士であったが家系図があり、その冒頭に「天児屋命」とある。その系図の要点は「藤原秀郷《ひでさと》の子孫大友宗麟《そうりん》の庶孫大友蔵人が髙橋姓に改めた」とある。神代から現代までの系図の一例として供する。

その系図は次のようである（大友宗麟までは資料に基づく）。

「天児屋命→天押雲命→天多禰伎禰命（神武時代）→宇佐津臣命→大御食津臣命→伊賀都臣命→梨迹臣命→神聞勝命（崇神時代）→久志宇賀主命→国摩大鹿島命→巨陜山命（景行

時代）→跨耳命→天目通命→大小橋命→阿麻毘舎卿→阿毘古連→眞人大連→賀朝→黒田大連→常磐大連（中臣賜姓）→可多能祐大連→御気子卿→中臣藤原鎌足（六二〇年頃生、中臣）
→藤原不比等→藤原房前→藤原魚名→藤原藤成→藤原豊沢→藤原村雄→藤原秀郷（九〇〇年頃生）→藤原千常→藤原文脩→藤原文行（藤原十一代）
→近藤脩行（近江掾となったので藤原ながら近藤（近江藤原）を名乗った）→近藤行景→近藤景親→近藤景頼→近藤能成（近藤五代）
→大友能直（大友荘（小田原）に育ったことから称す、頼朝重臣、豊前・豊後の鎮西奉行・筑後守護）→大友親秀→大友頼泰（丹後守）→大友親時（因幡守）→大友貞宗→大友氏時
→大友氏継→大友親著（陸奥守）→大友親繁（豊後守）→大友親治（備前守）→大友義長
→大友義鑑→大友宗麟（北九州六カ国平定）
→大友義信（宗麟庶子、ここから当家系図・寺籍・藩資料による）→大友蔵人（大友宗麟庶孫、一六〇〇年頃筑前生まれ、改め高橋義胤、真田家に仕官）→高橋延貞（上州生まれ、真田（沼田）藩士→真田（上田）藩士→津山藩士（津山藩分限帳による））→高橋信政→高橋信親
→高橋政義→高橋近義（勇次郎）→高橋信義（増夫、廃藩置県、）→高橋登美→高橋武太郎（津山から東京へ）→高橋健吉→高橋通（筆者）→高橋純理（高橋十二代目、大友二十六代目、藤原四十二代目、天児屋命六十六代目）」

藤原から大友への流れは秀郷を経て藤原九代目が近江掾《じょう》（守・介の次）となったので藤原なが

ら近藤（近江藤原）を名乗り五代続く。近藤六代目（藤原十四代目）が大友荘（小田原）で育ったことから大友を名乗り（鎌倉初期）、十三代目大友宗麟（義鎮《よししげ》、秀吉時代）につながる。

宗麟（義鎮）の子は少なくないが、「義」字を継いだようだ。庶子の一人、大友義信の子大友蔵人改め髙橋義胤（髙橋家系図初代）の生国は筑前と系図にある。この時代「筑前で髙橋」といえば、大友宗麟の支族でもある筆頭重臣髙橋鎮種が治めた筑前豪族髙橋一族であろう。その源流は漢渡来系とも言われ、室町時代に筑後守を許されたりしたが、髙橋鑑種の代で大友宗麟に下り、宗麟の命により大友庶流の吉弘鎮理が髙橋本家を継いで髙橋鎮種と名乗った（後に髙橋紹運《じょううん》と号す）。その流れから、以降の筑前髙橋は大友流髙橋と言える。大友宗麟の嫡男が髙橋紹運の妹を正室とするなど、大友・髙橋は姻戚関係にある。髙橋紹運の嫡男は宗麟の命でこれも大友支流と言われる立花家に入り婿して継いでいる（後に筑後十万石となる、髙橋を継いだのは次男）。戦争に明け暮れた時代、戦死した家臣や降伏して新たに家臣となった一族に主筋の子が養子・入り婿する例も多かったようだ。

家系図の初代髙橋蔵人（大友宗麟孫）も大友流髙橋の一端に入り婿改姓した可能性が高い。髙橋義胤を号す。義胤は筑前生まれ育ち、朝鮮戦役の筑前での縁か上州沼田真田家に仕え、真田上田城に移った後、川中島藩（森忠政［森蘭丸弟、東軍］）が津山藩に移封された流れで二代目が津山藩士となる（経緯は推測、当時は移封・再編が多かった）。その後藩主が松平家に交代し、藩士の再編で出自家系が審査されたであろうが残り、七代目（～明治）まで津山藩士として続いている。家系図はそれなりに妥当と認められたのであろう。それらから結論すれば、「この家系図は天児屋命に繋がる大友流髙橋の支流と読める」とすることができる。

ここまでの真偽はさて措き、以後十一代目が筆者、筆者の長男が髙橋十二代目（大友二十六代目、藤原四十二代目、天児屋命六十六代目）に当たる。この間を天児屋以来一八〇〇年／六六代とすると、平均二七・三年／代となるから妥当な代数である（通例は平均二三年／代とする）。

すべての現代人は一八〇〇年前、六〇数代前の先祖を持っている。その先祖の血は決して想像する程薄まっていない。なぜなら、天児屋当時の列島の人口を仮に百万とすれば、現代の日本人一億は殆ど全てこの百万から出ているのであり、現代一億はたかだか一〇〇倍に薄まっただけである。アマテラスもニニギも天児屋も想像以上に現代人と近しい関係にある。

今後、家系図を持つ人も興味を持つ人も激減するだろう。家系が社会的に重要な意味を持つ時代は一部を除いて終わったからだ。しかし、古代との意外な近さに気づく時、研究への熱が高まるに違いない。

参考　論証の基点と始点・年表

本著では筆者が提案する八つの仮説を論証する。それら仮説は、前著『倭国通史』の論証を基盤としている。本著でその都度引用する煩雑さを避ける為、前著の関係論証部分の要点を参考資料として示した。「仮説論証の基点」としてご理解の一助となれば幸いである。次節以下の参考番号は前著の章番号に対応している。

なお『倭国通史』は、「倭国《わこく》の建国（西暦八〇年頃）から滅亡（七〇一年）まで」を通史としてまとめたものである。専門に近い一部の方からも「目から鱗の話満載」と評価を頂いた。

◉参考一、半島倭人の「倭国統一」、列島へ移動で「倭国大乱」

「倭国」のはじまりについて概観した。

一、「倭人」は「古代の上海地方の鯨面文身《いれずみ》する漁民」を指した（論衡、周（前一一―三世紀）条）。その「倭人」が朝鮮半島中部にもいることが知られ（「楽浪海中倭人あり」漢書地理誌）、次第に「倭人」と言えばこの「極東の倭人」のみを指すようになった。
二、「倭人国」の萌芽は、紀元前一世紀（漢書）、次第に韓民族とは異なる極東倭人による半島南端の「倭国」が認識された（後漢書韓伝）。「倭国」の名は中国がそのような「極東の倭人の国」に名付けた他称国名に始まる。中国の認識は中国領に近い「半島倭人」から始まっただけで、列島の稲作技術や倭人国の萌芽は半島より先行していた可能性もある。
三、倭国の半島側の中心は対馬の西一七〇キロメートル程にあった（三国史記、「多婆那国の南西八〇キロメートル」）。その半島倭人が、より豊かな列島へ繰り返し渡海移住したこと（神代紀）、それが倭国大乱の要因の一つと考えられる。（神代紀・魏志）。半島倭人は稲作技術では劣っても、中国領に近く開化が早かったから武器・戦闘で列島稲作倭人を圧倒したのであろう。
四、「卑弥呼の倭国大乱収拾」と「神話の国譲り」は時代的に対応する（魏志倭人伝と記紀）。渡海移住はニニギの天降りで完了し、半島倭国は消失した（記紀と魏志倭人伝二四〇年条）。
五、中国史書は「卑弥呼～台与」（魏志・晋書）「倭五王」（宋書）など七〇〇年頃まで倭国を記述している。王統の継続はともかく、倭国の存続が確認される。六四五年を最後に倭国伝は終り、「倭の別種日本国の遣唐使が七〇二年に来た」と記し、以後日本国が継続している。
（第一・二・三章）。

◉参考二、「倭国女王卑弥呼」と「邪馬台国女王」は別の国、別の女王である

卑弥呼は九州、邪馬台国女王は恐らく大和、である。この「邪馬台国女王は卑弥呼」と魏志倭人伝は書いていない。国都名が「女王国」と「邪馬台国」と違うから「別の国、別の女王」の可能性がある。「魏略」とそれを原典とした「魏志」の比較からそれを論証した。その論拠は、

一、「魏略」は「倭（国）は［…］」で始まる「倭（国）伝」である。魏の立場から、対象を「魏の認定した倭国」に絞り、「倭国の女王は卑弥呼、その国都は女王国、その範囲は九州北半分、海を渡ると別の倭種」としている。「邪馬台国は（海を渡った）倭国外」だから記述していない。正しい認識と考えられる。

二、「魏志」は「倭人は［…］」で始まる「倭人伝」である。晋時代の魏志は、魏略を原典としながらも対象を「魏の認定した倭国」にとらわれず、倭国外の倭種にも広げ、古い情報も含めて倭種・倭人情報を洗いざらい挙げ、「遠方に（別の）女王の都する邪馬台国（別の国都）もある」を採用した。その内外区分意識の薄い「曖昧文章」が誤読「卑弥呼の女王国（国都）＝女王の都する邪馬台国（国都）」を誘導して後世を誤解させた。第一の誤解だ。

三、後続の「後漢書」は、魏志の「曖昧文章」を正すつもりで「卑弥呼は『九州の邪馬台国』に都する」と明記した。第二の誤解だ。その結果「邪馬台国は九州」説の根拠の一つとなった。

四、後世の「隋書」は「倭の遣隋使」を機に隋使裴世清を九州倭国と大和推古に遣わした。大和も随行使小野妹子を出していたからだ。その結果を隋書は「倭国（当時俀《たい》国を自称）は、魏時（魏の時代）邪靡堆《やまと》に都す、即ち魏志の謂う邪馬台なるものなり」とした。魏時の倭国

国都は九州卑弥呼女王国だから、第三の誤解だが、「邪馬台国は大和」説の根拠になっている。

五、「台与の倭国遣晋使〈二六六年〉は」「倭（国）の女王の貢献」と表現されている（晋の起居注［二六六年条、神功紀引用］）。一方、別資料に「倭人来りて方物を献ず」（晋書武帝紀二六六年）である。定説は「二つの記事は同一事績」とするが、正しくは別の遣使記事である。なぜなら「貢献」は「朝貢国」に対する正式表現である。一方、「献ず」とのみあるのは「朝貢していない国・人」と考えられ、「台与遣晋使（朝貢使）に随行した倭種（未朝貢、邪馬台国？）の遣使」の可能性がある、と指摘できる。この随行使が纒向に前方後円墳の着想を持ち帰った可能性もある。なぜなら前方後円墳は晋尺を使用し（森浩一「古墳の発掘」）、晋尺が伝わった可能性のある倭の遣使はこれが最後である（次は四一三年遣宋使）。

以上、「邪馬台国論争」は「卑弥呼の女王国（倭国の国都）と邪馬台国（別の国の国都）がどこか」の論争だが、共通の誤読「卑弥呼の女王国＝邪馬台国」の上に「九州か大和か」を論争するが、前述のように「二つの別の国都」だから、決着するはずがない。原典魏略解釈一、の再確認に立ち帰るべきであろう。

このように、古代史の論争は初期の誤読で自縄自縛になっている解釈が多々あり、一度「常識化した誤読」から解放される必要がある。例えば、九州王朝説は「倭国再発見」に大貢献したが、その倭国を記載していない記紀を「倭国隠蔽・倭国存在否定・倭国史書の盗作・捏造」と決めつけ、「記紀不信」の自縄自縛から記紀の「重要な倭国情報の数々」を見逃している（二天皇の混在記述、仏教論争など、敏達紀）。一方、定説派は九州王朝説派の「記紀不信」とは逆の「記紀信奉」から「記紀に書いていない九州王朝などなかった。だから不記載なのだ」として「倭国＝大和王権」の自縄自縛から抜け出せないでいる。双方、自縄自縛である。

◉参考三、纒向・神武・崇神・仲哀　それぞれの倭国との関係

三世紀後半〜四世紀の列島について「海外史書」の記述は乏しいが「記紀」を再検証して「倭国と大和の関係」が解読できる。

一、台与の遣晋使（二六六年）後について、倭国の中国情報は倭王讃の遣晋使四一三年までない（晋書東夷伝）。この間は倭国は遣晋使を送れる統一王権が崩壊していたと解釈できる。

二、神武の大和東征時（二七〇年頃）、纒向祭事朝廷（邪馬台国か）は既に在った（纒向は三世紀前半、神武建国は三世紀後半）。神武は三輪系と姻戚関係を持ったが円墳を維持しているから、纒向祭事（前方後円墳）を統括したとは考えられない。むしろ崇神系が祭事王権を統合した可能性がある（天皇陵の前方後円墳は崇神系から）。

三、一方、大和に政事統一国は未だなく、記紀は神武系・崇神系・景行系を繋《つな》いで一系としているが、これら三系は並立・交代した可能性がある（三系並立）。その根拠は、かなり信頼できるとされる記崩年（古事記天皇崩年、崇神三一八年・仲哀三六二年）を重視し、天皇崩年年

齢を「二倍年歴」説に従い修正し、父子継承の場合は一世代平均二三年を採用などから修正在位年数を求めた。その結果、「神武〜開化は二七〇〜三八〇年頃」、「崇神・垂仁は二八八〜三四〇年」、「景行〜仲哀は三一六〜三六二年」と時代的な重複があり、一系でなく並立していた可能性がある。この時代は渡来系も多く、混沌としている。

四、台与の後、九州倭国は乱れ、覇権争いが続いたと思われるが、勝ち残ったのは崇神系と協力して東方征戦で力をつけ、景行系と協力して西方征戦で九州を征した倭国王、これが「倭の五王」に続く（一、の続き）。

本著では、この再統一を果たした九州倭国王がホアカリ系であること（第四章）、大和王権は三系並立したが、大和王統は神武系・欠史八代・応神へとニニギ系がつながるから万世一系（同族一系）が成立していることを論証した（第五章）。

◉参考四、応神・仁徳の出自

四世紀後半、倭国王は仲哀・神功軍の協力で「熊襲征伐を完了」した。次に新羅の利権で誘って新羅征戦に引き込んだ。

一、神功は大和・東方軍の兵站基地「日本貴国」を北肥前に準備した。

二、新羅征戦は、神功（緒戦）・応神（大戦果）・仁徳（完成）の四〇年に亘る大事業であった。

しかし、紀は神功紀三六二年に凝縮記載している。当時から、応神・仁徳を称揚することに大和諸豪族の反感があったのではないか。応神・仁徳の出自が原因と思われる。

三、神功皇后・皇子は「一定の成果（七支刀）があった」として半島利権を得て近畿（宇治川域）に東征・帰還した（神功紀三八〇年頃）。神功皇后・皇子は宇治川域から北大和に進出し、皇子は崇神王権を支配下においた。その根拠は、神功系陵墓とされる佐紀盾列《さきたてなみ》古墳群（タラシ系）が栄え始まると、崇神（フヨ）系の柳本古墳群（天理市、大和盆地東部）はこの頃を境に造られなくなる（四〇〇年頃か）。神功皇后の皇子（天皇）が崇神王統に代わって大和を支配していく、と解釈できる。古市・百舌鳥古墳群の応神陵・仁徳陵が造られたのは仁徳東征後の四二〇年頃と考えられる。陵域を異にするから、神功・皇子と応神・仁徳は系列が異にすると考えられる。この王権交代の衝撃を緩和するために神功皇后・皇子＝応神という「同一人視」が大和豪族対策として必要であったと考える。

四、応神天皇（仲哀皇子とは別人）が貴国王になると「倭が百済・新羅を臣下とした」（広開土王碑）という大戦果があった。応神は河内に行っていないから仲哀・神功の皇子ではない。倭国王族ではないか（仮説）。

五、仁徳は新羅を破り、新羅から人質をとって支配下に置いた。新羅征戦は完了し、河内に東征（四一〇年頃）して近畿諸王権を支配下においた（これも王権交代だが複雑）。

六、宋はその結果を「倭国は列島統一を果たした」と認定して「倭王」の称号を「倭国王」に格上げした（宋書）。

七、倭国と日本の関係は「共にアマテラスを祀る対等的友邦」であるとともに、「倭国を宗主国とする倭諸国の筆頭」として「倭国≧日本」と表現されるような関係と考える。

本著では、応神・仁徳の出自を「倭国内ニニギ系王族」と論証したことで、大和王権の継承権を持ち、一方「応神は倭国王族」という仮説が広い意味では正しいことが論証される。

◉参考五、日本書紀の証言「倭国≠日本」と「倭国≧日本」

定説は「雄略紀五年条の百済史書引用文」を根拠に、「倭国＝大和朝廷」とするが、「同じ文章が逆に『大倭≠日本』『倭国天王≠日本天皇』を証明している」とする説を確認し、論証した。即ち、「百済王は三兄弟だった。兄蓋鹵王《けろおう》は弟の昆支君《こんしくん》を大倭の天王に仕えさせ、この昆支君（＝加須利君）は末弟の軍君を日本の天皇に仕えさせた」、即ち「大倭≠日本」であり、「天王≠天皇」、「倭王武≠雄略天皇」が立証される。これは、日本書紀（引用の百済新撰を含む）だけで読み取れる論理であって「推測」ではない。

倭国と日本の関係は共にアマテラスを祀る対等的友邦であるとともに、倭国を宗主国とする倭諸国の筆頭として「倭国≧日本」と表現されるような関係と考える。

「獲加多支鹵《わかたける》大王」の銘のある鉄剣が「熊本県の江田船山古墳」と「埼玉県の稲荷山古墳」から出土したことについて、定説は「雄略天皇の列島支配の証拠、倭王武＝雄略」とし、九州王朝説は「倭王武の雄略天皇の列島支配の証拠」としている。共に誤りである。正しくは「倭国が支配する九州の中に、雄略天皇の将軍の墓が存在する十分な理由がある。仁徳に従った九州出身の将軍（日本貴国の子孫）の子孫将軍の墓が熊本にも埼玉にもある」との解釈を論証した。

◉参考六、「磐井の乱」と「大和王権の九州遷都」

「磐井の乱」を定説は「大和朝廷の筑紫国造《くにのみやつこ》磐井が大和朝廷に対して造反した」とし、九州王朝説は「筑紫君＝倭国王磐井に対して継体が造反した」としている。いずれも誤りである。

筆者解釈は「磐井が倭国王に造反したが、倭国王に救援要請された大和継体軍に征伐された」とする。根拠は「筑紫君磐井とは仲哀・神功の熊襲征伐に参加した大彦一族の将軍が筑後に残って倭国王に仕えた大和系豪族。筑紫君とは大和が呼んだ名で倭国王ではない」にある。その功で継体は豊国の磐井領領有を倭国王に認められて拠点を得た。更に磐井の遺領（列島各地にも点在）を次々と収奪した。

最も注目すべきは、「九州の磐井遺領を得た安閑天皇（継体の次）は九州豊国の勾金橋に遷都し（五三四年）、倭国朝廷にも参画した（安閑紀・敏達紀）」である。

遷都といっても実態は一様ではない。安閑は豊国に遷都したが、次の宣化はほとんど九州に来ていない。次の欽明は任那がらみでしばしば九州に滞在し、九州に宮も持った。敏達は九州に定着し、倭国朝廷にも参画した（倭国大連が大和大連を兼務）。用明・崇峻・推古は倭国王族扱いを受けて蘇我氏提供の肥前の宮にいた（本領は豊前、大和領は蘇我氏が管理か）。蘇我氏に翻弄されている。推古の後半は大和飛鳥に帰還遷都している。

定説も九州王朝説もこの「大和王権の九州遷都」を検証して来なかったので、解釈が大混乱している。これを理解して初めて「難波（筑紫）の堀へ棄仏」「蘇我氏の本拠は肥前」「推古の豊浦宮は豊前」も納得され、「日本書紀の捏造」説（九州王朝説）の多くが否定される。

◉参考七、倭国多利思北孤と上宮王と大和王権推古

推古の時代、九州には「倭国」と「遷都した大和王権」と「倭国から独立した上宮王家」の三王権が並存した。その根拠は、文献から六〇〇年頃の年号が三つ見つかっている。「年号を建てられる独立大王が三人いた」ことを意味する。九州年号「吉貴」（五九四〜六〇〇年）は倭国年号と考えられている。次に、襲国《そのくに》偽僭《ぎせん》考《こう》に「三年（五九五年）を始哭と為す」とあり、推古三年に該当するから大和王権の年号と考えられる。三つ目は上宮王の法興年号（五九一〜六二三年）だ（法隆寺釈迦三尊像光背銘）。五九五年時点の三大王の本拠はいずれも九州である。

この三大王の存在を理解しないと隋書の「遣隋使、日出ずる国の天子、日没する国の天子に書を致す、恙無きや」を理解できない。定説は「多利思北孤＝聖徳太子」としているが、国王と太子は格が異なる別人である。別の定説は「聖徳太子＝上宮王」として「聖徳太子は推古の代理国王」として隋書と整合させようとしているが、没年が異なる別人（親子）である（推古紀と法隆寺釈迦三尊像光背銘）。定説も九州王朝説も全体理解に不整合が多く、遣隋使譚を正しく把握出来ていない。

筆者の解釈は複雑だが、細部に至るまで綺麗に整合する。

一、遣隋使の派遣主は倭国（当時俀国と改号していた）の王多利思北孤《たりしほこ》、王は「日出ずる国の天子云々［…］」の対等外交国書で煬帝を怒らせた。この遣隋使に推古は小野妹子を随行使として送っていた。

二、煬帝は調査使裴世清を多利思北孤と推古に送り、前者から「朝貢開始と俀国改号取り消し（倭国に戻す）」の約束を取り付けた（平等外交の撤回）。続けて大和の推古に煬帝の国書を伝えた。その国書は「皇帝（煬帝）、倭皇遠く朝貢をおさむるを知る、朕嘉《よみ》するあり［…］」とある。中国は通常朝貢国の格下の分国から二重の朝貢は受けない。推古の奉物を朝貢と認めたのは「俀国を認めず、代わりに推古を倭国の朝貢権を持つ倭王」と持ち上げたのだ。

三、しかし、倭国が折れて朝貢を開始したので、結果的に一国に二重の朝貢を認めたことになるが、最終的には推古の朝貢権は反故《ほご》にされた。煬帝の「遠交近攻策」「推古との裏外交」の完勝である。

以上の解釈で、隋書（推古との裏外交は記さない）と推古紀（倭国不記載、推古外交しか記さない）が綺麗に整合する。詳しくは前著「倭国通史」二四二～二六〇頁を参照されたい。

◉参考八、上宮王家の大和合体と倭国白村江の戦

倭国は、隋が滅び唐に代わると「対唐対等外交」に戻り、再び天子を自称し（「大宰府大極殿」など）遣唐使は送っても朝貢はしなかった（旧唐書六三一年）。他方、上宮王家と大和王権はそれ

ぞれ親唐自主外交を模索した（舒明紀六三二年・新唐書日本伝六五四年）。

大和王権と上宮王家の二王権は、蘇我氏が大臣を兼ね外戚となっていた。北朝仏教導入でも外交路線（朝貢外交）でも一致し、二王権は急速に接近して姻戚関係も重ねて行く（田村皇子［後の舒明天皇］と宝皇女［上宮王孫、後の皇極天皇］の結婚）。紀は「大和王権は推古の後、舒明・皇極・孝徳と続いた」としているが、二王権が混在していて様々な解釈が可能で不審が多かった。

蘇我氏の専横に対し、二王権は連携して「乙巳の変」で蘇我宗家を滅ぼした。「乙巳の変後には二王権は明確に合体した」と解釈できる。二王権のその後の動向からこれは「大和王権を存続王権としながらも、上宮王家系が主導権を取る合体」と解釈できる。しかし、この合体には多くの疑問があった。

半島では百済が唐・新羅に滅ぼされ、百済の遺臣らが倭国に救援要請をしてきた。百済の保護者を自認していた倭国は、列島宗主国として倭諸国に「百済救済」の派兵を号令した。親唐外交を模索した孝徳を継いだ斉明は立場上親唐派であったが結局「百済救済戦」に加わった。これまで「何故、親唐派の大和王権斉明が白村江戦に参戦したのか?」「何故、斉明の皇子天智が白村江戦から手を引いたのか?」「何故、弟の天武が反唐派なのか?」など、ある程度の推測はしたが、残る謎があった。

◉参考九、天智の「日本」と天武の「大倭」

白村江の敗戦後、九州倭国は博多に進駐した唐軍二〇〇〇人によって傀儡化された（唐会要倭国伝六七〇年）。大和の傀儡化を恐れた親唐派の天智天皇は傀儡倭国と距離を置き「倭国からの独立、親唐日本国」を構想して大和を「倭国（分国）」から「日本国」へ改号宣言した（三国史記六七〇年条）。しかし、天智が崩御し（六七一年）壬申の乱（六七二年）で「親倭国・反唐・反傀儡倭国の天武」へ代わると、天武は「反唐に転じた新羅」に近づいた（天武紀）。新羅が唐に勝って朝鮮半島で支配的になると九州に駐留していた唐軍は撤退し、傀儡倭国は消滅した（不詳）。大和の天武は、次第に列島の単独支配者になっていった。天武は「大和主導の総国大倭《おおやまと》」構想を進めた（古事記）。しかし、天武は道半ばで没した（六八六年）。

◉参考一〇　倭国の終焉と日本建国

天武の「大倭《おおやまと》国」構想も天武の崩御と共に消えた。持統が天智の「親唐日本国構想」を復活させて、それを文武が実行した。倭国や天武の唐に対する対等外交は封印され、日本建国（七〇一年）は唐への「朝貢遣唐使」で完成した。

遣唐使に対し唐は「日本国と倭国は別の国」と認定し「日本国は倭国の正統な継承者」とは認めなかった。それに従って記紀は「日本国の国史、日本紀（後に日本書紀）」は「別の国である倭国」についての事績は記述しない方針「倭国不記載」を採用した。外交的には「日本国は神武が大和に建国した」として「滅亡した地上の九州倭国から分国したのではない別国、非倭国」として親中国を鮮明にする一方、国内向けには「やまと」に「倭《やまと》」「大倭《やまと》」を当て字して「倭」字を総国名から地方名に格下げし、「日本《やまと》」と振り仮名して「日本＝やまと＝倭国」を教宣した。

倭国と大和は政事的に対抗することはあっても対立までは到らず、むしろ政・祭を分担してきた。倭国の自滅によって大和は祭事朝廷色を色濃く残したままの日本国を建国し、今日に至っている。

関連年表

※年表中の「黒太線」は日本書紀の舞台が近畿/大和か、九州か、朝鮮半島かを示す。その変化点①〜⑮についての解説を付記する。

変化点	年	近畿王朝 近畿／大和	九州王朝 九州	南朝鮮 朝鮮	中国	歴史書
	前二〇〇			周王箕子朝鮮	殷 前一六〇〇〜一〇二七 倭人周王に暢草献す？	
	前五二八				呉越の戦い 呉の倭人？	
	前二二〇		史記 徐福伝説 会稽東冶の東		秦（前二二〇〜二〇二）始皇帝	「史記」秦始皇帝 前二二二〜九一頃編
	前二〇二			前一九五 弁辰	前漢（前二〇二〜八）	
	前一〇八			楽浪郡 辰韓建国		「史記」前九一頃 司馬遷編
①	前五〇		アマテラス・スサノヲ原伝承（年代不詳）	倭人が半島南部を荒らす	辰の遺民遼東に（契丹古伝）	
	八		楽浪海中倭人あり（漢書地理志）	アマテラス高天原（半島）へ	前漢滅ぶ	
②	二五		この頃スサノヲが諸国を造る（後漢書から推定）	スサノヲ高天原で乱暴し追放される	後漢（二五〜二二〇）	「論衡」王充 二五〜一世紀末）
	五七		倭奴 委奴国王之印 金印（志賀島） 倭奴国 倭国の極南界（後漢書）	倭諸国 倭諸国（半島） 五九脱解王、倭国（半島）と好交（三国史記）		

三輪
ニギハヤヒ
倭大
倭
国乱
卑弥呼
倭国
倭国

八〇		スサノヲと半島からの倭の住み分け	倭国統一（連合？）魏志倭人伝		この頃「漢書」前漢の史書　班固
一〇七			半島南に倭国（魏志韓伝）倭国王帥升等、遣使（後漢書倭伝）		「倭人は委の人（おとなしいひと）」説文解字　許慎作、一〇〇成立。
一六〇		倭国大乱「桓帝（一四七～一六七）・霊帝（一六八～一八九）の間、倭国大乱」後漢書	この頃、ワイ・韓強勢（後漢書韓伝）　半島倭人、韓人が列島へ大挙移動	黄巾の乱（一八四）	
一七三		一七〇年頃、卑弥呼共立　一七三年「倭女王卑弥呼が辰韓王に遣使」三国史記	倭国政事都は半島に残存か		
一八〇		倭国大乱終結			
③二〇〇		天孫ニニギ降臨（日向）	ニニギノミコト半島から日向へ		
二一〇		倭国政事都が九州へ、卑弥呼は祭事都	半島の倭国が政事都を九州へ移動		
二二〇	この頃纒向古墳創始		魏の帯方郡、倭を帰属（魏志韓伝）	後漢滅ぶ　魏呉蜀時代（三国志）	
二三九	女王の都する邪馬台国（国名ではなく国都名、祭事都、三輪？）	卑弥呼魏に使い　親魏倭王金印（魏志）	二四〇年、半島倭国消失→狗奴韓国（魏志倭人伝）	倭王卑弥呼の遣魏使	
二四三		狗奴国と停戦か　倭国女王卑弥呼、遣使奉献（晋書帝紀）		倭国女王遣使（晋書帝紀）	
④二六五	この頃神武大和へ	この頃神武東征へ		魏から晋への禅譲	

御子　神功　仲哀　成務　景行

崇神系　垂仁　崇神

崇神系　欠史八代　神武

応神　貴国神功

倭大

倭国　台与

年	倭大	倭国	朝鮮	中国	史料
二六六	倭人来たりて方物を献ず（晋書武帝紀） 纒向からの随行使？	倭の女王（卑弥呼宗女台与）、訳を重ねて貢献せしむ（神功紀所引晋書起居注）		倭の女王貢献（晋書起居注）	二七〇年頃「魏略」魚豢
二八〇	二七〇～三〇〇神武在位			魏呉蜀終わる	「三国志」二八〇～二九〇頃　陳寿
三〇〇	二八八～三一八（記崩年） 崇神在位				
⑤ 三一六	倭国国内征戦（倭王武上表文） 崇神、四道将軍	倭国九州征戦に景行軍も参加		西晋の滅亡	
三一八	崇神崩年　垂仁即位				
三三二	景行推定崩年三三二頃 垂仁推定崩年三四〇頃				
三四六		倭国　朝鮮出兵	百済　新羅　高句麗	東晋 鮮卑匈奴	
三五五	成務　記崩年				
⑥ 三五六	仲哀・神功熊襲征伐	仲哀・神功熊襲征伐			
三六二	仲哀　記崩年				
三六四		神功皇后が貴国建国	「倭兵が新羅を襲う」三国史記	五湖十六国	
三六六	欠史八代～三八〇頃まで ～三八〇頃までに神功・御子の近畿帰還	三六九　神功皇后新羅親征 七支刀	「百済、倭国に使者」三国史記		
三九一		倭が百済新羅を臣民化（広開土王碑）	倭が百済新羅を臣民化（広開土王碑）		
三九七		三九四　応神崩御（記崩年）	百済が倭に人質王子腆支		
三九八				北魏（鮮卑）西晋を継ぐ	

年	近畿（仁徳・雄略）	倭（仁徳・倭五王）	朝鮮	中国
⑦ 四〇〇	仲哀の御子が崇神系を継承		高句麗が倭から新羅を奪う（広開土王碑）	
四〇二		倭国・貴国が新羅から人質	新羅が倭に人質王子未斯欣（三国史記）	
四〇四		九州貴国の解消		
⑧ 四一三	四〇五頃　仁徳が貴国河内遷都	倭王讃　東晋に使い	人質未斯欣、新羅へ逃亡	倭、東晋へ朝貢
四二〇				南宋
四二一		倭王讃　宋より称号（南史↑宋書）		南朝
四三八		倭王珍、遣宋使、倭国王に叙せらる」宋書夷蛮伝		北魏↓北朝
四四三		倭国王済（自称）が倭国王に叙せらる		
四四五		四五一年、加えて使持節、倭、新羅、六國諸軍事、安東将軍		
四六二	大和が「日本国」を自称し倭国から自立傾向	倭王興　倭国王に叙せらる　倭王武倭国王を自称		
四七八	雄略　遣宋使に随行使？又は遣呉使　四八九　雄略崩御（記崩年）	四七一　倭王武　六國諸軍事、安東大将軍、倭王に格下げ　宋書夷蛮伝	四七一　百済高句麗に敗れ　奠都	宋の滅亡（四七九？）
五〇二	清寧・顕宗・仁賢・武烈	倭王武　征討大将軍に		

（帯表示：上段　仁徳／雄略　下段　仁徳／倭五王）

継体　?　推古

推古　崇峻　用明　敏達　欽明　安閑

上宮王

多利思北弧　倭国

	五〇三					宋書　沈約編　宋は四七九年まで
⑨	五〇七	継体（応神から五代）				
	五二二		九州年号開始（仏教語多用）			
⑩	五二七	五二七　継体崩御（記崩年）	磐井の乱			
	五三四	安閑勾金（豊前）へ九州遷都				
	五三六	宣化				
	五三八	五五二　仏教伝来（紀）				
	五五四					魏書なる（倭の記載なし）
	五七二	敏達（皇后推古）		五六二　任那日本府　滅亡		
	五八一				隋（南朝の滅亡）	
	五八七		物部守屋討伐　蘇我氏法興寺			
	五九一		上宮王家独立　法興元年 法隆寺芯柱			
	五九二		推古（蘇我系）			
	六〇〇		俀国多利思北孤　遣隋使		俀国遣隋使	
⑪	六〇三	推古大和小墾田宮に移る 冠位一二階				
	六〇四		憲法一七条			
	六〇七	聖徳太子　斑鳩寺				
	六〇七	小野妹子遣隋使に随行 推古の朝貢外交	多利思北孤遣隋使「隋に対する対等外交（随書）		俀国遣隋使	

六〇八			小野妹子帰国　裴世清（鴻臚寺の掌客）隋国書「皇帝、倭皇に問う」	上宮法皇　多	隋使文林郎　裴清俀国へ「竹斯国より以東は皆俀に付庸す」隋書俀国伝			
六一八							隋滅び唐興る	
六二〇			推古二八年　天皇紀国記という					
六二二			聖徳太子薨去					
六二三					上宮法皇崩御（光背銘）			
六三一	⑫	舒明	遣唐使（倭国遣唐使に随行？）	舒明	唐使高表仁倭王子と争い（旧唐書）			
六三二					唐客高表仁を歓待（欽明）			
六三三					高表仁帰る			
六四二		皇極		皇極	皇極　肥前小墾田宮へ			
六四五	⑬		孝徳　難波遷都		乙巳の変　大化改新			
六四八		孝徳			新羅を介して唐へ表を奉ずる（旧唐書倭国伝末尾）			旧唐書倭国伝末尾
六五三	⑭		孝徳　遣唐使	明				
六五五	⑮	難波		斉	六五五　斉明重祚			
六五六			斉明大和飛鳥遷都				隋書完成	
六五九		斉明			倭国使蝦夷使と唐へ（冊府元亀）			「翰苑」六六〇年頃　張楚金
六六〇						六六〇　百済滅亡		
六六一			斉明崩御　天智称制	倭国	百済救援			北史　南史　完成
六六三			阿倍の比羅夫　豊璋		白村江敗戦	白村江の戦い	白村江の戦い	
六六四			冠位二六階（倭国制度に合わせた？）		唐使　三月来日　九月二五〇人　共に一二月帰国		六六五　泰山封禅	
六六六					筑紫に水城			

			唐の百済鎮将が使者	唐の百済鎮将		
六六七	天智	天智　山城				
六六八		天智近江京 天智即位　天武東宮大皇弟 日本国使新羅へ（三国史記）	倭国	新羅　唐と対立		
				高句麗滅亡		
六六九			六六九　唐兵二〇〇〇人が九州に進駐			
六七〇		大和を日本と改号（三国史記） 法隆寺（斑鳩寺）火災	倭国遣唐使（朝貢）	新羅　唐との戦争	新羅　唐との戦争 六七六年まで	
六七一		天智没　法隆寺（斑鳩寺）全焼	傀儡倭国 筑紫君薩夜麻帰国　二〇〇〇人が駐留			
六七二		六月　壬申の乱 六七三　天武即位	五月郭務悰離日			
六七六	天武			新羅　唐に勝つ		
六八一		古事記編纂令　大極殿復活	唐軍撤退？		六七八　祢軍墓誌	
六八六		天武崩御　持統称制（高市天皇？）	年号再開（朱鳥←白鳳）一年のみ			
六八七				新羅が唐を駆逐		
六九六	持統	持統この年即位か			六九四　則天武后	
六九七		文武				
七〇〇		藤原京				
七〇一	日本 文武	日本国建国　建元　大宝律令	倭国正式消滅			
七〇二		遣唐使真人　旧唐書「日本伝初出」	日本		日本国遣唐使	

年表注

①　記紀の神代は伊奘諾・伊奘冉尊神話など海原領域が舞台であるので、九州の欄とした。原アマテラス神話もここであろう。
②　アマテラス（海原倭人の一部）が高天原（半島倭）へ移住を表す。アマテラス神代巻の末尾。
③　ニニギの半島から列島への天降りと南九州への移動（神代巻）。
④　神武東征（一〇年前後かかる、神武紀）。
⑤　同時代の神武天皇系欠史八代・崇神天皇系・仲哀天皇系を記紀は縦につないでいる（斜め線）。
⑥　仲哀天皇・神功皇后の熊襲・新羅征戦（大和王権の将軍達、のちに天皇追謚号）。遷都ではない。
⑦　神功皇后と御子の東征、その後については記述なく、応神・仁徳の事績を仲哀紀・神功紀に記している。
⑧　仁徳紀～武烈まで河内・大和が舞台。
⑨　継体紀の大半が大和外が舞台（大和に入れない）。後半は大和も。
⑩　安閑～推古半ばまで九州遷都。ただし、やまとが空白になったことを意味しない。
⑪　推古在位半ばに大和小墾田宮へ帰還遷都。隋書が根拠。
⑫　推古（大和王権、大和）崩御の次は舒明・皇極（上宮王家、肥前）としている。
⑬　孝徳（合体大和王権、難波）。孝徳は推古を直接継いでいる（「鼠」の比喩）
⑭　孝徳崩御後、斉明（合体大和王権）は九州（肥前）で即位。
⑮　斉明、翌年大和に遷る。以後、日本書紀巻末まで近畿。

あとがき

前著「倭国通史」から四年たち、仮説どまりだった重要な数テーマに、本著でそれなりの論証ができたと信じ、ほっとしています。

いくつかの章、特に第八章（国号「日本」）では「筆者仮説」と「神武紀から文武紀までの筆者解釈」との整合性を検証しましたが、自分の解釈が試されているような、試験のあとの答え合わせのような緊張を覚えました。幸い、いずれも驚くほどの整合性を示し、各時代の筆者解釈に自信を深めました。同時に、一つの検証に古代史五百年の全体把握がいかに大切か、助けになるかを実感しました。言い換えれば、一つの検証がいかに詳細であろうとも、全体把握と整合しなければ論証は完了しないことを改めて教えられました。

まさか自分がこれほど真剣に「高天原」に取り組むとは予想しませんでした。幼い頃、母親が紙芝居「出雲神話」や「海幸山幸」を繰り返し見せてくれたその頃から「ただのおとぎばなし」と思っていましたから。その母は健在ですが百歳を超えました。その遠い記憶も自分の古代史探求の原動力の一つかもしれない、忘れていけない親の恩の一つ、と自戒する機会になりました。

本著では、多くの方のご協力をいただきました。まず、引用させていただいた文献は各章の注に記しましたが、それらの諸先達に感謝します。次に、南韓調査旅行では、現地に詳しい友人小西雄一郎さんにお世話になり、考古学の大学教授や現地農協幹部を紹介してもらうなど大変助かりました。また、古田武彦氏と活動を共にしたという福永晋三氏の研究会に参加して教唆を受けた時期もあり、室伏志畔氏からある季刊誌の古代史研究特集寄稿依頼を受けて応じたことも本著の一部になりました。ありがたいことです。

本著の出版では、前著に引き続き原書房の編集長石毛力哉氏に大変お世話になりました。氏は古田武彦氏の九州王朝説の出版を何度も手掛けたことがあるとのことで、貴重な助言をいただきました。ありがとうございます。

成立七二〇年から千三百年の記念すべき年、日本書紀に感謝して。

二〇二〇年一月

髙橋　通

主要参考文献

家永三郎　古田武彦『法隆寺論争』（新泉社、一九九三年）
家永三郎　古田武彦『聖徳太子論争』（新泉社、一九八九年）
上野武『女王卑弥呼の「都する所」』（日本放送出版協会、二〇〇四年）
宇治谷孟訳『続日本紀』（講談社、一九九二年）
宇治谷孟訳『日本書紀』（講談社、一九八八年）
大芝英雄『豊前王朝』（同時代社、二〇〇四年）
川端俊一郎『法隆寺のものさし』（ミネルヴァ書房、二〇〇四年）
金両基『物語韓国史』（中公新書、一九八九年）
鞍手郡教育会編『福岡県鞍手郡誌』（臨川書店、一九三四年）
坂田隆『日本の国号』（青弓社、一九九三年）
坂田隆『人麻呂は誰か』（新泉社、一九九七年）
笹山晴生『日本古代史年表』（東京堂出版、一九九三年）
関裕二『神武東征の謎』（ＰＨＰ文庫、二〇〇三年）
関裕二『天孫降臨の謎』（ＰＨＰ研究所、二〇〇七年）
高田良信・入江泰吉『法隆寺国宝散歩』（講談社、一九九一年）
次田真幸訳注『古事記』（講談社、一九八〇年）
佃收『古代史の復元①〜⑦』（星雲社、一九九七年〜二〇〇七年）
鳥越憲三郎『中国正史倭人・倭国伝全釈』（中央公論社、二〇〇四年）
西岡常一・小原二郎『法隆寺を支えた木』（NHKブックス、一九七八年）
久松潜一『万葉集』（講談社、一九七六年）

平井進『法隆寺の建築尺度』（「古代文化を考える」四〇号、二〇〇一年）
古田武彦『古代は輝いていた』（朝日新聞社、一九八五年）
古田武彦『九州王朝の歴史学』（駸々堂、一九九一年）
古田武彦『古代通史』（原書房、一九九四年）
古田武彦『人麻呂の運命』（原書房、一九九四年）
古田武彦『古代史の十字路万葉批判』（東洋書林、二〇〇一年）
松本清張『古代史疑』（中央公論社、一九六八年）
室伏志畔『日本古代ノ南船北馬』（同時代社、二〇〇二年）
森公章『「白村江」以後』（講談社、一九九八年）
森博達『日本書紀の謎を解く』（中公新書、一九九九年）
安本美典『古代物部氏と先代旧事本紀の謎』（勉誠出版、二〇〇九年）
米田良三『法隆寺は移築された』（新泉社、一九九一年）

高橋 通（たかはし・とおる）
1942年、長野県生まれ。早稲田大学理工学部（応用物理）卒業後、キヤノンカメラ株式会社入社。キヤノン株式会社取締役研究開発本部長など開発担当役員12年を経て2009年(顧問)退職。工学博士。東京在住。著書に『倭国通史』（原書房2015年）がある。

高天原《たかまがはら》と日本《にほん》の源流《げんりゅう》
内外《ないがい》史書《ししょ》の証言《しょうげん》から

●

2020年2月20日　第1刷

著者…………髙橋《たかはし》 通《とおる》

装幀…………伊藤滋章

発行者…………成瀬雅人
発行所…………株式会社原書房

〒160-0022 東京都新宿区新宿1-25-13
電話・代表03（3354）0685
http://www.harashobo.co.jp
振替・00150-6-151594

印刷…………新灯印刷株式会社
製本…………東京美術紙工協業組合

ISBN978-4-562-05734-4, Printed in Japan